企业并购重组

鹏拍———编著

实操指南及案例精选

新华出版社

图书在版编目（CIP）数据

企业并购重组实操指南及案例精选 / 鹏拍编著 .
北京 : 新华出版社 , 2024. 12.
ISBN 978-7-5166-7632-5

Ⅰ . F279.21

中国国家版本馆 CIP 数据核字第 202478EK88 号

企业并购重组实操指南及案例精选

编著：鹏拍

出版发行：新华出版社有限责任公司

（北京市石景山区京原路 8 号　邮编：100040）

印刷：捷鹰印刷 (天津) 有限公司

成品尺寸：170mm×240mm　1/16	印张：21	字数：280 千字
版次：2025 年 1 月第 1 版	印次：2025 年 1 月第 1 次印刷	
书号：ISBN 978-7-5166-7632-5	定价：88.00 元	

微店

视频号小店

抖店

京东旗舰店

微信公众号

喜马拉雅

小红书

淘宝旗舰店

扫码添加专属客服

前　言

　　并购重组一直是企业常见的资本运作手段之一，贯穿于企业的全生命周期。企业成立之初就可能因为新兴的技术、创新的产品或者稀缺的人才等被并购；发展与成熟阶段可能因为行业地位、业务规模、发展潜力等被并购，也可能会通过对外并购实现快速扩张；衰退阶段则可能因为宝贵的资产、独特的专利或技术、颇具影响力的品牌、稳定的销售渠道或者优质的客户资源等被并购，也可能会通过破产重整而"浴火重生"。

　　最近几年，受资源整合与产业转型双重因素驱动，国内并购重组逐渐升温。2024年上半年以来，不断加大的经济增长压力与全面收紧的上市政策更是给并购重组市场"加了一把火"——许多大型企业（包括上市公司）更迫切地寻求优质资产充实自身，而原本许多决意要独立IPO的企业，也逐步"放下身段"，把被并购作为备选方案之一。

　　但是，并购重组是一把"双刃剑"。许多企业通过并购重组实现了自我突破与跨越式发展，加速实现了"做大做强"——绝大部分"世界500强"企业的"成长史"，就是一部"并购史"，真可谓"无并购，不巨头"。也有许多企业因为并购重组不利而造成了巨额损失、影响了其正常的经营发展，甚至"一蹶不振"而最终退市或者破产清算。

　　并购重组是一项复杂的系统工程，涉及国家政策、产业发展、财务核算、税收监管、资产评估、融资环境、金融制度、经营管理、人事安排、知识产权等方面，还需要做好并购重组启动前的筹备、实施过程中的方案设计与落地、并购重组后的整合等工作，以免并购重组最终功亏一篑，甚至还可能给参与并购重组的相关各方带来重大负面影响。

同时，如同国内大量企业的生产经营活动需要由粗放型向精细化转型一样，国内并购重组的决策逻辑、定价方式、融资安排、支付方式、对赌安排、谈判方式、并购整合等也亟须精细化转型。在这方面，许多国外知名的并购重组案例、大型的跨境并购重组案例都为我们提供了大量宝贵的经验和教训。

2024 年 4 月，国务院印发了《关于加强监管防范风险推动资本市场高质量发展的若干意见》（新"国九条"）。新"国九条"明确了未来上市公司并购重组的监管理念——加强并购重组监管，强化主业相关性，严把注入资产质量关，精准打击各类违规"保壳"行为，从而为国内上市公司的并购重组指明了方向。

目前产业并购已经逐步成为国内上市公司并购重组的主流，并扩展到非上市公司并购重组领域，这也是对新"国九条"的积极回应。

本书全面介绍了并购重组概述（包括概念、类别、流程、协议、最新政策与解读）、并购重组决策、并购重组尽职调查、并购重组方案设计、并购重组价值评估、并购重组整合、并购重组财税问题、并购重组监管要求、并购重组风险控制等内容，并从收购方、转让方、标的公司、中介机构、具体实施五方面分别介绍了并购重组常见问题。

本书汇集了作者 18 年的从业经验与心得，囊括了并购重组的重点知识与问题；同时理论结合实际，在阐述并购重组相关理论的基础上引用了270 余个并购重组案例对理论进行解释与验证，实景展现了并购重组操作的全流程，相信各位读者一定能够从中获益。

目　录
CONTENTS

第一章
并购重组概述

第一节 并购重组相关概念

一、何谓并购重组

并购重组的方式与含义繁多且杂乱，笔者在此按照有关法律法规的规定和通行的理解整理如下。

（一）收购、购买、兼并与并购

在并购重组过程中，"收购"与"购买"表达的含义一致，除了"发行股份购买资产"这样的语境习惯使用"购买"而非"收购"之外，其他情况主要采用"收购"。本书不对两者进行具体区分，而主要采用"收购"的说法。

广义的"收购（购买）"是收购方获得被收购方所有权（包括但不限于企业股权）的行为；狭义的"收购（购买）"是指收购方获得被收购企业控制权的行为。

广义的"兼并"是收购方获得被收购企业控制权的行为；狭义的"兼并"是指收购方吸收合并被收购企业的行为。

单纯从字面意义上看，"并购"包括"兼并"和"收购"两层含义，而此处的"兼并"与"收购"通常皆指其狭义的概念。

实践中，并购重组中使用"收购（购买）""兼并""并购"想要表达的含义通常没有本质差异，只不过"并购"和"兼并"一般仅限于获得被收购企业的控制权，而"收购（购买）"则也可以扩展到其他资产、资源等以及未获得被收购企业控制权的情形。

（二）重组、资产重组与重大资产重组

"重组"是指企业在日常经营活动以外发生的法律结构或经济结构重大改变的交易。

"资产重组"没有法定或者相对统一的定义，通常是指企业在日常经营活动之外购买、出售资产或者通过其他方式进行资产交易的行为。实践中，许多应用场景会将"资产重组"的范围扩大，而不局限于"资产"交易的范畴。

"重大资产重组"通常特指公众公司（包括上市公司、非上市公众公司）及其控股或者控制的公司在日常经营活动之外购买、出售资产或者通过其他方式进行资产交易达到规定的标准，导致公众公司的主营业务、资产、收入等发生重大变化的资产交易行为。其中，非上市公众公司的主体为新三板挂牌企业，新三板挂牌企业之外的非上市公众公司仅有利群集团股份有限公司、成都菊乐企业（集团）股份有限公司等极少数企业。

（三）并购重组

根据前文分析，如果把"并购重组"拆开，"重组"的范畴包含并远大于"并购"。

如果把"并购重组"看作一个整体，广义的"并购重组"是指企业产权、资产、负债、人员、业务等要素重新组合和配置的过程；狭义的"并购重组"是指企业之间的收购与被收购行为。

本书把"并购重组"看作一个整体，并主要介绍企业之间的收购与被收购行为，特别是企业之间市场化的并购重组行为。

（四）企业合并

1. 广义的企业合并

参考《企业会计准则第20号——企业合并》及其应用指南，广义的"企

业合并"是指将两个或者两个以上单独的企业合并形成一个报告主体的交易或事项，包括"控股合并""吸收合并"与"新设合并"。

（1）"控股合并"是指收购方取得被收购方的控制权，被收购方在合并后仍保持其独立的法人资格并继续经营的行为。

（2）"吸收合并"是指收购方通过合并取得被收购方的全部净资产，合并后被收购方注销法人资格，其原持有的资产、负债成为收购方的资产、负债的行为。

（3）"新设合并"是指参与合并的各方在合并后法人资格均被注销，重新注册成立一家新的企业的行为。

2. 狭义的企业合并

参考《中华人民共和国公司法》（以下简称《公司法》），狭义的"企业合并"包括"吸收合并"和"新设合并"，不包括"控股合并"。

实践中，通常使用的"企业合并"是指其广义的含义。另外，"合并"本身也可以作为动词使用，此时其含义则可以等同于"收购""兼并"与"并购"。

（五）借壳上市与"类借壳"

借壳上市也称"借壳重组""重组上市"，是指上市公司自控制权发生变更之日起，向获取上市公司控制权的主体（收购人）及其关联人购买资产，导致上市公司发生根本变化的重大资产重组。

《上市公司重大资产重组管理办法》的修订过程（见表1-1），可以充分展现借壳上市的认定标准与审核要求的"变迁史"。

表1-1　《上市公司重大资产重组管理办法》的修订过程

序号	修订时间	修订内容
1	2011 年 8 月	首次明确了借壳上市的认定标准——购买资产的资产总额超过上市公司资产总额的100%。
2	2014 年 7 月	明确了借壳上市的资产需要符合IPO要求，并明确限制创业板借壳上市。

续表

序号	修订时间	修订内容
3	2016年9月	扩大了借壳上市的认定标准，将购买资产需要符合IPO要求的时间限定在上市公司"控制权发生变更之日起60个月内"，并取消了现金购买资产构成借壳上市的申报要求。
4	2019年10月	删除了借壳上市的"净利润"认定标准，将购买资产需要符合IPO要求的时间缩短为上市公司"控制权发生变更之日起36个月内"，并有条件允许创业板借壳上市。
5	2023年2月	删除了关于创业板的内容。在此基础上，上海证券交易所、深圳证券交易所、北京证券交易所各自发布了相关规定，明确了各板块借壳上市的具体要求。

按照现行法规要求，借壳上市需要参照IPO进行审核并被从严监管，所以实践中产生了"类借壳"——通过设计并购重组的方案规避借壳上市的认定标准，以期提高有关公司的上市成功率。

（六）管理层收购与杠杆收购

1. 管理层收购

"管理层收购"（MBO）是指标的公司的董事、监事、高级管理人员（以及员工）或者其所控制或者委托的法人或者其他组织，对标的公司进行收购的行为。

董宇辉先生收购与辉同行（北京）科技有限公司（以下简称"与辉同行"），属于管理层收购。

2024年7月，东方甄选（01797.HK）发布公告称，董宇辉离职并将以7 658.55万元收购与辉同行。

2024年8月，与辉同行完成工商变更，变更后董宇辉先生100%持股。

2. 杠杆收购

"杠杆收购"（LBO）又称"融资并购""举债经营收购"。广义的"杠杆收购"是指收购方主要通过债务融资获得资金，对标的公司进行收购的行为；狭义的"杠杆收购"是指收购方主要以标的公司的资产或者未来收益等为依托进行债务融资获得资金，对标的公司进行收购的行为。

国际上，典型的"杠杆收购"通常包括以下四个阶段。

（1）准备阶段。在该阶段，发起人（通常为收购方）制订收购方案，与被收购方进行谈判，进行并购的融资安排。

（2）筹资阶段。在该阶段，收购方自己筹集大约相当于整体收购价款 10% 的资金，然后以目标企业股权为质押，向银行借入相当于整体收购价款的 50%—70% 的资金，再向投资者发行相当于整体收购价款 20%—40% 的债券。

（3）收购阶段。在该阶段，收购方以筹集到的资金收购目标公司的股权。

（4）整改阶段。在该阶段，收购方对目标企业进行整改和资源导入，改善目标公司的经营状况和现金流量。

杠杆收购或许是 20 世纪 80 年代最引人注目的资本运作手段。其中一个得到广泛宣传的案例就是 Gibson Greetings 被杠杆收购并重新上市。

1982 年 1 月，曾任美国财长的威廉·西蒙（William Simon）的私募股权基金 Wesray Capital 用 8 000 万美元（其中自有资金约 100 万美元，其余全部为债务融资）收购了贺卡厂商 Gibson Greetings。收购完成大约一年半后，Gibson Greetings 重新上市，市值达到 2.9 亿美元，Wesray Capital 从中斩获约 6 600 万美元暴利。

投资的巨额收益使杠杆收购成为 20 世纪 80 年代获利性最高的投资方式，吸引了众多参与者，包括证券公司、银行、保险公司、养老基金和财力雄厚的个人等。但通过大额举债完成的交易行为，必然伴随着极大的风险，很多项目最终演变成灾难，并以借贷人的破产收场。

因此，杠杆收购在 20 世纪 90 年代归于平静，但在 21 世纪初又进入新的发展周期。

"杠杆收购"在可能获得高收益的同时也伴随着高风险，收购方需要根据自身的综合实力、标的资产的经营状况、后续资本运作的路径、可能面临的问题等合理确定杠杆的"长度"，在获取收益的情况下，将风险控制在可承受范围之内。

实践中，由于企业管理层通常资金实力有限，所以许多"管理层收购"采用了"杠杆收购"的形式。

另外，为了控制收购风险与确保上市公司的持续稳定经营，中国证监会严禁通过"高杠杆"对上市公司进行收购的行为。

（七）协同效应

"协同效应"指的是通过并购活动，收购方与目标公司能够实现"1+1＞2"的效果，即两个企业合并后能够产生比单独运作时更大的价值和效益。

协同效应具体可以划分为"外部协同"和"内部协同"两方面。其中，"外部协同"是指企业集群中的企业通过相互协作共享业务行为和特定资源，从而提高盈利能力；"内部协同"则是指企业内部生产、营销、管理等不同环节共同利用同一资源产生的整体效应。

具体来说，协同效应主要源于以下三个方面。

1. 范围经济：收购方与目标公司核心能力的交互延伸。

2. 规模经济：收购方与目标公司合并后的产品单位成本随着采购、生产、营销、研发等规模的扩大而下降；

3. 优化效应：收购方与目标公司通过减少重复的人员与岗位、重复的设备与厂房等使成本节省。

二、参与并购重组相关主体的概念

（一）收购方与转让方

1. 收购方

"收购方"也称"并购方""并购者""合并方""收购人""购买方""受让方""买方"等，是指在并购重组过程中获得其他方资产、资源等所有权的单位或个人。在企业并购重组过程中，"收购方"是指获得其他企业股权的单位或个人。

实践中，收购方还可以通过子公司（或其他关联方）具体实施收购行为。此时，为了与收购方进行区分，具体实施收购的单位或个人被称为"收购主体"。

2. 转让方

"转让方"也称"出让方""卖方"，是指在并购重组过程中放弃其持有的资产、资源等所有权的单位或个人。在企业并购重组过程中，"转让方"是指放弃目标企业股权的单位或个人（目标企业的原股东）。

实践中，转让方也可以通过子公司（或其他关联方）具体实施转让行为。此时，为了与转让方进行区分，具体实施转让的单位或个人被称为"转让主体"。

"收购方"与"转让方"合称"交易双方"，并互称对方为"交易对方"或者"交易对手方"。

（二）标的公司与标的资产

1. 标的公司

"标的公司"也称"目标公司""目标企业""标的企业""被收购方""被收购公司""被并购方""被合并方""购买资产"等，是指企业并购重组过程中的对象公司，也是因为并购重组而完成控制权转移的公司。

2. 标的资产

"标的资产"也称"交易标的"，是指并购重组过程中完成控制权转移的具体资产。在企业并购重组过程中，"标的资产"则是指标的公司的股权。

标的资产可以通过标的公司股权、标的公司母公司股权、实物资产等形式完成转移，此类并购重组中的转让客体可以称为"合同标的""标的载体"等。

（三）中介机构

1. 财务顾问

"财务顾问"包括"买方财务顾问"（以下简称"买方顾问"）、"卖方财务顾问"（以下简称"卖方顾问"）、"并购重组财务顾问"（以下简称"并购重组顾问"）、"法定财务顾问"等，是指在并购重组过程中协助寻找交易对手方或者标的公司、尽职调查、设计方案、协商谈判、按照法规要求出具核查意见的中介机构或个人。

2. 独立财务顾问

"独立财务顾问"是指重大资产重组或者上市公司分拆上市过程中，公众公司/上市公司按照法规要求聘请的具备并购重组财务顾问业务资格的证券公司，以确保重大资产重组或者上市公司分拆上市行为的合法合规性。

3. 法律顾问

"法律顾问"是指为并购重组提供法律服务并出具法律意见书的律师事务所。

4. 审计机构

"审计机构"是指为并购重组相关主体出具审计报告的会计师事务所。

5. 评估机构

"评估机构"是指为并购重组相关主体出具评估报告的评估公司。

三、实施并购重组相关的概念

（一）换股

从收购方的角度看，"换股"是指收购方以自身（或相关公司）股权作为支付对价收购标的资产的行为；从转让方的角度看，"换股"是指转让方以其持有的标的资产作为出资获得收购方（或相关公司）股权的行为。

另外，股份公司（特别是公众公司）以增发自身股份作为支付对价来收购（换取）标的资产的行为也称为"发行股份购买资产"。

（二）配套募集资金

"配套募集资金"是指新三板挂牌企业或者上市公司在发行股份购买资产的同时，通过额外增发股份募集的资金。通常情况下，新三板挂牌企业或者上市公司募集配套资金的比例不会超过标的资产交易价格的 100%。

（三）关键时间

1. 评估基准日

"评估基准日"是指在进行资产评估时，用于确定标的资产价值的特定日期，通常为月末。

2. 交割日

"交割日"是指标的资产由转让方过户给收购方的日期。如果标的资产为有限责任公司股权，交割日通常为标的公司本次股权转让的工商变更日期；如果标的资产为新三板挂牌企业或者上市公司股份，交割日为中国证券登记结算有限责任公司办理完成股份过户登记日期；如果标的资产为非新三板挂牌或上市股份有限公司股份，交割日通常为标的公司股东名册记载变更日期。

3. 过渡期

并购重组过程中，"过渡期"通常是指评估基准日至标的资产交割日的期间。

收购公众公司的过程中，"过渡期"则通常是指交易双方收购协议签订日至公众公司相关股份办理完成过户登记的期间。

（四）对赌

"对赌"是针对标的公司的"估值调整机制"，通常表现形式为转让方向收购方承诺标的公司未来一段时间内的业绩或估值，并根据标的公司后续实际情况进行补偿（未完成承诺）或者获得奖励（超额完成承诺）。

第二节　并购重组的类别

一、按照产业协同情况

（一）横向并购

"横向并购"又称"水平并购"，是指产业链条某一环节上多个企业（同行业竞争对手）之间的并购重组。

国内互联网产业著名的横向并购案例包括 58 同城收购赶集网、优酷收购土豆、饿了么收购百度外卖以及滴滴先后收购快滴与优步中国等。

（二）纵向并购

"纵向并购"也称"垂直并购"，是指生产过程或者经营环节相互衔接、紧密联系的企业之间，或者产业链纵向协作企业之间的并购重组。

国内互联网产业著名的纵向并购案例包括腾讯收购搜狗与酷狗、美团收购大众点评与摩拜、阿里巴巴收购饿了么与高德地图等。

（三）混合并购

"混合并购"又称"跨界并购""多元化并购""跨行业并购"等，是指从事不同性质、种类产品的企业（不同行业）之间的并购重组。

国内资本市场混合并购典型的成功案例包括青岛双星（000599.SZ）通过并购重组由运动鞋转型到轮胎行业、世纪华通（002602.SZ）通过并购重组由汽车零部件转型到游戏行业等。

混合并购通常需要收购方进入全新的行业，因而混合并购的并购风险往往高于横向并购与纵向并购。

国内许多上市公司打算通过跨界并购完成"华丽蜕变"，热门行业从数年前的互联网、传媒、游戏等到现在的人工智能、新能源、生物医药等。

中国证监会过去一直要求上市公司并购重组"强化主业相关性"，并严厉打击盲目的或者"蹭热点"式的跨界并购；根据证监会最新发布的《关于深化上市公司并购重组市场改革的意见》，证监会支持运作规范的上市公司围绕产业转型升级、寻求第二增长曲线等需求开展符合商业逻辑的跨行业并购，在一定程度上提高了对上市公司跨界并购的包容度。

二、按照操作方式划分

按照操作方式差异，"并购重组"可以划分为"收购""转让""置换""分立"等。其中，"收购"又可以进一步划分为"资产收购""股权收购""委托管理""表决权委托""吸收合并"等。

2019 年 4 月，海康威视（002415.SZ）通过"委托管理"方式获得杭州萤石科技有限公司控制权；2024 年 10 月，海尔智家（600690.SH）通过"表决权委托"方式获得日日顺供应链科技股份有限公司控制权。

通过吸收合并方式实现整体上市，作为资本运作的"集大成者"，在国内资本市场曾先后多次发生。

美的集团吸收合并子公司美的电器（000527.SZ，已退市）成为美的集团（000333.SZ）、东风科技（600081.SH）吸收合并母公司东风零部件集团、申银万国吸收合并关联方宏源证券（000562.SZ，已退市）成为申万宏源（000166.SZ）、中国能建吸收合并孙公司葛洲坝（600068.SH，已退市）成为中国能建（601868.SH）以及笔者曾经参与操作的柘中集团吸收合并柘中建设（002346.SZ，已更名为"柘中股份"）等都是通过吸收合并方式实现整体上市的典型案例。

另外，国内资本市场还发生过"A+B"分立出"两 A"的经典案例。

2017 年 3 月，城投控股（600649.SH）吸收合并阳晨 B 股（900935.SH），分立出城投控股与上海环境（601200.SH），为国内资本市场创造出一种全新的上市方式。

城投控股吸收合并阳晨 B 股的交易方案包括合并、分立两部分，具体内容如下。

城投控股向阳晨 B 股全体股东发行 A 股股份，以换股方式吸收合并阳晨 B 股。作为合并的存续方，城投控股安排其下属全资子公司上海环境集团有限公司（以下简称"环境集团"）承继及承接阳晨 B 股的全部资产、负债、业务、人员及其他一切权利与义务，作为合并对价发行的 A 股股份申请在上交所上市；作为被合并方，阳晨 B 股将终止上市并注销法人资格。

紧随合并生效实施后，城投控股将环境集团（包括因合并安排由环境集团承继和承接的原阳晨 B 股全部资产、负债、业务、人员及其他一切权利与义务等）以存续分立的方式实施分立。作为分立的存续方，城投控股（存续方）继续运营房地产资产和业务以及其他股权投资业务；作为分立主体，环境集团全部股权由城投控股于分立实施股权登记日登记在册的全体股东按持股比例取得及变更为股份有限公司（上海环境集团股份有限公司），并申请其股份在上交所上市。

上述合并、分立系本次交易的整体安排，互为条件、不可分割及分步实施。

上述案例中，城投控股通过吸收合并阳晨 B 股，并成功分立出两家 A 股上市公司的操作背景较为特殊，交易双方的实际控制人均为上海市国资委，预计其他案例想要复制比较困难。

但该案例的成功毕竟使得"第三种上市方式"成为可能。目前国内资本市场还有 80 余只 B 股股票，该上市方式在特殊情况下或许也可以成为备选方案之一。

三、按照支付方式划分

按照支付方式差异，"并购重组"可以划分为"现金支付""股权支付""资产支付""承债式收购""资助式收购""无偿划转"或"赠与""综合支付"等。

其中，"承债式收购"是指收购方承担标的公司的债务作为部分或者全部交易对价的并购方式，主要应用在不良资产处置、不良债权重组以及企业重整等项目中。

（一）2017年，融创收购万达13个文旅项目就用到了承债式收购。

2017年7月10日，万达商业与融创中国发布联合公告称，双方签订了西双版纳万达文旅项目、南昌万达文旅项目、合肥万达文旅项目、哈尔滨万达文旅项目、无锡万达文旅项目、青岛万达文旅项目、广州万达文旅项目、成都万达文旅项目、重庆万达文旅项目、桂林万达文旅项目、济南万达文旅项目、昆明万达文旅项目、海口万达文旅项目等13个文化旅游城项目股权转让及北京万达嘉华、武汉万达瑞华等76个酒店转让协议。

根据转让协议，万达以注册资本金的91%即295.75亿元，将前述13个文旅项目的91%股权转让给融创，并由融创承担项目的现有全部贷款。融创房地产集团以335.95亿元，收购前述76个酒店。

（二）S*ST美雅（000529.SZ，已更名为"广弘控股"）2009年的重大资产重组中也使用了承债式收购。

在S*ST美雅当年的重大资产重组过程中，上市公司引入鹤山市新发贸易有限公司（以下简称"新发贸易"）作为资产出售对象，将评估价值5.30亿元的经营性资产与4.29亿元的负债整体转让给新发贸易，新发贸易需要向上市公司支付资产转让款1.01亿元，同时承担4.29亿元负债。

"资助式收购"是指收购方承诺对标的公司进行财务支持作为部分或者全部交易对价的并购方式。

资助式收购的典型应用案例是金一文化（002721.SZ）当年的"1元卖壳"。

2018年8月，北京市海淀区国资委下属的北京海淀科技金融资本控股集团股份有限公司（以下简称"海科金集团"）以1元名义价格收购上海碧空龙翔投资管理有限公司73.32%的股权，间接控制金一文化17.90%的股份，北京市海淀区国资委成为上市公司的实际控制人。

根据金一文化公告，北京市海淀区国资中心、海科金集团以及海科金集团的成员企业（以下统称"海淀国资"）将根据上市公司的业务、资产和市场情况，适时向上市公司提供流动性支持，以促进上市公司良性健康发展，支持方式包括但不限于在海淀国资业务板块范围内为上市公司提供融资、为上市公司现有及/或新增的对外融资提供增信、通过自身的居间推介为上市公司引入新的资金方、为上市公司搭建新的融资渠道等，流动性支持累计额度不低于人民币30亿元。

实践中，上市公司重大资产重组比较常见的是"股权支付"（发行股份购买资产）与"现金支付"两种方式的结合。

东旭光电（000413.SZ）发行股份及支付现金购买上海申龙客车有限公司100%股权、华声股份（002670.SZ，已更名为"国盛金控"）发行股份及支付现金购买国盛证券有限责任公司100%股权、昆明大A（000560.SZ，已更名为"我爱我家"）收购北京我爱我家房地产经纪有限公司94%股权等案例都采用了"股权支付"与"现金支付"相结合的支付方式。

四、按照标的公司的意愿划分

按照标的公司的意愿差异，"并购重组"可以划分为"善意收购"和"敌意收购"（也称"恶意收购"）。

最近几年，国内资本市场比较典型的敌意收购成功案例，为青岛海信网络能源股份有限公司（以下简称"海信网能"）收购科林电气（603050.SH）。

海信网能隶属海信集团控股股份有限公司（以下简称"海信集团"），主要从事工业温控产品及整体解决方案提供，主要包括数据中心、通信站点、储能系统、易燃易爆环境等温控产品及温控整体解决方案，此外海信网能还有模块化数据中心产品、不间断电源（UPS）、储能设备等衍生产品线。

科林电气业务涉及智能变电、智能配电、智能用电、新能源等十余个系列。该公司主要提供智慧电力系统解决方案，主营配用电装备板块业务、智慧能源板块业务、电力工程服务板块业务，产品包括智能电网变电设备、智能电网配电设备、智能电网用电设备、高低压开关及成套设备、新能源等。

近年来，海信集团一直在寻求建立第二成长曲线，并不断在新能源领域布局，科林电气的主营业务与海信集团的寻求方向相契合并且经营业绩良好（2023 年度，科林电气实现营业收入 39.05 亿元、净利润 3.05 亿元），且科林电气股份比较分散——实际控制人张成锁仅持股 11.07%，是非常优质的并购标的。

海信网能敌意收购科林电气的时间脉络如表 1-2 所示。

表 1-2　海信网能敌意收购科林电气的时间脉络

序号	时间	事件
1	2024 年 3 月之前	海信网能与张成锁沟通收购科林电气事宜无果。
2	2024 年 3 月中旬开始	海信网能不断通过二级市场买入科林电气股份，并与科林电气副董事长李砚如（当时的第四大股东）及董事兼总裁屈国旺（当时的第五大股东）分别签署《股份转让协议》及《表决权委托协议》。
3	2024 年 4 月初	为了应对海信网能的敌意收购，张成锁与邱士勇、董彩宏、王永三位高级管理人员签署了一致行动人协议，张成锁对科林电气合计表决权比例达到 17.31%。另外，张成锁还找到主要股东之一的石家庄国有资本投资运营集团有限责任公司（以下简称"国投集团"）作为援手。
4	2024 年 5 月中旬	海信网能累计获得科林电气 14.94% 的股权和 24.51% 的表决权。
5	2024 年 5 月 24 日	海信网能向科林电气全体股东的非限售流通股发出部分要约，拟收购科林电气 20% 的股份。

续表

序号	时间	事件
6	2024 年 6 月 2 日	在国投集团不断增持科林电气股份至持股比例提高到 11.60%，成为第三大股东的基础上，张成锁及三位高级管理人员与国投集团共同签署了《关于石家庄科林电气股份有限公司之一致行动协议书》，将科林电气控制权让渡给国投集团，后者表决权比例达到 29.51%，企图阻挠海信网能的要约收购。
7	2024 年 7 月 2 日	海信网能对科林电气要约收购的清算过户手续办理完毕，对科林电气持股比例达到 34.94%，表决权比例达到 44.51%，确立了控制权。
8	2024 年 9 月 2 月	科林电气发布《关于董事会、监事会完成换届选举的公告》，公司董事会换届完成，海信网能获得董事多数席位，成功"入主"科林电气。

海信网能成功收购科林电气主要是源于海信网能强大的股东背景、资金实力与收购决心，同时也源于科林电气自身存在的问题和应对策略的不利。

（一）收购前，科林电气股份过于分散，且实际控制人未能通过有效措施确保其能够实际支配科林电气的足够高的表决权比例。

（二）科林电气内部不"和睦"，海信网能启动收购后，持有大量股份的副董事长、董事兼总裁即向海信网能"倒戈"。如果不是两位关键股东的"倒戈"，估计海信网能很难成功收购科林电气。

（三）科林电气应对收购的反应不够迅速，采取的措施不够有力，寻找的"友好"收购方资金实力也较为有限。

以科林电气被敌意收购为鉴，建议公司实际控制人平衡好企业发展与股权融资的关系，不宜为了加速企业发展而过度股权融资，从而导致公司控制权比例被稀释到很低的程度；同时做好股权架构设计〔比如实际控制人通过担任员工持股平台（有限合伙企业）的普通合伙人而扩大表决权比例〕与协议安排（包括一致行动协议、表决权委托协议等），最大限度地确保实际控制人对公司的控制权比例。

另外，公司上市后，建议实际控制人尽量保持对公司的控制权比例在

30% 以上，并对第三方大比例增持公司股份的行为时刻保持警惕，一旦发生敌意收购，积极采取强有力的措施予以应对。

五、其他分类方式

（一）按照主导机制差异

按照主导机制差异，"并购重组"可以划分为"市场化并购重组"与"非市场化并购重组"。

1. 市场化并购重组

"市场化并购重组"是指主要基于市场机制而进行的并购重组活动。

市场化并购重组充分发挥了市场在资源配置中的决定性作用，通过并购重组优化配置市场、资金、技术、管理、人才、知识产权等各类资源，从而提高经济效率。

实践中，"产业整合"通常属于比较典型的市场化并购重组。

2. 非市场化并购重组

"非市场化并购重组"是指主要受到非市场因素（包括政府干预、行政命令、非经济利益的驱动、投机行为等）影响而进行的并购重组活动。

非市场化并购重组往往偏离了市场规律，可能导致资源配置的低效或不公平，对市场秩序和经济发展产生不利影响。

实践中，很多地方政府重组辖区内政府平台公司，或者收购上市公司并纳入合并范围，以便进行债务融资，往往属于非市场化并购重组的范畴。

（二）按照交易双方的关系差异

按照交易双方的关系差异，"并购重组"可以划分为"关联并购"（包含"关联单位并购""管理层收购"等）和"非关联并购"。

阿里巴巴于 2017 年收购大麦网（中国最大的演出票务平台）属于非

关联并购，2023年将其转让给阿里影业（01060.HK）则属于关联并购。

（三）按照地区差异

按照收购方与标的公司所在地区差异，"并购重组"可以划分为"国内并购"和"跨境并购"（也称"跨国并购""海外并购""境外并购"等）。

海尔2016年并购美国通用家电属于跨境并购，2024年收购上海莱士（002252.SZ）则属于国内并购。

（四）按照收购方的公众属性差异

按照收购方的公众属性差异，"并购重组"可以划分为"新三板挂牌企业并购重组""上市公司并购重组"与"一般企业并购重组"。

亚锦科技（830806.NQ）收购南孚电池属于新三板挂牌企业并购重组，"南北车合并"属于上市公司并购重组，立白收购蓝天六必治属于一般企业并购重组。

（五）按照收购公众公司的方式差异

按照收购公众公司的方式差异，"并购重组"可以划分为"二级市场购买""协议转让""要约收购""表决权委托""间接收购""司法拍卖""认购新股"等。

前文海信网能收购科林电气的案例中，海信网能先后用到二级市场购买、协议转让、表决权委托、要约收购等四种方式；甘肃省国有资产投资集团有限公司2023年通过收购佛慈制药（002644.SZ）的控股股东兰州佛慈医药产业发展集团有限公司从而收购佛慈制药属于间接收购上市公司；宝鸡方维同创企业管理合伙企业（有限合伙）2024年在天津市第二中级人民法院京东网司法拍卖网络平台竞拍获得ST步森（002569.SZ）14.81%的股份并成为第一大股东属于通过司法拍卖收购上市公司；万胜实业控股（深圳）有限公司2022年通过认购深中华A（000017.SZ）非公开发行股票成为其控股股东属于通过认购新股收购上市公司。

第三节　并购重组整体流程

一、并购重组决策

启动并购重组之前，相关各方需要理性评估自身状况，在此基础上做好并购重组决策——明确并购重组目的，精准描绘对方画像，确定并购重组时机等，详见第二章有关内容。

实践中，许多企业因为盲目并购重组影响了其长远战略，耽误了发展时机。58同城（WUBA.N，已退市）2015年一系列并购重组决策就值得商榷。

2015年，已经在纽约证券交易所上市的58同城先后收购安居客、中华英才网、赶集网和驾校一点通等，业务线覆盖房产、招聘、家政、汽车等领域。

但是上述并购分散了58同城对"PC移动化"的注意力，不仅导致其错过了转型移动互联网的最佳时机，也导致其在各个领域深耕不足且四面树敌。

2020年9月，在市值蒸发了50亿美元之后，58同城完成私有化并从纽约证券交易所退市。

之后，58同城各业务板块均面临激烈竞争且始终未能找到好的出路，还多次爆出负面新闻，上述问题对58同城的品牌形象和用户信任造成了巨大损害。

58同城业务发展"掉队"，重新上市也不顺利——从纽约证券交易所退市后，58同城旗下的安居客、天鹅到家均分拆上市失败。唯一上市成功的快狗打车（02246.HK）也在短短两年时间内，市值就从上市之初的约130亿港元跌到3亿港元左右，下跌超过97%。

上述案例中，58同城顺利完成了并购但错过了发展机遇。58同城当年如果没有进行大规模的并购，而是专注把主营业务"做精做细"并及时完成"移动化"转型，可能今天会是完全不同的结果。

58 同城的案例告诉我们，企业的发展战略无比重要——发展战略应该根据行业发展与自身情况理性确定，企业的重大决策应该围绕着企业的长期发展战略进行并始终为其服务。

保持战略定力并围绕企业的发展战略理性地进行并购重组，才能走得更加长远；而盲目并购往往只会"埋下苦果"。

二、聘请中介机构

并购重组是一项复杂的系统工程，中介机构的参与往往可以更有效地促成交易、控制操作成本、降低并购风险与提高实施效率。

并购重组相关中介机构及其职责如表 1-3 所示。

表 1-3　并购重组相关中介机构及其职责

序号	中介机构类型		职责
1	市场型	卖方顾问	协助寻找收购方、谈判并制订转让方案
2		买方顾问	协助寻找标的资产、谈判并制订收购方案
3	专业型	并购重组顾问	协助并购重组决策、设计并购重组方案
4	牌照型	收购方财务顾问	在收购公众公司的过程中，协助起草收购报告书并出具财务顾问报告或者详式权益变动报告书并出具核查意见，组织反馈问题回复并取得批文
5		收购方法律顾问	在收购公众公司的过程中，负责出具收购报告书法律意见书与免于发出要约的法律意见书
6		收购方审计机构	在收购公众公司的过程中，负责出具收购方（企业）审计报告
7		重大资产重组独立财务顾问	在公众公司重大资产重组的过程中，协助起草重组报告书并出具独立财务顾问报告，组织反馈问题回复并取得批文
8		重大资产重组法律顾问	在公众公司重大资产重组的过程中，负责出具关于收购与重大资产重组的法律意见书
9		重大资产重组审计机构	在公众公司重大资产重组的过程中，负责出具标的资产的审计报告

序号		中介机构类型	职责
10	牌照型	重大资产重组资产评估机构	在公众公司重大资产重组的过程中，负责出具标的资产的评估报告
11		分拆上市独立财务顾问	分拆上市过程中，负责为上市公司出具分拆上市的合规性核查意见
12		分拆上市法律顾问	分拆上市过程中，负责为上市公司出具分拆上市的法律意见书
13		分拆子公司保荐机构	分拆上市过程中，协助分拆子公司起草招股说明书，出具发行保荐书、保荐工作报告、上市保荐书，完成IPO申报，组织反馈问题回复并取得批文
14		分拆子公司审计机构	分拆上市过程中，负责对分拆子公司进行财务尽职调查，指导财务规范并出具IPO审计报告
15		分拆子公司法律顾问	分拆上市过程中，负责对分拆子公司进行法律尽职调查，指导法律规范并出具IPO法律意见书
16		分拆子公司资产评估机构	分拆上市过程中，负责对分拆子公司出具并购重组的评估报告与股改评估报告

如有需要，建议并购重组相关各方在启动并购重组前就聘请有关中介机构，协助企业做好并购重组全过程的把控工作。

三、尽职调查

并购重组过程中，收购方需要对标的公司的业务、财务、法律等进行全面调查，标的公司或转让方也需要对收购方进行"反向尽职调查"，从而更好地设计并购重组方案、控制并购重组风险等，具体见第三章有关内容。

四、设计交易方案

设计并购重组交易方案需要综合考虑各方的基本情况和并购重组目的等，方案通常需要涵盖实施主体、实施步骤、操作方式、作价方式、支付方式、融资安排、对赌安排、特殊安排、过渡期安排等内容，并需要根据交易推进情况不断优化调整，具体见第四章有关内容。

五、方案执行落地

并购重组交易方案的执行落地包括签署相关协议、履行审批程序（如需）、资产交割过户、支付款项（或者发行股份、置换资产等）以及后续并购重组整合等，并需要做好并购重组全过程的风险控制，详见本章第四节、第六章、第八章、第九章等章节有关内容。

第四节 并购重组相关协议

一、中介机构服务协议

并购重组过程中，相关各方与中介机构签署的协议需要明确双方的权利、义务、收费、违约责任与有效期等事项。

实践中，中介机构通常都有标准的服务协议模板，但建议相关各方安排自身法务部门或者外部法律顾问认真审阅，并根据实际情况沟通调整相关服务协议内容，以免后续产生法律纠纷。

另外，建议收购方或者转让方慎重与买方或者卖方顾问签署独家委托协议（特别是当委托期限较长时），以免因为买方或者卖方顾问无法及时促成交易，而导致收购方或者转让方错过最佳的并购重组时机。

二、并购重组合作框架协议

在并购重组的初期阶段，估值作价、交易方式等往往存在较大的不确定性，交易各方无法直接签署正式并购重组协议。在这种情况下，如果需要确定并购重组的意向或者满足监管要求，交易双方可以先签署合作框架协议、战略合作协议或者合作意向协议等。

实践中，合作框架协议通常是正式并购重组协议的简化版，一般包括初步交易方案、定价方式、尽职调查、交易费用、工作安排与协议有效期等内容。

三、并购重组保密协议

并购重组相关各方在正式开始接触时，通常会先签订保密协议（或者在其他相关协议中约定保密条款），特别是涉及非公开资料或信息时。

实践中，很多并购重组为产业整合（横向并购或者纵向并购），存在因为并购重组而导致关键资料泄露给同行业竞争对手、上下游企业或生态圈内其他企业等的风险，此种情况下，保密协议显得更加重要。

另外，保密协议亦有其局限性，即使相关各方签署了保密协议，也建议资料提供方注意核心资料的保密，在采取严格保密措施后再对外提供。

四、正式并购重组协议

交易双方谈判完成并达成正式合作后，会签署正式的并购重组协议，内容包括协议生效条件、交易方式、交易定价、资产交割时间、款项支付（或者发行股份、置换资产等）时间、违约责任、纠纷解决机制、终止条件等。

五、并购重组对赌协议

证监会仅对"交易对方为上市公司控股股东、实际控制人或者其控制关联人"的上市公司重大资产重组，提出了强制对赌要求。

但实践中，绝大部分市场化的并购重组或者上市公司并购重组都会签署对赌协议（或者在正式的并购重组协议中约定对赌条款），对标的公司未来一定期限内（通常为三年）的最低业绩或者估值进行约定，如果未能达到约定要求则需要由对赌方（转让方、标的公司关键人员等）对收购方或者标的公司进行补偿。

　　但需要注意，无论并购重组政策如何变化，标的资产的质量、业绩的真实性与持续性以及方案设计的合理性都是并购重组成功的关键。

　　另外，上市公司作为国家优秀企业的群体代表，其并购重组行为会形成引领作用，逐渐对非上市公司的并购重组行为产生重大影响——无论是并购重组的方向，还是并购重组的方案设计与具体操作方式等。

第二章
并购重组决策

第一节　理性评估自身状况

一、收购方

"知己知彼，百战不殆。"启动并购重组之前，收购方需要充分了解自身真实情况——包括行业前景、竞争格局、股东背景、主营业务、商业模式、主要客户与供应商、经营情况、资金实力、人才储备、技术水平、发展战略、并购重组决策流程等，并在此基础上理性评估对外并购的必要性与可行性等。

知名企业里面，老干妈是少数坚持内生式增长的典型，企业发展比较稳健。

谷歌是通过并购进行外延扩张的典型，累计并购 200 余家企业（包括 Android、YouTube 等），支撑起其 2 万亿美元的市值。

海航集团则先是通过一系列"买买买"成为中国第二大民营企业和《财富》"世界 500 强"，但债务爆雷后只能启动"卖卖卖"偿还债务，最终落寞退场。

对外并购本身是中性的资本运作手段——可以助推企业的发展壮大，也可能加速企业的衰退灭亡。关键是收购方需要做好自身状况的理性评估，选择最适合自己的发展道路和并购节奏。

续表

序号	时间	事件
2	2017 年 4 月	阿里巴巴和蚂蚁金服合计向饿了么追加投资 4 亿美元，持股达到 32.94%，继续作为饿了么最大股东。
3	2017 年 8 月	"饿了么"收购百度外卖，外卖市场变成饿了么、美团两强争霸。
4	2017 年 10 月	饿了么宣布正式接入阿里巴巴旗下的支付宝与口碑外卖服务的线上运营；同时，支付宝首页应用中的"外卖"变成"饿了么外卖"。
5	2018 年 4 月	阿里巴巴和蚂蚁金服以 95 亿美元全资收购饿了么。

收购完成后，阿里巴巴以餐饮作为本地生活服务的切入点，以饿了么作为本地生活服务最高频应用之一的外卖服务，结合旗下口碑（互联网本地生活服务平台）以数据技术赋能线下餐饮商家的到店服务，形成对本地生活服务领域的全新拓展。

同时，饿了么依托外卖服务形成的庞大立体的本地即时配送网络，将协同阿里新零售"三公里理想生活圈"、盒马"半小时达"、24 小时家庭救急服务、"天猫超市一小时达"、众多一线品牌"线上下单门店发货二小时达"等一起成为支撑各种新零售场景的物流基础设施，并由此带来经营数字化水平提升和供应链升级。

上述案例中，阿里巴巴通过收购饿了么实现了自身的战略目的，在一定程度上完成了产业整合，巩固了阿里巴巴的市场地位。

但收购完成后，饿了么一直持续亏损，预计后续还需要更加深入地与阿里巴巴现有产业进行整合才能获得更好的发展。

二、多元化或转型

与产业整合不同，多元化或转型意味着企业需要跨行业进行经营扩张，而并购重组是实现跨行业经营扩张比较高效的方式。

多元化或转型可以帮助企业进入新行业，规避原行业或者单一行业的经营风险，但同时也会给企业带来财务风险、整合风险和新行业风险等。

多元化或者转型的典型成功案例青岛双星（000599.SZ）通过并购重组，实现了由运动鞋向轮胎业务的跨行业发展。

1999年之前，青岛双星主要从事运动鞋业务，当年实现营业收入3.04亿元，发展前景较为有限。

1999年年底，青岛双星发布公告称，计划吸收合并青岛华青工业集团股份有限公司（以下简称"华青工业"），华青工业主要从事轮胎橡胶、铸造机械业务，1998年实现营业收入2.52亿元。此外，华青工业当时正在规划建设年产斜交载重胎200万套、农用轻卡轮胎50万套、子午胎60万套的华青工业园，预计整个项目将于2002年全部建成达产，届时可形成年产值20亿元的生产规模，跨入国内轮胎行业前十强的行列。

上述并购重组于2001年获得证监会批准并于当年8月实施完成。

2001年、2002年青岛双星营业收入分别达到11.47亿元（其中轮胎占比64.63%、运动鞋占比20.17%、其他占比15.20%）、13.59亿元（其中轮胎占比76.15%、运动鞋占比12.55%、其他占比11.30%），由运动鞋成功转型为轮胎与运动鞋双主业。

2007年，青岛双星通过"招、拍、挂"剥离鞋类资产，专注轮胎业务发展。根据美国《橡胶塑料新闻》发布的2008年度全球轮胎75强排行榜，青岛双星位列全球31位，中国大陆第6位。

青岛双星转型的简要时间脉络总结如表2-3所示。

表2-3 青岛双星转型的简要时间脉络

序号	时间	事件
1	1999年年底	青岛双星发布公告称将收购华青工业，向轮胎行业转型。
2	2001年	青岛双星完成对华青工业的收购，实现轮胎与运动鞋双主业发展。
3	2007年	青岛双星剥离鞋类资产，专注轮胎业务发展。

上述案例中，青岛双星抓住机遇，通过并购重组成功完成了转型，由运动鞋行业转型到更具发展潜力的轮胎行业，成就了跨界并购的经典案例。

最近几年，随着轮胎行业竞争加剧，青岛双星又在筹划新的并购重组。后续，青岛双星能否通过新的并购重组再创辉煌，让我们拭目以待。

三、优化资源配置

优化资源配置，可以使企业相关资源得到更有效的利用，从而提高生产效率、降低运营成本，最终提高经济效益。

国有企业之间、同一个集团内部不同公司之间的并购重组或者同一个公司内部不同部门、团队之间的并购重组往往是基于优化资源配置的目的。

中国东航（600115.SZ）吸收合并上海航空（600591.SZ，已退市）是优化资源配置的典型案例。

中国东航与上海航空同属国有企业（分属于国务院国资委和上海市国资委），且双方总部都位于上海。双方合并前（截至 2008 年年底），中国东航通航 21 个国家，服务于国内外 134 个城市，拥有 240 架飞机，经营客运航线 423 条，货运航线 16 条；上海航空拥有飞机 66 架，经营国内外客运航线 170 余条。2008 年度，中国东航实现营业收入 418.42 亿元、亏损 140.50 亿元；上海航空实现营业收入 133.73 亿元、亏损 13.62 亿元。

根据当时的情况，预计双方合并有利于优化航线网络布局，统筹上海始发和到达时刻资源，提高售票网点的市场覆盖率，统一建设运营信息系统等；合并完成后中国东航在上海市航空市场的客运市场份额将从 32.1% 上升至约 46.6%，货运市场份额将从 17.6% 上升至 26.6%。

2010 年年初，中国东航完成对上海航空的吸收合并。合并完成后，在行业回暖并保持高速增长的环境下，中国东航把握整合机遇，充分发挥协同效应，借助上海世博会的商机，取得了公司历史上最好的经营业绩；同时中国东航发挥整合的协同效应，严格预算管理，实施过程控制，全方位、多角度地控制成本。

最终，2010 年度，中国东航实现营业收入 749.58 亿元、净利润 57.03

亿元。之后，一直到疫情暴发前一年（2019年），中国东航营业收入持续增长，一直保持盈利。

上述案例中，中国东航与上海航空的合并优化了国有资源配置——完善航线网络布局，统筹时刻资源，并通过调整部门、人员与售票网点等实现降本增效，最终实现了"1+1>2"的效果，也为后续其他国有企业的合并提供了良好的参考。

四、资产证券化

标的公司（非上市公司）可以通过换股（上市公司发行股份购买资产）的形式成为上市公司的子公司从而变相实现上市，同时标的公司的股东获得上市公司的股份从而变相完成资产证券化。

借壳上市属于典型的资产证券化行为，其中国内资本市场最经典的案例当数三六零借壳江南嘉捷〔601313.SH，已变更为三六零（601360.SH）〕。

三六零是中国互联网和手机安全产品及服务供应商。2016年7月，三六零从纽约证券交易所退市后将A股上市提上日程，为了提高上市效率，三六零最终决定采用借壳上市的方式。

经过一系列筛选，三六零最终选择了当时市值不足35亿元的江南嘉捷作为借壳上市的对象。

2017年11月，江南嘉捷发布了《重大资产出售、置换及发行股份购买资产暨关联交易报告书》，披露三六零借壳上市与对赌方案。

（一）江南嘉捷将除全资子公司苏州江南嘉捷机电技术研究院有限公司（以下简称"嘉捷机电"）100%股权之外的全部资产、负债、业务、人员、合同、资质及其他一切权利与义务划转至嘉捷机电。在划转重组的基础上，江南嘉捷分别将嘉捷机电90.29%的股权以现金方式转让给金志峰、金祖铭或其指定的第三方，交易作价为16.90亿元；将嘉捷机电

9.71% 股权与三六零全体股东拥有的三六零 100% 股权的等值部分进行置换，三六零全体股东再将嘉捷机电 9.71% 股权转让给金志峰、金祖铭或其指定的第三方。

（二）江南嘉捷将嘉捷机电 9.71% 股权转让给三六零全体股东，与其拥有的三六零 100% 股权的等值部分进行置换。经交易各方协商一致，本次交易中拟出售资产 9.71% 股权的最终作价为 1.82 亿元，拟置入资产最终作价为 504.16 亿元，通过重大资产置换与拟置入资产的价款等值部分抵销后，拟置入资产剩余差额部分为 502.35 亿元，由江南嘉捷以发行股份的方式自三六零全体股东处购买。

（三）根据江南嘉捷与三六零股东签署的《业绩承诺及补偿协议》，业绩承诺人承诺三六零在 2017 年度、2018 年度和 2019 年度预测实现的合并报表范围扣除非经常性损益后归属于母公司所有者的净利润分别不低于 22 亿元、29 亿元和 38 亿元。

披露三六零借壳上市方案后，江南嘉捷迎来 18 个涨停板，股票价格从 8.97 元一路上涨到 50 元左右。

本次交易于 2018 年 2 月完成，上市公司更名为"三六零安全科技股份有限公司"，股票简称变更为"三六零"，股票代码变更为"601360.SH"，市值超过 3 500 亿元。

三六零通过借壳回归 A 股的简要时间脉络总结如表 2-4 所示。

表 2-4　三六零通过借壳回归 A 股的简要时间脉络

序号	时间	事件
1	2016 年 7 月	三六零从纽约证券交易所退市。
2	2016—2017 年	三六零进行了一系列资产重组。
3	2007 年 11 月	江南嘉捷披露三六零借壳上市方案。
4	2018 年 2 月	三六零借壳上市完成。

上述案例中，三六零通过借壳江南嘉捷快速地实现了上市，大幅提高了

上市的效率，变相地完成了资产证券化。后续三六零的市值逐步回落至 1000 亿元以内，但不妨碍三六零成为借壳上市和资产证券化的典型成功案例之一。

成熟的资本市场，并购重组远比 IPO 活跃，通过与上市公司进行并购重组实现变相上市与资产证券化是企业最常见的资本运作手段之一。

在国内对 IPO 全面从严监管和对并购重组大力支持的态势下，很多企业也逐步降低自身预期，把被上市公司并购作为备选方案之一。

五、套现退出

如果标的公司的股东计划完全退出，可以通过现金交易的方式转让其持有的标的公司股权，从而完成套现退出。

搜狐将搜狗转让给腾讯算是比较典型的套现退出案例。

搜狗原是搜狐旗下子公司，最初主要从事搜狐的搜索业务，后来推出搜狗输入法、搜狗浏览器等产品并取得巨大成功。

搜狐退出搜狗的时间脉络如表 2-5 所示。

表 2-5　搜狐退出搜狗的时间脉络

序号	时间	事件
1	2004 年 8 月	搜狗成立。
2	2013 年 9 月	搜狐引入腾讯对搜狗的战略投资 4.48 亿美元，并把第一大股东的位置让给腾讯。
3	2021 年 9 月	搜狐将其持有的搜狗 33.8% 股权全部转让给腾讯并获得 11.8 亿美元现金，不再持有搜狗任何权益。

上述案例中，转让搜狗之前，搜狐最大的风险是流动性风险。通过转让搜狗，搜狐获得了充裕的现金，可以更好地布局与发展其核心业务——比如社交、视频、直播以及人工智能等，也可以放手做更多的内部孵化和创新，经营策略随之改变。

"成王败寇"是深深根植在中国文化和价值观念中的观念，受该观念影响，套现退出往往意味着失败，令人难以接受。

实际上，后退往往是为了更好地前进。不管是为了企业长远发展剥离非战略性、非核心资产，还是为了应对激烈的市场竞争而储备充裕的现金，或者因为其他各种原因退出公司，套现退出往往既需要足够的智慧，更需要足够的勇气，这也是很多企业家很有必要学会的功课。

六、抵御竞争

有些并购重组的主要目的是通过收购竞争对手或者潜在竞争对手来抵御竞争，这类并购重组被称为"防御性收购"。

当然，实践中，极少有收购方会公开承认收购的目的是抵御竞争。但如果收购完成后，标的公司被"雪藏"基本就属于此类，其中比较典型的是很多国际知名品牌收购国内消费品牌的案例。

当年外资收购我国的熊猫洗衣粉就是比较典型的防御性收购案例。

作为曾经知名的民族品牌，熊猫洗衣粉当年市场占有率保持在10%左右，一直稳居全国洗衣粉销量前三。

1994年，为了获取发展资金，"熊猫"的品牌持有方与外资合资，并将"熊猫"品牌50年的使用权转让给了外资控股的中外合资企业。

中外合资企业收购"熊猫"品牌后，在未对熊猫洗衣粉进行改进的情况下，大幅提高产品价格而导致熊猫洗衣粉销量大幅下滑，外资则借机推出了自己的洗衣粉品牌。

之后，熊猫洗衣粉销量持续下滑，外资与中方终止合资，并抛弃了"熊猫"品牌，最终导致熊猫洗衣粉销声匿迹。

上述案例中，熊猫洗衣粉因为被并购而错失了发展时机，为我们提供了"血淋淋"的教训——一方面，国内消费品牌需要认真分析外资及其他大型企业的收购目的；另一方面，被并购的实施过程中需要通过协议充分防范被"雪藏"的风险。

实践中，防御性收购主要发生在竞争对手规模相对较小的阶段，这样可以将竞争对手"扼杀在摇篮中"。如果竞争对手已经成长到足够大的规模，收购的主要目的或许只能变成"产业整合"并包含部分"抵御竞争"的目的；并且在这种情况下，收购方的收购成本通常会比较高，还可能面临反垄断风险。

七、其他目的

（一）获取人才或者技术。微软、谷歌、苹果等公司的很多对外并购都属于此类。

（二）进行税收筹划。该部分内容将在第七章进行详细介绍。

（三）增强融资能力。收购方可以通过对外并购做大资产、收入、利润规模，从而获取更多的债务融资。最近几年国内很多地方政府平台的对外并购就属于此类。

（四）加快上市进程。拟 IPO 企业可以通过并购重组做大企业规模、提高盈利能力、增强独立性和规范性等。

IPO 申报期内，康鹏科技（688602.SH）将不符合主营业务方向的子公司上海万溯众创空间管理有限公司剥离，金杨股份（301210.SZ）为了整合产业并增强公司盈利能力而收购关联方无锡市东杨新材料股份有限公司，民生健康（301507.SZ）为了消除同业竞争而收购关联方浙江民生健康科技有限公司等，都主要是为了加快上市进程。

第三节　精准描绘对方画像

所谓"描绘对方画像"，就是指启动并购重组之前，收购方需要提前确定对标的公司的要求，转让方确定对收购方的要求。

一、双方整体要求

（一）收购方对标的公司的要求

目前市场上比较优质的标的公司包括 IPO 终止企业、经营业绩良好的新三板挂牌企业、市值被低估的上市公司、其他价值被低估的资产等。

收购方对标的公司的要求通常包括行业、资质、产能、主营业务、经营情况、客户或供应商、核心技术、可否迁址等，甚至还会考虑转让方的背景情况。

京东当年收购 1 号店时，就是基于京东与 1 号店的产业协同，并很大程度上考虑了京东与转让方沃尔玛的潜在合作。

1 号店成立于 2008 年 7 月，是国内第一个线上超市零售平台，主营食品和日用百货，品类繁多，客单价低，仓储和物流成本高。因而，虽然 1 号店商品交易总额（GMV）和用户量高速增长，但却成了烧钱的"黑洞"，持续亏损。

2010 年 5 月、2011 年 7 月，1 号店两度易主后被零售巨头沃尔玛全资控股，经营目标变成"减少亏损"，成长速度大不如前，此时却引起了京东的兴趣。

京东的首要目的是通过收购 1 号店达成与沃尔玛的深度合作，在此基础上京东可以借助 1 号店拓展其他类型的业务，扩大经营范围，提升购物频次与客户黏性，有效实现对现有资源的整合。

2016 年 6 月，京东向沃尔玛发行约 5% 的股份（价值约 15 亿美元）换取 1 号店，同时约定各方将在多个战略领域进行合作，具体如下。

1. 京东将拥有 1 号商城主要资产，包括"1 号店"的品牌、网站、App。沃尔玛将继续经营 1 号店自营业务，并入驻 1 号商城。沃尔玛将借助其全球供应链优势向消费者提供更加丰富的商品；"1 号店"将继续保持其品牌名称和市场定位，并且京东和沃尔玛将携手支持"1 号店"不断加强其品牌影响力和业务增长。

2. "山姆会员商店"在中国市场获得了巨大的成功，它将在京东平台上开设官方旗舰店；京东物流仓储体系当日达/次日达商品配送服务已覆盖全国6亿用户，山姆会员商店将使用京东的仓配一体化物流服务，从而能够在中国更大范围地推广其高品质进口商品，并为其顾客提供全国最高效的商品配送服务。

3. 京东和沃尔玛将在供应链端展开合作，为中国消费者提供更丰富的产品选择，包括扩大进口产品的丰富度。

4. 沃尔玛在中国的实体门店将接入京东集团投资的中国最大的众包物流平台"达达"和O2O电商平台"京东到家"，并成为其重点合作伙伴。通过线上线下融合，包括吸引更多线上客户到沃尔玛实体门店，为"京东到家"的用户提供沃尔玛实体门店极为丰富的生鲜商品选择，为更广泛的用户群体提供两小时超市生鲜配送到家的服务。

2020年7月，"1号店"正式升级为"1号会员店"，为用户提供全新"会员制"服务。2023年11月，京东1号会员店宣布会员数超200万，这意味着1号会员店成为用户规模最大的线上会员制超市，成为京东新的增长点。

京东收购1号店的简要时间脉络如表2-6所示。

表2-6 京东收购1号店的简要时间脉络

序号	时间	事件
1	2008年7月	1号店成立。
2	2010年5月	平安集团收购1号店。
3	2011年7月	沃尔玛收购1号店。
4	2016年6月	京东向沃尔玛发行股份收购1号店，双方达成战略合作。
5	2020年7月	1号店升级为1号会员店。

上述案例中，京东在收购1号店之初，对其潜在价值存在一定程度的误判，未能完全实现其收购的初衷。后续京东不得不将1号店调整转型，

将其升级为 1 号会员店，更换方式协助其完成产业延伸。

但京东通过收购 1 号店引入沃尔玛成为战略投资者，双方实现了战略合作，京东借此拓展了全球供应链能力，实现了另外层面上的战略目的。

（二）转让方对收购方的要求

目前市场上主要的收购方包括国有企业（含央企）、上市公司、产业相关方、并购基金等。

转让方对收购方的要求通常包括行业、主营业务、经营情况、资金实力、背景资源、客户或供应商等。

二、不同并购重组目的差异化要求

根据并购重组的目的不同，收购方对标的公司的要求、转让方对收购方的要求均会有所差异与侧重（见表 2-7）。

表 2-7　不同并购重组目的差异化要求

序号	并购重组目的	收购方对标的公司的常规要求	转让方对收购方的常规要求
1	产业整合	产业协同度与成长性	产业协同度与后续支持
2	多元化或转型	行业发展前景与竞争优势	收购方的实力与后续支持
3	优化资源配置	主要考虑双方的资源协同度与整合的可行性	
4	资产证券化	资产质量与成长性	上市公司市值合理、没有重大违规与退市风险等
5	套现退出	并购价值与后续经营稳定性	足够的实力
6	抵御竞争	竞争或潜在竞争情况	估值作价与后续安排
7	获取人才或技术	人才稀有度与技术先进性	估值作价与后续支持
8	进行税收筹划	主要考虑双方的财务状况和税法相关规定	
9	增强融资能力	规模较大且盈利良好	估值作价与后续支持
10	加速上市进程	主要考虑双方的经营情况和 IPO 上市相关要求	

第四节　确定并购重组时机

"时机不对，努力白费。"时机对于并购重组，特别是市场化的并购重组显得尤为重要。

一、转让时机

经济有发展周期，在景气与衰退之间不断起伏；行业则有生命周期，从初创期、成长期，到成熟期、衰退期。

对转让方而言，在经济景气周期、行业快速成长（就是所谓"风口"）阶段操作并购重组，往往更容易吸引收购方并获得良好的交易价格。

但此时，很多转让方往往更倾向推动标的公司独立发展壮大，而对收购方的"橄榄枝"视而不见，最终可能错过了最佳转让时机。

豌豆荚的案例，就向我们充分展示了转让时机的重要性。

豌豆荚是一款 Android 手机应用助手，诞生于 2009 年 12 月，是中国移动互联网领域的创新企业。

2010 年 4 月和 8 月，豌豆荚 1.0 Beta 版和 1.0 正式版相继发布。豌豆荚以手机助手为起点，在电脑上推出豌豆荚 Windows 版，用户无须花费手机流量即可把内容下载到手机上。

2011 年 12 月，豌豆荚实现豌豆荚 Windows 版、网页端和豌豆荚 Android 版多方位的应用获取方式。网页版实现了云推送功能，让 Android 用户可以通过 PC、手机以及平板等各种终端媒介获取应用，打通 Android 手机和海量应用之间的渠道。

2014 年，豌豆荚宣布收录超过 100 万款不重复应用和游戏，收录数量超过国内其他所有安卓应用分发平台，同时豌豆荚视频搜索累计用户突破 1 000 万。

豌豆荚融资与转让的时间脉络如表 2-8 所示。

表 2-8　豌豆荚融资与转让的时间脉络

序号	时间	事件
1	2014 年 1 月	豌豆荚获得软银中国、高盛资本等 1.2 亿美元投资，估值达到 10 亿美元。
2	2014 年 6 月	市场传言阿里巴巴欲以 15 亿美元收购豌豆荚被拒。
3	2016 年 7 月	在手机厂商纷纷打造自有应用分发平台，瓜分应用工具下载市场的背景下，阿里巴巴宣布 2 亿美元全资收购豌豆荚应用分发业务。

上述案例中，豌豆荚因为没有把握住行业"风口"期，错过了最佳转让时机，短短两年时间其估值下降了 87%。

对转让方而言，唯有合理把握行业发展前景与企业成长节奏，审慎确定企业发展战略，积极对接潜在收购方并理性评估对方的收购意向，才能把握住标的公司的最佳转让时机。

二、收购时机

对收购方而言，在经济景气周期、标的公司行业快速成长阶段进行收购往往有利于提升自身估值（特别当收购方为上市公司时），但收购方此时也往往需要付出更多的努力，并支付更高的对价。

如果标的公司所处行业暂时低迷或者标的公司暂时遭遇困难，收购方往往可以节省收购成本，但也可能因为标的公司的行业无法走出低谷或者标的公司无法摆脱困难而遭受损失。

另外，收购方还要考虑自身所处行业的周期以及自身资金实力、估值情况（通过换股收购标的公司的情况下）、资本运作计划等。

中国交建（601800.SH）收购美国 Friede Goldman United, Ltd.（以下简称"F&G"）是把握收购时机的典型成功案例。

中国交建成立于 2006 年 10 月，是全球领先的特大型基础设施综合服务商，主要从事交通基础设施的投资建设运营、装备制造、城市综合开发等，为客户提供投资融资、咨询规划、设计建造、管理运营一揽子解决方案和综合一体化服务。

F&G 是一家世界知名的海上钻井平台设计服务和装备供应商，主要从事海洋工程平台设计和平台配套设备设计、制造业务。

2009 年，中国交建明确将海洋重工装备制造纳入发展重点。基于该背景，2010 年，中国交建以 1.25 亿美元收购 F&G 100% 股权。至此，中国交建开始涉足海洋重工装备的核心产品——海上石油平台的设计制造领域，并且成为当时国内唯一拥有海上钻井平台研发设计能力的制造商。

此次收购 F&G 正值美国遭遇"次贷危机"进而引发国际金融危机之际，全球流动性骤紧，企业盈利情况下滑。石油价格从 2008 年最高的 130 多美元急速下跌至 45 美元以下，从而导致石油产业链上资产价格持续承压。F&G 原股东方因资金需求急需出售资产变现，中国交建根据海工业务发展、产业转型升级的自身需求，适时出手以合适的价格完成了对 F&G 的收购。

收购后第二年（2011 年）年初，石油价格迅速攀升至 100 美元以上，随后的三年多时间里基本维持在 100 美元至 120 美元之间，加之量化宽松政策导致全球流动性充裕，老旧平台面临更新换代，海工市场迅速迎来了一波井喷期。

凭借中国交建给予的资信支撑，F&G 抓住发展机遇，经营情况远超预期。收购 F&G 除了为中国交建进军海工装备制造领域奠定基础，大幅提升竞争实力之外，也给中国交建带来了较为丰厚的财务投资回报。

上述案例中，中国交建根据自身发展战略，在经济危机的背景下果断决策，抓住了全球经济及大宗商品价格波动带来的稍纵即逝的时间窗口，以较低的成本收购了正常情况下很难收购的标的公司，完成了产业布局。

经济危机在对大部分企业的经营与发展带来重大负面影响的同时，往往也会带来很多收购资产的良好机遇，过去的许多"非卖品"可能被转让或者过去转让报价较高的资产可能会大幅降价。

　　但收购前提一定是对整体经济发展、行业前景、标的公司未来经营的深入调查，以及对并购重组可行性与后续双方整合可行性的审慎筹划，并在此基础上树立信心，而不能单纯因为价格低而进行并购。

第三章
并购重组尽职调查

第一节　尽职调查概要

一、尽职调查的概念与目的

（一）尽职调查的概念

本章的"尽职调查"（以下简称"尽调"）是指尽职调查团队对标的公司的业务、财务、法律等进行的全面调查，包括股权情况、主营业务、商业模式、关键人员、核心技术、竞争优势、资质证照、内部控制、财务状况、经营业绩、财务规范、合规经营、法律风险等。

并且，尽职调查不应局限于标的公司本身，还要考虑收购方及监管机构的要求以及此次交易可能带来的潜在影响。

兰州民百（600738.SH，已更名为"丽尚国潮"）收购南京环北市场管理服务有限公司，就因为"重组完成后，上市公司与控股股东之间将会存在同业竞争问题，申请人不能提供解决同业竞争的具体措施和时间安排"而第一次上会被否决。

实践中，标的公司或转让方也需要对收购方进行"反向尽职调查"，了解其股东背景、经营情况、资金实力、发展战略、资源禀赋、重组条件、监管要求等事项，具体可以参考本章对标的公司尽职调查的程序与方法等开展。

　　华阳科技（600532.SH，已退市）收购淄博宏达矿业有限公司相关资产就因为收购方自身存在的问题——上市公司"目前处于立案稽查尚无结论阶段，不符合非公开发行股份的条件；公司原控股股东山东华阳农药化工集团有限公司缺乏履行承诺的保障措施"而失败。

（二）尽职调查的目的

　　尽职调查的主要目的是了解标的公司及其所处行业的情况，并在此基础上发现标的公司的价值与风险。

　　价值包括以资产价值和盈利能力为主要衡量标准的现实价值，以及以科技含量、成长潜力、资本市场青睐度为主要衡量标准的未来价值。

　　风险则包括权属纠纷风险、业绩包装风险、税务风险、行业风险、经营风险等。

　　实践中，尽职调查的风险发现甚至比价值发现更重要——未能发现价值或许会导致收购方错失收购机会，但未能发现风险则可能会给收购方造成重大损失。

二、尽职调查的基本原则与方法

（一）尽职调查的原则

　　进行尽职调查时，尽职调查团队应当考虑自身专业胜任能力和独立性，并确保参与尽职调查工作的相关人员能够恪守独立、客观、公正、审慎的原则，具备良好的职业道德和专业胜任能力；开展尽职调查工作，应当保持职业怀疑，以获取充分和适当的证据为基础出具对相关事项的明确的核查结论，核查的方法和结论应当能够通过原始资料进行验证。

（二）尽职调查的方法

　　尽职调查可以通过资料审阅、公开查询、分析性复核、实地考察、访谈与走访、函证等多种方式开展，具体需要根据标的公司所处行业的特征、企业的主营业务、规模与商业模式等进行计划与实施。

三、尽职调查的一般流程

启动尽调之前，尽职调查团队需要明确尽职调查的目的，根据标的公司的实际情况组建合适的尽职调查团队，对标的公司进行初步了解后制订工作计划并准备资料清单，之后对标的资产进行全面尽职调查，并形成尽职调查报告。

尽职调查团队在履行审慎核查义务、进行必要调查和复核的基础上，可以合理信赖其他机构出具专业意见的内容；对没有其他机构及其签字人员专业意见支持的内容，尽职调查团队应当获得充分的尽职调查证据，在对各种证据进行综合分析的基础上对标的公司提供的资料进行独立判断。

第二节　尽职调查筹备

一、组建尽职调查团队

尽职调查团队通常包括收购方、财务顾问、投资银行、法律顾问、审计机构、行业调研机构等。

（一）收购方

收购方投资部门、后续负责整合的人员以及财务人员、技术人员、业务人员等都可以纳入尽职调查团队，为尽职调查工作提供支持，把控尽职调查工作的进度和风险，并与标的公司建立联系。

（二）财务顾问

在尽职调查过程中,财务顾问的主要工作是统筹协调以及把握重大问题。

（三）投资银行

投资银行可以牵头对标的公司的业务、财务、法律进行全面尽职调查，并可以利用自身资源协助解决问题、提供融资渠道（如需）等。

（四）法律顾问

尽职调查过程中，法律顾问主要负责对标的公司的股权情况、资质证照、合规经营、法律风险等法律问题进行尽职调查并出具法律尽职调查报告。

（五）审计机构

尽职调查过程中，审计机构主要负责对标的公司的内部控制、财务状况、经营业绩、财务规范、盈利预测等财务问题进行尽职调查并出具财务尽职调查报告。

（六）行业调研机构

如果标的公司与收购方属于同一行业，收购方通常可以自己进行行业调研；如果属于不同行业，收购方通常需要聘请专业的行业调研机构对标的公司进行调研。

市场上比较知名的行业调研机构包括麦肯锡、尼尔森、益普索、毕马威、艾瑞咨询、零点研究等。许多行业调研机构基本都有其侧重与擅长的行业，建议根据标的公司所处行业进行甄别与选择。

上述是标准的尽调团队配置，具体配置情况取决于标的公司规模、收购方对标的公司的了解程度、尽调想要达到的效果、尽调预算等因素。比如，收购方计划收购一家比较熟悉的原材料供应商，由收购方牵头，聘请法律顾问与审计机构协助即可。

二、初步了解标的公司的行业

企业的发展与其行业息息相关，朝阳行业内的大部分企业都会有客观的发展预期和盈利空间，夕阳行业内的企业则通常只会与衰退和"内卷"相伴。

了解行业通常包括标的公司所处行业背景调研以及标的公司在行业内的地位与竞争优势的调研两部分。行业背景调研通常包括行业政策、产业布局、行业生命周期与发展阶段、行业上下游情况及在国民经济中的地位、行业壁垒、竞争态势、商业模式等。了解行业背景后，尽调团队往往也会大概了解标的公司在行业内的地位与竞争优势。

实践中，尽调团队可以通过公开的行业研究报告、业内公司 IPO 的招股说明书、新三板挂牌的公开转让说明书等初步了解标的公司所处行业的情况。

三、搜集标的公司基础资料

在启动正式尽职调查之前，尽职调查团队需要通过各种手段收集标的公司基础资料，以便更好地准备尽职调查资料清单以及后续开展现场尽职调查工作。

尽职调查团队可以通过标的公司官方网站、国家企业信用信息公示系统、互联网检索等公开渠道对标的公司进行初步调查，还可以向标的公司索要公司简介、商业计划书、公司章程、简要财务报表、组织结构图、企业信用报告等资料。

四、签署保密协议

尽职调查会涉及标的公司许多内部资料和信息，通常需要由收购方与标的公司签署保密协议对需要保密的资料和信息范围进行界定，并对保密义务、违约责任、保密有效期进行约定。

（一）关于保密内容的常规条款

保密协议约定的保密信息是指乙方（收购方）在项目进行过程中获得的，未由甲方（标的公司）在任何刊物、媒体、互联网、公开发送的宣传资料及其他公开场合向公众披露的任何文字、数据、图形等。无论该等信息以何种形式或载于何种载体；该等信息是原始信息还是复制信息；在披露时是否已经以口头、书面或以任何其他方式表明其具有保密性。

（二）关于保密义务的常规条款

保密协议约定的保密义务如下。

1. 未经甲方（标的公司）书面同意，不得将保密信息进行任何形式的公开披露，但协议第 6 条约定的情形除外。

2. 乙方（收购方）应当采取一切合理的保密措施，妥善保管保密信息，禁止任何与该保密信息无关的人员接触或取得保密信息，尽到与保护自身保密信息相同的最高程度的谨慎注意义务。

3. 双方应当建立内部"隔离"机制，只将保密信息提供或用于乙方（收购方）的项目组成员及主管领导、内核组成员及协助完成该项目的必要的人员（以下简称"有权人员"），不得将保密信息提供或用于与项目无关的任何人［包括但不限于乙方（收购方）的非有权人员］；为进行项目合作而聘请的中介机构，乙方（收购方）应在披露时向此类人员说明保密信息的保密性质，并另行签订保密协议。

4. 保密信息将仅用于协议约定之目的，未经甲方（标的公司）事先同意，不得用于任何其他目的。

5. 除为协议约定之目的以适当的方法对保密信息进行复制外，不得对保密信息进行任何其他目的的复制和传播。

6. 各方在下列情况下披露保密信息，不构成违反保密义务。

（1）将保密信息披露给有权人员。

（2）根据法律、法规、规范性文件的规定，为完成项目，向国务院证券监督管理机构、其他政府主管部门或机构（以下简称"官方机构"）及社会公众披露保密信息，该等披露仅限于根据规定应当披露的保密信息。

（3）根据有管辖权的法院等司法部门、官方机构的命令或要求应当披露的保密信息。

（三）关于违约责任的常规条款

保密协议约定的违约责任如下。

1. 乙方（收购方）违反协议的约定，导致保密信息被第三方非法获知，乙方（收购方）应当立即停止任何违反保密义务的行为，并采取一切手段消除由此引起的任何不利影响。

2.乙方（收购方）构成违约，应当向甲方（标的公司）赔偿全部直接损失，该等损失的计算依据为法院生效的诉讼文书、仲裁裁决书。

（四）关于保密有效期的常规条款

保密协议对保密有效期的约定如下。

1.项目中止或终止，在保密信息成为公开信息之前，双方应当继续履行本协议约定的保密义务。

2.本协议的履行，不受与项目相关的其他协议的订立、解除、终止或其他与实现项目之目的有关的任何情况的影响。

实践中，为了简化程序，也存在由收购方向标的公司出具保密承诺函替代保密协议的签署的情况；但需要注意的是，保密承诺函的法律效力低于保密协议。

第三节 尽职调查程序

一、提交尽调资料清单

尽职调查团队需要在通用尽调资料清单（尽调资料清单范本）的基础上，结合标的公司基础资料及行业资料，制定针对标的公司的"个性化"尽调资料清单。

尽调资料清单需要考虑到标的公司相关人员理解和执行的可行性，尽量具体与明确。

尽调资料清单需要注明尽职调查团队的联系人员和联系方式，以便标的公司在准备资料的过程中进行咨询与沟通；部分项目甚至还需要召开专门会议向标的公司相关人员讲解尽调资料清单相关项目的含义和具体准备要求。

通用尽调资料清单通常包括业务、法律、财务三部分，将分别在本章

第四节、第五节、第六节进行介绍。

二、资料的审阅与处理

尽职调查团队取得标的公司提供的资料后，先要对照尽职调查资料清单查看其提供的资料是否齐全、正确，之后认真审阅收到的资料，并形成尽职调查结论后按照底稿目录进行存放。

三、公开查询

尽职调查团队可以通过以下公开途径对标的公司进行调查，并核查标的公司提供的资料是否真实、准确、完整。

（一）通过标的公司官方网站了解标的公司的基本情况、产品、客户等信息。

（二）通过"国家企业信用信息公示系统"查询标的公司的工商登记信息。

（三）通过"国家知识产权局"查询标的公司的专利、商标等知识产权信息。

（四）通过"中国裁判文书网"查询标的公司及关键个人诉讼信息。

（五）通过"中国人民银行征信中心"查询标的公司及关键个人征信信息。

（六）通过"中国执行信息公开网"查询标的公司及关键个人失信信息。

（七）通过"公众环境研究中心"查询标的公司的环保信息。

（八）通过"中国证监会"、各证券交易所网站查询标的公司及其董监高、实际控制人的证券市场行政处罚、自律监管信息。

（九）通过"中国电子口岸"查询标的公司的境外销售数据。

（十）通过互联网检索标的公司诉讼、新闻报道等公开信息。

四、分析性复核

（一）分析性复核的概念

分析性复核是指尽职调查团队通过对标的公司相关的信息进行比较，研究财务信息之间、财务与非财务信息之间可能存在的关系，来评价财务信息的方法。

（二）分析性复核的方式

1. 标的公司的财务信息（包括资产周转率、毛利率、净资产收益率、费用率、平均员工工资等）与前期可比信息进行比较。

2. 标的公司的财务信息（包括资产周转率、毛利率、净资产收益率、费用率、平均员工工资、原料采购价格、产品销售价格等）与其同行业可比公司或公开市场可比信息进行比较。

3. 标的公司的各项财务信息之间（包括营业收入与广告宣传费、营业成本与存货余额、固定资产与折旧费用、银行贷款与利息支出、营业利润与经营活动产生的现金流量净额等）进行比较。

4. 标的公司的财务信息与非财务信息（包括一线员工数量、产量、用电量、用水量、专利数量、市场占有率等）进行比较。

5. 标的公司的财务信息（包括营业收入、原料成本、人工成本、各项费用等）与其预算进行比较。

五、实地考察、访谈与走访

（一）实地考察、访谈与走访的概念

实地考察、访谈与走访是指尽职调查团队通过实地查看了解标的公司的实际情况、访谈标的公司相关人员、走访标的公司外部第三方了解其对标的公司的评价，从而对标的公司提供的各项资料进行验证的过程。

（二）实地考察、访谈与走访的方式

1. 实地考察标的公司生产经营的主要场所和主要业务流程以及公司的

主要资产（包括固定资产、在建工程、存货等）。

2.访谈标的公司股东、相关董事、监事、高级管理人员、其他员工等。

3.走访标的公司监管部门、主要客户与供应商、财务咨询公司等并形成走访记录、拍照留存，由被走访者签字确认。

实践中，实地考察、访谈与走访等可以不拘泥于形式，有业内人士还总结了一套"987654321"的尽调法则——见过90%以上的股东和管理层（需要涵盖小股东），8点钟之前到达标的公司（了解其员工的工作状态），到过公司7个以上的部门、在公司连续待过6天以上（全面了解公司日常经营运作），对公司至少5个要素（团队、管理、技术、市场、财务）进行详细调查，至少走访过4个以上客户与供应商，至少考察过3个以上竞争对手、访谈需要保证20个以上问题，至少与公司普通员工吃过1次饭（了解员工对公司的真实看法）。上述并非法定的尽职调查样本要求，但是可以作为尽职调查理念和方式的参考。

六、函证

（一）函证的概念

函证是指尽职调查团队直接从第三方（被函证方）获取关于标的公司相关事项的书面答复以作为证据的过程。

（二）函证的范围

函证范围包括银行存款、往来款、营业收入、采购、协议、外部存货、诉讼等。

（三）函证程序

函证应该由尽职调查团队独立发送，回函地址为尽职调查团队的地址，不能由标的公司代为收发函证。

函证之前建议标的公司先与被函证方联系以核对金额；银行函证的金额一般为对方金额（银行对账单余额）。

第四节　业务尽职调查

业务尽调是整个尽职调查的基础与核心。一方面，"获取业务"是大多数市场化并购重组的主要目的，"业务合适"通常是并购重组的"驱动因素"；另一方面，基于行业属性和商业模式的差异，公司的法律与财务呈现出不同的特征，唯有成功地完成业务尽调，通常才能有效地开展法律与财务尽调。

尽管实践中很多尽职调查都会为了提高效率而进行人员分工，但从事法律和财务尽调的人员也有必要了解公司的业务情况，否则很难做好尽职调查。

一、业务尽职调查内容

业务尽调通常包括行业背景、公司运行、关键人员与技术等方面的内容。

（一）行业背景

行业背景尽调需要涵盖国家产业政策、行业监管规定、行业在产业链中的地位及供需关系、行业发展现状及前景、行业竞争格局、行业替代风险等。

实践中，大量并购重组项目因为行业发展相关问题而失败。

1.恒大地产当年计划借壳深深房A（000029.SZ），前后历时4年，最终因为不符合国家产业政策而宣布终止。

2.江苏新能（603693.SH）收购安阳县美亮光伏电力有限公司80%股权，因为"国家发改委、财政部、国家能源局联合下发《关于开展可再生能源发电补贴自查工作的通知》，决定在全国范围内开展可再生能源发电补贴核查工作"而宣布终止。

3.中卫国脉（600640.SH，已更名为"国脉文化"）收购通茂酒店控

股有限公司因为 "土地资源整合及房地产开发业务与国资部门的政策要求是否相符并不明确" 而上会被否决。

4.金材股份（002002.SZ，已退市）收购内蒙古乌海化工股份有限公司，因为 "标的资产所取得的地方批文与国家相关政策存在冲突，标的资产未来能否持续享受上述政策存在重大不确定性" 而上会被否决。

另外，社会发展不断加快，当下的朝阳行业几年后就可能变成夕阳产业。行业背景调查需要高度重视行业发展趋势，从而基于标的公司所处行业的未来发展前景和竞争格局，判断标的公司的并购价值与风险。

（二）公司运行

公司运行尽调需要涵盖标的公司企业文化、组织架构与人力资源、商业模式与盈利模式、采购、生产与销售等。

如果说标的公司业务尽调是整个尽职调查的核心，那么商业模式与盈利模式尽调则是核心中的核心，也是各方关注的重中之重。

湖南发展（000722.SZ）收购湖南发展集团九华城市建设投资有限公司、ST沪科（600608.SH）收购明市基础设施投资建设有限公司都因为 "经营模式存在较大风险" 而上会被否决。

实践中，无论股东背景、产品、客户、销售模式、业务增长等多么 "高大上"，健康合理的商业模式与盈利模式都是企业持续发展的基础。尽调过程中需要 "拨开重重迷雾"，了解标的公司发展与赚钱的底层逻辑。

笔者曾经拜访过一家黄金零售公司，号称上游与某大型黄金矿业上市公司为战略合作伙伴，下游通过独创的 "会员模式" 快速 "裂变"，公司成立第二年就实现了数亿元的销售额。

但笔者仔细了解下来，发现黄金采购与销售的价格均相对比较透明，每克通常只有几十元的销售价差（毛利）。但该黄金零售公司通过所谓 "会员模式"，每销售一克黄金向消费者（所谓 "会员"）返还将近200元的购物券（要求消费者两年以内每月限额使用）。

笔者很快就意识到该公司商业模式的本质是以黄金为载体的"庞氏骗局"，老"会员"的返利需要依靠新"会员"的消费实现，业务扩张依赖于新"会员"数量的持续增长，"会员"无法增长之时即公司崩盘之时。后来该公司果然爆雷。

（三）关键人员与技术

关键人员与技术尽调需要涵盖关键人员（包括主要股东、高级管理人员、核心技术人员、其他业务骨干等）的学历、工作经验、任职期限、薪酬待遇、股权激励、竞业禁止以及公司核心专利、关键非专利技术、在研项目等。

实践中，许多并购重组项目因为关键人员与技术有关问题而失败。

1. 北斗星通（002151.SZ）收购深圳市华信天线技术有限公司（以下简称"华信天线"）与嘉兴佳利电子有限公司，因为标的企业的知识产权问题而失败。

2014年12月，北斗星通收购华信天线上会被否决，否决原因为"标的企业华信天线实际控制人在其担任华颖锐兴总经理期间投资设立同业标的企业，导致相关知识产权存在法律纠纷风险，且工商局查询信息显示其目前仍为华颖锐兴股东，标的企业未来经营存在重大不确定性，不符合《上市公司重大资产重组管理办法》第十一条第（四）项、第（五）项的规定"。

2. 鑫科材料（600255.SH）收购 Midnight Investments L.P. 的80%出资权益因为核心人员稳定性问题宣告失败。

Midnight Investments L.P. 为设立于香港的有限合伙企业，系为集中整合 Nicolas Chartier 和 Jennifer Chartier 直接或间接拥有的纳入本次收购范围的包括 Voltage Pictures, LLC. 等与影视制作、销售相关的企业的股权而设立。

以 Nicolas Chartier 为核心的成熟影片制作和销售团队是标的企业的竞争优势之一，也是未来标的企业持续发展的保障。影视制作行业存在人才壁垒，产业链各层级人才需要长期实践和相互磨合，因此培植经验丰富、配合默契的项目团队十分必要。且影视行业存在品牌效益，著名的项目团队对于未来资源获取和业务开展具有重要作用。因此，为了保持管理团队的稳定性，上市公司拟与 Nicolas Chartier 及其他核心管理团队人员签署雇佣、竞业禁止等相关协议。

双方签署的《收购协议》中明确将雇佣协议与竞业禁止及不招揽协议作为协议生效的前提条件。

（1）雇佣协议。目标公司应已向买方送达由目标公司和／或者一方是所有目标公司子公司而另一方是目标公司核心管理人员 Nicolas Chartier 和 Jonathan Deckter 之间完全签署的能令买方合理满意的雇佣协议。

（2）竞业禁止及不招揽协议。卖方已经递交给买方及目标公司一份由 Nicolas Chartier 签署的竞业禁止及不招揽协议。

并购重组审核过程中，上交所针对该问题进行了反馈，要求补充披露"保持核心人才团队稳定的保障措施""公司拟与 Nicolas Chartier 及核心管理团队人员签署雇佣、竞业禁止等相关协议的相关细节和进展，包括相关人员范围、主要限制条款、是否已与对方达成共识、协议签订时间安排等"。

之后，鑫科材料与对方反复沟通落实上述雇佣协议、竞业禁止及不招揽协议的签署工作，但对方推进"此类工作的进展缓慢"。

最终，鑫科材料不得不终止此次收购。

上述案例中，尽职调查团队未能有效识别标的公司关键技术与核心人员存在的问题，或者虽然发现了问题但未能重视其可能导致的潜在风险，最终导致收购失败也就在所难免。如果尽职调查团队能够尽早发现并解决上述问题，或许可以推动收购成功完成，或者可以尽早终止收购而有效"止损"。

关键人员与技术对并购重组非常重要，尽职调查过程中需要对此给予高度重视，特别是当标的公司为初创型企业或者技术密集型企业时，因为关键人员与技术往往代表了公司的发展潜力，一旦发生纠纷或者重大不利变化，就可能严重影响标的公司的发展前景与持续经营能力。

二、业务尽调通用资料清单（见表 3-1）

表 3-1　业务尽调通用资料清单

序号	业务尽调资料
1	国家有关产业政策及发展纲要
2	行业主管部门制定的发展规划、行业管理方面的法律法规及规范性文件
3	行业研究报告、统计资料、行业杂志、行业分析报告
4	主要竞争对手资料
5	公司产品宣传册、公司介绍资料、商业计划书
6	公司组织结构图及各部门主要职责、员工手册、人力资源管理制度、薪酬制度、绩效考评制度、劳务派遣或外包管理制度、员工名册、人力资源相关协议样本
7	采购管理制度、存货管理制度、前十大供应商列表、采购相关原始资料（包括采购申请表、采购合同、采购订单、物流记录、验收证明、入库凭证等）、委托加工管理制度、合作研发管理制度
8	生产经营许可文件、质量认证文件、项目立项文件、生产流程图、安全生产制度、污染治理制度、公司 BOM 表（物料清单）
9	销售管理制度、退货管理制度、前十大客户列表、销售相关原始资料（包括销售合同、销售订单、出库凭证、物流记录、客户验收证明等）
10	关键人员简历、工资表、劳动合同、保密协议、竞业禁止协议
11	主要专利证书、非专利技术列表、在研项目列表

第五节　法律尽职调查

法律问题通常不会促成并购，但严重的法律问题随时可能使并购终止。

标的公司的法律问题通常需要聘请专业的法律顾问进行详细的尽职调查，以免遗漏严重法律风险而造成重大经济损失或者导致并购失败。

一、法律尽职调查的内容

法律尽调包括公司股权问题、规范运作、债务风险、关联方、税务合规等。

（一）股权问题

股权问题尽调涵盖公司设立、股权转让、增资、减资、重组、改制、股东适格性、出资来源合规性、持股真实性等。

股权清晰是实施并购重组的基础条件，因此需要通过尽职调查确认标的公司股权的合法合规性，保证其不存在权属纠纷。

实践中，许多并购重组因为股权问题而失败。

1. 天山纺织（000813.SZ，已更名为"德展健康"）收购新疆西拓矿业有限公司 75% 的股权，因为"未就标的资产历史转让过程合法合规性进行充分说明"而上会被否决。

2. 富龙热电（000426.SZ，已更名为"兴业银锡"）收购内蒙古兴业集团股份有限公司旗下的五家矿业公司，因为"未充分说明标的公司增资资金来源及其合法性"而第一次上会被否决。

3. 华阳科技（600532.SH，已退市）收购淄博宏达矿业有限公司相关资产，因为"淄博宏达矿业有限公司和淄博金召矿业投资有限公司出资的资金来源及股份代持行为涉嫌规避有关监管部门的规定"而上会被否决。

上述案例中，尽职调查团队未能发现标的公司股权转让、出资来源和股份代持等问题，或者虽然发现了相关问题但未能重视其潜在风险而导致收购失败。

企业并购重组的标的资产为企业股权，如果企业股权存在瑕疵或者争议，可能会影响后续股权的交割或者交割后带来权属纠纷，需要提前发现并消除相关风险。

（二）规范运作

规范运作尽调涵盖公司治理、内部管理、资产权属、生产经营、社会保障等。

公司唯有规范运作才能确保其持续经营能力，并在并购重组完成后"安全地"纳入收购方的管控之中。此外，公司真实的盈利情况也需要考虑公司的规范运作程度及规范整改的成本。

富龙热电（000426.SZ，已更名为"兴业银锡"）与西藏珠峰（600338.SH）都曾经因为标的公司规范运作问题而并购重组失败。

1. 富龙热电收购内蒙古兴业集团股份有限公司旗下的五家矿业公司，因为"未充分说明标的公司内部控制制度的健全程度及执行情况；未充分说明标的公司土地权属状况"而第一次上会被否决。

2. 西藏珠峰收购塔中矿业有限公司，因为"拟注入资产北阿矿未取得采矿权证，不具备开采生产条件"而上会被否决。

（三）债务风险

债务风险尽调涵盖重大债务、诉讼纠纷、对外担保、潜在负债等。

实践中，虽然收购方可以要求转让方签署债务"兜底"承诺，但依然需要详细调查标的公司的债务风险，以免后续标的公司爆出重大债务问题而影响其持续经营。

兆易创新（603986.SH）当年收购上海思立微电子科技有限公司（以下简称"思立微"）就险些因为专利纠纷风险而失败。

思立微的主营业务为新一代智能移动终端传感器 SoC 芯片和解决方案的研发与销售，提供包括电容触控芯片、指纹识别芯片、新兴传感及系统算法在内的人机交互全套解决方案。

兆易创新收购思立微的时间脉络如表 3-2 所示。

表 3-2　兆易创新收购思立微的时间脉络

序号	时间	事件
1	2017 年 11 月	兆易创新启动收购思立微的重大资产重组。
2	2018 年 9 月	深圳市汇顶科技股份有限公司起诉思立微两项发明专利和一项实用新型专利侵权，并索赔 2.1 亿元。
3	2018 年 10 月	此次重大资产重组上会并有条件过会，并购重组委要求兆易创新"进一步说明专利未决诉讼事项对标的资产经营的相关影响"。
4	2018 年 11 月	深圳市汇顶科技股份有限公司再次对思立微一项新的专利提起诉讼，并索赔 5 000 万元。
5	2019 年 4 月	此次重大资产重组重新上会并有条件过会，并购重组委要求兆易创新"进一步披露未决诉讼事件对标的资产持续经营能力的影响"。
6	2019 年 5 月	兆易创新完成对思立微的收购。

　　上述案例中，尽职调查团队未能发现标的公司的潜在纠纷风险。兆易创新虽然最终完成了对思立微的收购，但耽误了并购重组的实施进度；并且上述纠纷从收购期间到收购后一直持续了数年，对上市公司和标的公司造成了重大负面影响。

　　尽职调查过程中需要全面深入地调查标的公司潜在的债务与法律纠纷风险，避免重大纠纷或者其他不确定性事项产生，尽可能不耽误并购重组的实施进度和 / 或者影响标的公司的持续经营能力。

（四）关联方

　　关联方尽调涵盖关联方及潜在关联方范围、关联交易（包括必要性、价格公允性、占比及对独立性的影响）、同业竞争（包括竞争程度及潜在影响）、关联资金占用等。

　　粤电力 A（000539.SZ）收购广东省粤电集团有限公司相关资产就因为"本次交易未能彻底解决同业竞争问题；本次交易未就今后避免产生新的同业竞争问题提出明确保障措施；本次交易未能彻底解决关联交易问题"而第一次上会被否决。

　　实践中，可能出现标的公司在并购重组实施前和对赌期内通过关联交易进行业绩包装、对赌期结束后通过关联交易或同业竞争企业转移标的公司利润的情况，需要在尽职调查过程中详细调查，并提前筹划排除相关风险的措施。

（五）税务合规

税务合规尽调涵盖增值税、企业所得税、个人所得税、房产税、契税、土地增值税、印花税以及税收返还等。

华闻传媒（000793.SZ，已更名为"华闻集团"）收购天津掌视亿通信息技术有限公司等四家公司、华谊嘉信（300071.SZ，已更名为"福石控股"）收购天津迪思文化传媒有限公司都因为标的公司的"潜在税务风险"而险些未能过会。

实践中，有些公司存在账外收入、延期确认收入、提前确认成本、以资金拆借名义分红等税务不规范问题，这些均需要在尽职调查过程中详细调查。

二、法律尽调通用资料清单（见表3-3）

表3-3　法律尽调通用资料清单

序号	法律尽调资料
1	公司（含子公司，下同）营业执照、公司章程
2	公司股权结构图
3	公司全套工商登记文件
4	股权转让、增资、减资、改制资料、重组与对赌协议
5	公司股权激励计划
6	公司治理制度，包括股东（大）会议事规则、董事会议事规则、监事会议事规则等内部治理准则
7	公司内部管理制度、规章制度
8	固定资产明细表
9	土地证、房产证、土地房产租赁协议、车辆行驶证

序号	法律尽调资料
10	商标、专利、非专利技术、水面养殖权、探矿权、采矿权、著作权、特许经营权等无形资产列表及权属证明
11	资产抵押、质押或权利存在限制的相关合同或文件
12	主要在用生产项目的立项备案、环评批复、环保验收文件
13	最近两年行政处罚文件
14	社会保障、住房公积金开户与最近两年缴纳资料
15	企业信用报告
16	最近两年重大销售或采购合同、贷款合同、对外担保合同
17	最近两年诉讼、纠纷、仲裁资料
18	关联方明细表、关联企业营业执照、最近两年财务报表、关联交易制度
19	公司最近两年纳税申报资料
20	公司最近两年出口退税相关资料
21	公司最新高新技术企业申报资料

第六节 财务尽职调查

财务尽职调查不同于审计——审计主要是通过常规审计程序判断企业过去的财务数据的可靠性；财务尽职调查则是灵活运用各种调查手段，发现企业的财务风险，判断企业的财务规范性，通过调查发现有用的财务信息并在此基础上做出对企业未来经营情况的预期。

一、财务尽职调查的内容

财务尽调的内容包括内部控制、财务系统、财务数据和财务信息等。

（一）内部控制

内部控制涵盖控制环境、风险评估、控制措施、信息与沟通、监督检查等。

健全的内部控制是财务有效核算的前提条件，尽调团队可以通过阅读内部控制审计报告或者内审报告、实施"穿行测试"、现场观察等调查标的公司的内部控制。

体现内部控制重要性的典型案例为鑫富药业（002019.SZ，已更名为"亿帆医药"）收购合肥亿帆生物医药有限公司与合肥亿帆药业有限公司。该并购重组因为"标的公司会计基础薄弱，内控制度与上市公司的规范要求差距较大"而上会被否决。

（二）财务系统

财务系统涵盖采购系统、仓储系统、生产系统、成本系统、销售系统、固定资产系统、研发系统、会计系统、工时系统等。

昌九生化（600228.SH，已更名为"返利科技"）收购上海中彦信息科技股份有限公司的过程中，昌九生化就被证监会要求补充披露标的公司"运营系统及财务系统的可靠性，系统各项流程设置和控制情况，运营数据是否真实准确完整，是否存在伪造数据、数据异常等情形"。

（三）财务数据

财务数据涵盖财务报表、主要会计科目核算、各类财务指标等。

与财务数据有关的典型案例为金材股份（002002.SZ，已退市）收购内蒙古乌海化工股份有限公司。该并购重组因为"标的资产财务风险较高，持续发展的资金需求较大，不利于解决上市公司目前的财务困难"而第一次上会被否决。

（四）财务信息

财务信息尽调涵盖主营业务、商业模式、主要客户、供应商等。

体现财务信息重要性的典型案例为大地海洋（301068.SZ）收购浙江虎哥环境有限公司。该并购重组因为"上市公司未及时披露标的资产报告期内存在资金占用、第三方代收货款、转贷等情形"而上会被否决。

二、财务尽调通用资料清单（见表3-4）

表3-4　财务尽调通用资料清单

序号	财务尽调资料
1	公司（含子公司，下同）内部控制制度、会计管理制度、会计政策
2	公司最近两年内部控制审计报告与内审报告
3	公司最近两年财务报告及审计报告
4	公司1级至末级科目余额表（明细表）
5	公司最近两年会计凭证
6	公司银行账户资料及最近两年的银行对账单
7	公司最近的财务投资相关支持性文件
8	公司最近的应收款项分账龄明细表
9	公司最近的存货明细表与盘点表
10	公司最近的固定资产明细表（固定资产卡片）、在建工程明细表
11	公司最近两年银行借款合同及其担保合同、委托贷款合同及其担保合同
12	公司最近两年主要销售合同、采购合同
13	公司最近两年生产成本计算表
14	公司最近两年财政补贴明细、进账凭证及相关支持性文件
15	公司最近两年非经常性损益明细及涉及相关支持性文件

第七节　尽调重点问题

一、并购价值与风险

理论上，只要严格履行尽职调查程序就能发现标的公司的价值与风险，但实践中尽职调查想要达到预期效果可能非常困难。

实践中，标的公司被高估价值或者低估风险的情况时有发生。甚至许多时候，收购方还会因为被标的公司的所谓潜在价值蒙蔽，而忽视了其真正的风险。

笔者曾经作为独立财务顾问参与操作的金亚科技（300028.SZ，已退市）收购英国 AIM 市场（另类投资市场）上市公司 Harvard International PLC.（HAR.L，已退市，以下简称"哈佛国际"），就充分体现了并购价值与并购风险的辩证关系。

收购前，金亚科技主要在国内从事电视机顶盒的生产与销售，2010 年实现营业收入 2.12 亿元、净利润约 5 400 万元，而当时国内数字电视机顶盒市场发展迅速，竞争日趋激烈；哈佛国际则主要在英国和澳大利亚从事电视机顶盒的经销业务，2011 财年（2010 年 4 月至 2011 年 3 月）实现营业收入 6 120 万英镑，净利润约 40 万英镑。

金亚科技计划通过全面要约的形式收购哈佛国际，之后通过哈佛国际的经销渠道，将自身的机顶盒销售到英国和澳大利亚市场，打通产业链上下游，实现产业协同。这在当时看来是一桩"前途非常光明"的交易。

独立财务顾问在尽职调查过程中发现哈佛国际存在大量的潜在风险，包括收入下滑风险、并购整合风险、客户稳定风险等，并向金亚科技进行了反映。但后者更多地关注并购价值而忽视了并购风险，要求继续推进此项并购重组。

之后，金亚科技将上述相关问题在重大资产购买报告书中进行了风险提示："由于英国和澳大利亚数字化转换将分别于 2012 年和 2013 年年底完成，对机顶盒需求的增长速度可能下降。收购完成后，公司还将面临不能成功进行业务整合以及与主要客户继续保持稳定合作的风险。"

另外，由于哈佛国际为英国 AIM 上市公司，提供资料、配合审计、盈利预测均有局限性，相关问题也都在重大资产购买报告书中进行了风险提示："在收购完成之前，目标公司受上市监管及商业保密限制不能提供更为详细的财务资料，无法由中国境内具有证券从业资格的会计师对目标公司最近三年的财务报表按照《中国注册会计师审计准则》进行审计，且本次收购的目标公司为在伦敦证券交易所 AIM 市场上市公司，由收购方公布盈利预测可能会引起目标公司的股价波动，并影响目标公司现有股东出售其股份的意愿，增加本次收购成功的不确定性，因此本次收购未进行盈利预测。"

2012 年 7 月，金亚科技花费约 2 307 万英镑（约合人民币 2.29 亿元），通过香港子公司完成了对哈佛国际的并购，后者从 AIM 市场退市。

但并购完成后，哈佛国际的潜在风险随即爆发，并购当年（2012 年）和次年（2013 年）分别为金亚科技带来了 1 101.65 万元与 6 427.88 万元的亏损，之后 2014 年继续亏损、2015 年亏损更是高达 7 297.75 万元。

2016 年 9 月，金亚科技为了摆脱哈佛国际的拖累，作价 9 629.38 万元将哈佛国际转让给金亚科技实际控制人周旭辉，并购重组以失败告终。

金亚科技收购及转让哈佛国际的简要时间脉络如表 3-5 所示。

表 3-5 金亚科技收购及转让哈佛国际的简要时间脉络

序号	时间	事件
1	2011 年 8 月	金亚科技启动收购哈佛国际的重大资产重组。
2	2012 年 2 月	此项重大资产重组完成材料申报。
3	2012 年 3 月	证监会核准此项重大资产重组。
4	2012 年 7 月	金亚科技完成对哈佛国际的收购。
5	2016 年 9 月	金亚科技转让哈佛国际。

上述案例中，金亚科技因为收购与转让哈佛国际产生直接投资损失约 1.33 亿元（转让价款与收购成本之差），并累计造成合并报表亏损超过 1.50 亿元。一桩原本被看好的交易，不仅未能给金亚科技带来业绩增长，反而拖累了金亚科技，成为金亚科技 2020 年退市的原因之一。

金亚科技并购哈佛国际是国内创业板上市公司首次并购境外上市公司，本来希望能够作为正面案例载入史册，但最终却成了反面教材。

金亚科技并购哈佛国际给我们带来了很多警示，充分的尽职调查、重视尽调过程中发现的风险、理性评估并购价值等都对并购重组非常重要。

二、业绩真实性与持续性

为了促成并购重组或者获取更高的并购估值，许多标的公司存在业绩包装的动机。并且，实践中标的公司的业绩包装往往会从并购重组实施前持续至实施后的对赌期间，所以尽调团队需要全面调查标的公司的业绩真实性，而不能仅将对赌协议作为保障措施。

尽职调查团队需要重点关注标的公司的行业状况、竞争格局、商业模式、主要客户、销售合同、运输记录、验收单据、在手订单、资金流水、关联交易等，不仅要确定标的公司过往业绩的真实性、合理性，还要判断其后续业绩的持续性。

实践中，许多上市公司爆出并购的公司业绩造假，甚至有央企上市公司因为标的公司业绩造假而退市。

央企上市公司航天通信（600677.SH，已退市）因为收购智慧海派科技有限公司（以下简称"智慧海派"）而退市。

2014年7月，智慧海派的前身江西海派通讯技术有限公司成立，大股东、法定代表人为邹永杭，2015年2月公司更名为"智慧海派"。

2014年年底，航天通信与邹永杭等人达成收购智慧海派的意向。为促进并购、提高智慧海派经营业绩以获得更高对价，邹永杭等人虚构了向深圳市宏达创新科技有限公司采购原材料，并销售给中国华腾工业有限公司的业务，虚增智慧海派利润约3 000万元。2015年下半年，邹永杭等人为了虚增利润，又虚构了智慧海派与芜湖华宇彩晶科技有限公司、南京炎灿电子科技有限公司、江西红派科技有限公司等公司9 000余万元的交易。

2015年年底，航天通信通过发行股份购买资产的方式完成对智慧海派的收购。根据双方签订的《盈利预测补偿补充协议（二）》，智慧海派2016年度、2017年度、2018年度，实际净利润分别不低于2.5亿元、3亿元、3.2亿元。

并购交易完成后，邹永杭担任智慧海派总裁、董事长，并被聘任为总经理，全面负责公司经营管理。邹永杭等人注册成立或实际控制了大量公司，指使多名员工开设个人银行账户，用于虚构交易及账外资金流转等，最终制造智慧海派在 2016—2018 年盈利承诺期内每年均完成了承诺净利润数额的假象，以解锁邹永杭等人持有的航天通信股份。

事发后，航天通信追溯调整智慧海派虚增的利润而连续亏损，于 2021 年主动申请退市，邹永杭被判处有期徒刑 19 年，其他责任人分别被判处有期徒刑 3 年 8 个月、8 年、15 年不等。航天通信重大资产重组独立财务顾问中信证券、年报审计机构瑞华会计师事务所及相关人员也均受到不同程度的行政处罚。

航天通信收购智慧海派的简要时间脉络如表 3-6 所示。

表 3-6　航天通信收购智慧海派的简要时间脉络

序号	时间	事件
1	2014 年 7 月	智慧海派前身设立。
2	2014 年 12 月	航天通信启动收购智慧海派的重大资产重组。
3	2015 年 12 月	此项重大资产重组实施完成。
4	2015—2018 年	智慧海派持续进行业绩造假。
5	2019 年 10 月	航天通信被证监会立案调查。
6	2019 年 11 月	航天通信申请智慧海派破产清算。
7	2021 年 3 月	航天通信退市。
8	2023 年	相关责任主体先后被判刑或处罚。

上述案例中，标的公司成立仅半年就成为上市公司的并购标的，并且其财务造假的手段并不高明，但是中介机构未能采取有效手段确保其业绩真实性与持续性，最终导致上市公司业绩虚增并错过了弥补亏损的时间窗口，而最终不得不退市。结果可谓非常惨烈，留给我们的教训也十分深刻。

实践中，许多尽职调查团队侧重收集底稿和满足监管要求，而忽略了对重大风险的把握，可谓"舍本逐末"。尽职调查团队应该切实地对标的公司进行全面深入的尽职调查，查证其业绩真实性，确保其业绩的可持续性。

三、公司治理与规范运作

尽职调查阶段需要特别注意标的公司的公司治理与规范运作水平和潜在风险，以便在并购重组完成后可以按照收购方的要求进行规范整改及防范风险。

亚太药业（002370.SZ）并购上海新高峰生物医药有限公司（以下简称"上海新高峰"）就是忽视标的公司的公司治理与规范运作而导致失败的典型案例。

2015 年，亚太药业花费 9 亿元现金收购了上海新高峰 100% 股权，同时获得上海新高峰一级子公司 1 家［上海新生源医药集团有限公司（以下简称"上海新生源"）］、二级子公司 10 家、参股公司 2 家。

尽调过程中，收购方和中介机构已经意识到"标的公司与公司之间在业务模式、组织架构、企业文化和管理制度等方面存在一定的差异。交易完成后上市公司将直接控制上海新高峰并通过其间接控制多家子公司，公司的子公司数量大幅增加并面临异地经营问题，对公司组织架构、子公司管理等提出了更高的要求"，并在重大资产购买报告书中进行了风险提示。

但风险提示未能警醒亚太药业自身，收购完成后上海新高峰原核心管理层不变，原实际控制人任军担任公司董事长兼总经理，亚太药业董事长、总经理陈尧根仅兼任上海新高峰董事，风险在业绩对赌期结束的次年（2019年）即爆发。

亚太药业在自查过程中发现上海新高峰子公司上海新生源违规对外担保，之后派工作组进驻上海新高峰，但采取的管控措施在推进中受阻——重要资料遗失，部分核心关键管理人员、员工在工作组进驻前已相继离职。

亚太药业对上海新高峰及其子公司失去控制。

2019 年年底，亚太药业被证监会立案调查，处罚结果显示上海新高峰在 2016 年至 2018 年存在业绩造假，任军时任上海新高峰董事长兼总经理，组织实施了持续性的财务造假行为，董事长、总经理陈尧根兼任上海新高峰董事，未能组织亚太药业对上海新高峰采取必要及有效管控，分别被采取 5 年证券市场禁入措施。

2022 年 7 月，亚太药业收到《民事判决书》，判决被告任军支付补偿金人民币 25 638.04 万元。之后，亚太药业向法院申请执行，但任军无财产可供执行。

2023 年 6 月，上海新生源的债权人以其不能清偿到期债务且明显缺乏清偿能力为由，向法院申请对上海新生源进行破产清算。2024 年 6 月，上海市浦东新区人民法院认定上海新生源"无法清偿上述债务也无法清偿破产费用"而裁定上海新生源破产并终结其破产程序。

亚太药业收购上海新高峰及后续爆雷的简要时间脉络如表 3-7 所示。

表 3-7　亚太药业收购上海新高峰及后续爆雷的简要时间脉络

序号	时间	事件
1	2015 年 7 月	亚太药业启动收购上海新高峰的重大资产重组。
2	2015 年 12 月	此项重大资产重组实施完成。
3	2016—2018 年	上海新高峰持续进行业绩造假。
4	2019 年 11 月	亚太药业公告称上海新高峰失控。
5	2019 年 12 月	亚太药业被证监会立案调查。
6	2021 年 4 月	证监会对相关主体进行处罚。
7	2022 年 7 月	亚太药业民事索赔胜诉，但对方无财产可供执行。
8	2024 年 6 月	上海新高峰关键子公司破产。

上述案例中，尽职调查团队发现标的公司存在大量管理风险，但收购方依然维持其原核心管理层而仅委派一位董事，最终导致标的公司失控并

带来巨额损失。

亚太药业"交纳巨额学费"获得的惨痛教训非常值得大家警惕。尽职调查过程中，需要充分调查标的公司的公司治理与规范运作情况，并在并购重组之后切实纳入收购方的监管体系。否则收购方仅形式上控制标的公司，但实际未认真履行大股东的权利和职责，标的公司失控往往在所难免。

第八节　尽职调查报告

尽职调查结束后，财务顾问、独立财务顾问或者收购方投资部等通常在各方单独的尽职调查报告（或成果）的基础上，汇总形成完整的尽职调查报告。

尽职调查报告不局限于固定模板，通常包括以下三部分内容。

一、报告摘要

尽职调查报告摘要通常包括尽调团队安排、尽调工作开展情况、尽职调查的范围与受限情况（如有）、尽调报告的使用前提与限制、标的公司概况、并购重组建议等有关内容。

二、标的公司情况

标的公司情况通常包括以下内容。

（一）标的公司基本情况，包括公司名称、注册地址、注册资本、法定代表人、营业范围等内容。

（二）标的公司业务情况，包括标的公司行业情况、主营业务、组织架构与人力资源、商业模式与盈利模式、产供销、关键人员与技术、竞争优势等内容。

（三）法律情况，包括标的公司历史沿革、股权结构、公司治理、资质证照、社会保障、重大债务、诉讼与纠纷、关联交易、同业竞争、税务问题等内容。

（四）财务情况，包括内部控制、财务系统、简要财务数据、重要会计科目、前五大客户与前五大供应商等内容。

（五）尽职调查过程中发现的标的公司主要问题与相关风险。

三、尽职调查结论

尽职调查结论需要对标的公司情况进行总结，并在此基础上阐明标的公司价值与风险，以及建议是否推动并购重组。

如果尽调团队建议推动并购重组，尽职调查结论还可以包括后续操作并购重组的整体思路和并购整合的初步建议。

第四章
并购重组方案设计

美国商界有一句名言是"You set the price, I'll set the terms."（直译过来就是"你来定价格，我来定条款"，隐含的意思是"这样每次我都能赢"。）

这句话对于并购重组活动同样适用——并购重组方案往往比交易作价更加重要。

第一节　方案设计整体因素

设计并购重组方案需要综合考虑标的资产的股权结构、估值与溢价、财务规范程度、经营资质、土地厂房情况，收购方的资金实力、战略资源、并购的目的与股权比例、双方的文化差异、交易的税收负担等具体因素。

北京天下秀科技股份有限公司（以下简称"天下秀"）借壳ST慧球（600556.SH，已更名为"天下秀"）上市，就充分体现了并购重组方案设计的重要性。

天下秀是一家基于大数据的技术驱动型新媒体营销服务公司，致力于为广告主提供智能化的新媒体营销解决方案，2018年实现营业收入12.10亿元、净利润1.55亿元，拟借助A股上市公司平台实现进一步发展。同时ST慧球原有智慧城市业务和物业管理业务收入增长缓慢，2018年亏损约3 700万元，并购重组启动前总市值14亿元左右，大股东持股11.66%。

双方通过前期洽谈确定，ST慧球大股东需要以现金方式转让其持有的ST慧球全部股份，作价5.7亿元，其中部分款项用于收购ST慧球后续剥离的资产。但天下秀股权结构相对比较分散，难以由其股东收购ST慧球控制权。

最终并购重组方案设计为先由天下秀收购ST慧球11.66%股份，之后两件事同步操作：（1）ST慧球通过发行股份购买天下秀100%股权，并对天下秀进行吸收合并，相应地注销天下秀持有的ST慧球股份；（2）ST慧球将其主要资产出售给原大股东和第三方。

天下秀借壳ST慧球的简要时间脉络如表4-1所示。

表4-1　天下秀借壳ST慧球的简要时间脉络

序号	时间	事件
1	2018年12月	天下秀收购ST慧球11.66%股份，ST慧球启动收购天下秀的重大资产重组。
2	2019年9月	证监会核准此次重大资产重组。
3	2019年12月	ST慧球吸收合并天下秀并剥离资产，天下秀借壳ST慧球实施完成。
4	2020年2月	ST慧球更名为天下秀。

上述案例中，拟借壳上市的主体（天下秀）收购上市公司股份，之后再由上市公司吸收合并天下秀而注销其持有的上市公司股份，从而解决了收购上市公司的资金问题。同时，天下秀在收购上市公司股份的同时召开董事会公告重组预案。如此操作，将上市公司后续收购天下秀发行股份的价格锁定（以董事会决议公告日作为定价基准日），从而避免了因为股价上涨导致天下秀相关股东获得的股份数量减少而利益受损的情况发生。

并购重组方案需要综合考虑各种因素，协调各方诉求并最终达成一致。但并购重组方案又不能仅局限于具体因素，成功的并购重组方案设计还应该有全局观，最终将并购重组方案打造成相关各方经济问题的综合解决方案。

第二节　并购重组实施主体

一、收购主体

（一）收购方相关情况

收购主体需要考虑其资金实力、后续管理、资信情况以及面临的监管要求等。

上市公司以自身（上市主体）作为收购主体，可以通过发行股份购买资产，减轻资金支付压力；同时收购完成后标的公司成为一级子公司，更方便进行后续管理。但是上市公司以自身作为收购主体不便于对标的公司进行风险隔离；同时，根据《中华人民共和国合伙企业法》第三条"国有独资公司、国有企业、上市公司以及公益性的事业单位、社会团体不得成为普通合伙人"，上市公司不能直接收购合伙企业中普通合伙人的财产份额。

嘉泽新能（601619.SH）收购宁夏宁柏产业投资基金（有限合伙）（以下简称"宁柏基金"）财产份额的过程中就遇到了收购普通合伙人的财产份额的问题。最终，嘉泽新能通过支付现金的方式，直接购买宁柏基金22.7009%有限合伙份额；并通过控股子公司上海嘉嵘新能源有限公司以支付现金的方式，购买宁柏基金0.0463%普通合伙份额。

上市公司以子公司作为收购主体，收购完成后可以对标的公司进行风险隔离，并可以收购合伙企业中普通合伙人的财产份额，但是上市公司子公司通常只能通过现金支付交易价款，资金压力比较大。

宏川智慧（002930.SZ）2023年实施的重大资产重组，是通过全资子公司南通阳鸿石化储运有限公司，以现金方式收购了南通御顺能源集团有限公司、南通御盛能源有限公司，交易作价88 592万元。

另外，如果收购人或其相关主体存在失信行为，相关法规限制其收购上市公司、新三板挂牌企业、房产、土地、国有资产等，需要提前做好筹划与安排。

（二）标的公司相关情况

收购主体需要考虑标的公司性质、股东背景、法规要求、规模等因素。

1.如果标的公司为公众公司、国有企业、境外企业，收购主体分别需要满足收购公众公司、国有资产和境外企业相关要求，详见第八章相关内容。

2.如果标的公司所处行业存在对主要股东的明确规定，收购主体需要满足相关要求。比如《证券公司股权管理规定》《商业银行股权管理暂行办法》《保险公司控股股东管理办法》《信托公司股权管理暂行办法》等均存在对主要股东的要求。

3.如果收购方为上市公司且涉及跨境并购，往往很难通过发行股份购买资产，且通常会在境外设立子公司（并在境外融资后）进行收购。另外，如果标的公司为欧美企业，或许还需要考虑其现有股东可能对中国抵触的风险。

金亚科技收购哈佛国际的案例中，由于哈佛国际为英国 AIM 市场上市公司，先由金亚科技在香港设立全资子公司金亚科技（香港）有限公司（以下简称"香港金亚"），并通过香港金亚完成了对哈佛国际的收购。

4.如果标的公司规模比较大，收购方无法单独完成收购，可以考虑设立并购基金或其他收购主体并对外融资后进行收购。

浙江吉利控股集团有限公司（以下简称"吉利集团"）收购沃尔沃汽车公司（以下简称"沃尔沃"）的过程中，吉利集团先后设立了北京吉利万源国际投资有限公司、上海吉利兆源国际投资有限公司等主体，并向大庆市国资、上海市嘉定区国资等融资后完成了对沃尔沃的并购。

二、标的载体

（一）交易标的分散

在交易标的相关业务、资产、技术、人员等分散在不同主体的情况下，通常需要综合考虑各主体股权结构、经营情况、留存收益、规范程度、品牌知名度等筹划标的载体，并提前进行整合。

杉杉股份（600884.SH）收购 LG 化学（051910.KS）旗下偏光片业务及相关资产前，LG 化学新设立了杉金光电（苏州）有限公司（以下简称"苏州杉金"）作为标的载体。

LG 化学旗下偏光片业务及相关资产比较分散，包括乐金化学显示器材料（北京）有限公司 100% 股权，LG 化学、乐金化学（南京）信息电子材料有限公司、乐金化学（广州）信息电子材料有限公司等各自持有的与 LCD 偏光片业务相关的生产性资产、存货资产、相关专利、专有技术及相关合同与人员等。

为此，2020 年，LG 化学设立了苏州杉金并收购了上述股权与资产等。

2021 年 2 月，杉杉股份对苏州杉金增资取得其 70% 的股权，完成了对 LG 化学旗下偏光片业务及相关资产的收购。

整合交易标的后，收购方会关注标的载体的稳定性和持续经营能力；如果收购方为公众公司，重大资产重组审核部门会关注标的载体重组的合法合规性、经营稳定性、是否符合公众公司并购重组相关要求等问题。

（二）税收筹划需要

如果标的资产为土地、房产，可以通过转让股权的方式转让土地、房产，规避土地增值税与契税，详见第七章第二节有关内容。

（三）规避反垄断风险

为了规避收购的反垄断风险，可以经过一系列安排进行业务与人员的转移（收购），或者以成立合资公司的形式变相收购。

微软变相收购 Inflection 就成功规避了反垄断风险。

2024 年 3 月，微软与人工智能初创公司 Inflection 达成一项特殊交易。微软支付约 6.5 亿美元现金，获得了使用 Inflection 的模型以及雇佣包括其联合创始人在内的大部分初创公司员工的权利。

之后，Inflection 的两位联合创始人 Mustafa Suleyman 和 Karén Simonyan 携手加入微软，共同创建了名为 Microsoft AI 的新部门。

（四）规避股份转让限制

如果标的公司存在股份转让限制，可以通过转让标的公司母公司或者主要子公司股权的方式变相完成标的公司的转让。

姚嘉女士与肖和季女士收购新三板挂牌企业移联创（839315.NQ），是比较典型的通过间接收购规避股份转让限制的案例。

移联创于 2016 年 9 月完成新三板挂牌，实际控制人杨毅直接持股 12.07%，并通过成都移联合创科技中心（有限合伙）（以下简称"移联合创"）间接持股 49.14%，合计持股 61.21%。

在移联创主要股份处于限售期间的 2017 年 7 月，姚嘉女士直接收购移联创 2.26% 股份，姚嘉女士与肖和季女士共同收购移联合创全部合伙人份额，合计持有移联创 51.40% 的股权，成为移联创的实际控制人，完成了对移联创的收购。

三、转让主体

（一）股东背景差异

在非全资收购的情况下，收购的股权如何在标的公司现有股东之间分配，需要在并购重组方案中明确。

通常情况下，需要全体股东按照持股比例转让标的公司股权；但如果标的公司存在外部投资者，其很可能会要求将其持有的股权全部转让。

光库科技（300620.SZ）收购上海拜安实业有限公司（以下简称"拜安实业"）52% 股权的过程中，外部投资者马云、扬州临芯光电产业基金（有限合伙）、上海鑫沅股权投资管理有限公司就全部完成了退出。此次收购前后，拜安实业股权变动情况如表 4-2 所示。

4-2　收购前后拜安实业股权变动情况

序号	股东名称	收购前持股	股权变动	收购后持股
1	张涛	54.4987%	-37.5411%	16.9576%
2	上海鑫硐信息科技合伙企业（有限合伙）	28.8462%	0	28.8462%
3	陈兵	7.0586%	-4.8624%	2.1962%
4	马云	4.8077%	-4.8077%	0
5	扬州临芯光电产业基金（有限合伙）	3.8462%	-3.8462%	0
6	上海鑫沅股权投资管理有限公司	0.9427%	-0.9427%	0
7	光库科技	0	52%	52%
合计		100%		100%

（二）税收筹划需要

标的公司自然人股东持股可以提前（通过较低价格的股权转让或增资）转化为（部分）法人持股，从而控制并购重组的整体税负或者增加税收筹划的空间。

2015 年，广东长实通信股份有限公司（以下简称"长实通信"）原股东将公司转让给茂业物流（000889.SZ，已更名为"中嘉博创"）前进行了股权结构调整——调整前，长实通信自然人持股 77.61%，法人持股 22.39%；2014 年 5—12 月经过一系列股权转让，最终自然人持股降低至 3%，法人持股达到 97%。

实践中，为了避免前后两次股权转让价格差异过大而产生税务风险或者引起重大资产重组审核部门的注意，建议转让方尽早进行筹划，并提前完成股权结构调整。

另外，转让方还可以利用"个人转让新三板挂牌公司非原始股取得的所得，暂免征收个人所得税"的税收优惠政策进行税收筹划，详见第八章第二节有关内容。

第三节　并购重组实施步骤

一、收购方

如果收购方需要尽快获得标的公司控制权（自身需要或者第三方竞争压力等），并且收购方资金实力雄厚、拥有专业的人才和资源确保对标的公司的把控，收购方可以考虑一次性获得标的公司的控股权（持股通常达到 51% 以上）。

相反的情况，收购方可以考虑通过"小步慢走"的方式逐渐获得标的公司的控制权——双方先进行业务合作，业务合作成功后成立合资公司，之后收购方再参股标的公司，最后控股标的公司甚至持股达到 100%。分步收购可以更好地控制并购风险，但后续收购标的公司作价通常也会提高，从而提高了整体并购成本。

分步收购的典型案例是青岛金王（002094）收购杭州悠可化妆品有限公司（以下简称"杭州悠可"），该收购前后用了三年时间。

青岛金王原来主要从事的蜡烛业务增长乏力，2013 年开始布局更具发展潜力的化妆品电商领域。当时，化妆品电商杭州悠可发展迅速，但还处于亏损状态。

青岛金王分步收购杭州悠可的时间脉络如表 4-3 所示。

表 4-3　青岛金王分步收购杭州悠可的时间脉络

序号	时间	事件
1	2014 年 3 月	青岛金王通过股权收购与增资相结合的方式（合计 1.517 亿元）获得杭州悠可 37% 的股权。
2	2014—2016 年	杭州悠可经营状况良好，三年分别实现净利润 1 573.54 万元、3 719.81 万元、7 045.44 万元。
3	2017 年 5 月	青岛金王通过发行股份及支付现金相结合的方式购买杭州悠可剩余的 63% 股权（作价 6.80 亿元），杭州悠可成为青岛金王的全资子公司。

上述案例中，由于是跨界并购，青岛金王通过分步收购杭州悠可，更

好地控制了并购风险，但也承担了更高的并购成本——按照 2014 年的投资额推算，青岛金王当年全资并购杭州悠可的成本为 4.1 亿元；实际上，青岛金王 2014 年、2017 年分步并购总的成本为 8.317 亿元。

另外，在上市公司收购的过程中，如果上市公司原大股东持股比例较低，或者虽然大股东持股较高但为了避免收购股份比例达到 30% 而触发要约收购，收购方通常会先现金收购上市公司 29.99% 以内的股份比例，再通过注入资产换股（上市公司发行股份购买资产）取得上市公司更多股份并免于要约收购。

浙江省建设投资集团股份有限公司（以下简称"浙江建投"）借壳多喜爱（002761.SZ，已更名为"浙江建投"）是分步收购上市公司的典型。

浙江建投分步收购多喜爱的时间脉络如表 4-4 所示。

表 4-4　浙江建投分步收购多喜爱的时间脉络

序号	时间	事件
1	2019 年 4 月	多喜爱股票停牌，发布公告称浙江建投拟通过协议转让方式获得其 29.83% 股份，成为第一大股东；同时多喜爱召开董事会披露了收购浙江建投的重大资产重组预案。
2	2019 年 5 月	上述股份转让完成，浙江建投成为多喜爱第一大股东。
3	2020 年 5 月	浙江建投被多喜爱通过发行股份收购的方式吸收合并，浙江建投母公司浙江省国有资本运营有限公司持有多喜爱的股份比例达到 37.90%。

与本章第一节中天下秀借壳 ST 慧球的案例类似，上述案例中，浙江建投在首次收购上市公司股份时，上市公司就召开董事会披露了重组预案。如此操作，将上市公司后续收购浙江建投发行股份的价格提前锁定，从而避免了因为股价上涨导致浙江建投相关股东获得的股份减少而利益受损的情况发生。

分步收购上市公司通常需要在首次收购时就要求上市公司股票停牌或者召开董事会公告重组预案，防止上市公司股价被"炒高"而提高后续收购成本。

二、转让方

如果转让方需要尽快让渡标的公司控制权，并且可以基于对收购方的了解与相关协议条款的约定，在确保利益的实现与风险的控制的基础上，转让方可以考虑直接让渡标的公司控制权。

相反的情况，转让方也可以考虑通过"小步慢走"的方式，逐渐将标的公司的控制权让渡给收购方。

江苏紫米电子技术有限公司（以下简称"紫米"）的原股东，前后用了八年的时间，逐步将紫米的股权全部转让给了小米集团（01801.HK）。

紫米逐步转让股权的时间脉络如表4-5所示。

表4-5　紫米逐步转让股权的时间脉络

序号	时间	事件
1	2012年2月	紫米成立，主要从事移动电源业务。
2	2013年12月	作为小米集团供应链企业，由紫米代工的小米充电宝因高性价比一战成名，并带动移动电源行业的洗牌。
3	2013—2015年	紫米两次引入小米集团的股权投资。
4	2019年1月	紫米研发的全系列移动电源销量累计突破1亿个，并在移动电源上下游产业链积极布局。
5	2020年5月	紫米原股东向小米集团转让27.44%的股权，小米集团持股比例达到49.91%。
6	2021年3月	紫米原股东将剩余50.09%的股权全部转让给小米集团，成为小米集团全资子公司。

上述案例中，紫米从与小米集团进行业务合作开始，再引入小米集团的投资、转让股权，最终成为小米集团的全资子公司，双方合作不断深入，直至彻底融入小米集团，很好地控制了合并风险。

另外，如果标的公司本身转让困难或者估值难及预期，可以先由标的公司实施并购与整合，之后再整体对外转让。市场上也有专门的产业整合方（比如复星集团）或者并购基金通过"并购—整合—转让"方式获利，在此不再展开。

第四节　并购重组操作方式

一、买卖股权还是增资

通过股权买卖方式进行并购重组有利于标的公司股东套现，但标的公司本身无法获得发展资金，且往往会产生较重的税收负担。另外，如果股权全部或绝大部分转让，标的公司后续的经营稳定性通常会遭受较大挑战。

通过增资方式实现控制权转移通常没有额外税负，但标的公司的股东无法套现，其接受程度往往比较低。

实践中，很多并购重组以股权转让与增资相结合的方式实施。

（一）2018 年，华软科技（002453.SZ）全资子公司北京天马金信供应链管理有限公司（以下简称"天马金信"）通过股权转让与增资相结合的方式，获得倍升互联(北京)科技有限公司（以下简称"倍升互联"）53.33% 的股权——以现金方式购买倍升互联 51% 的股权(作价 1.02 亿元)并增资 1 000 万元。

（二）2021 年，美力科技（300611.SZ）通过股权转让与增资相结合的方式，获得北京大圆亚细亚汽车科技有限公司（以下简称"北京大圆"）、江苏大圆亚细亚汽车弹簧有限公司（以下简称"江苏大圆"）各 70% 的股权——对北京大圆增资 7 327.32 万元，股权受让金额为 8 145.79 万元；对江苏大圆增资 7 972.47 万元，股权受让金额为 1 054.42 万元。

（三）2023 年，天津普林（002134.SZ）通过股权转让与增资相结合的方式，获得泰和电路科技（惠州）有限公司（以下简称"泰和电路"）51% 的股权——通过股权转让获得泰和电路 20% 的股权并认缴其新增注册资本 5 693.88 万元。

从实践效果来看，以股权转让与增资相结合的方式进行收购，往往既能确保标的公司获得发展资金，也能确保标的公司股东的积极性。

二、买卖资产还是股权

以资产作为标的资产，通常可以规避标的公司的股权纠纷与以前年度的税务违规风险，但往往会产生额外的税负并需要重新办理标的公司各类资质证照，操作周期比较长。

以股权作为标的资产，税负相对（买卖资产）较低且通常不需要重新办理标的公司的各类资质证照，操作周期比较短，但需要规范标的公司的股权，并消除其以前年度税务风险或者其他潜在风险。

实践中，以股权作为并购重组标的资产的情况更为常见，当然也有收购资产与收购股权相互结合的案例。

广合科技（001389.SZ）的前身广合科技（广州）有限公司（以下简称"广合有限"）2013—2020年的系列重组，体现了收购资产与收购股权的相互结合。

作为中国台湾大众电脑股份有限公司（以下简称"大众电脑"）间接控制的企业，广合有限创立于2002年，到2012年年底基本处于停产状态。在此背景下，广合有限的股东Broad Technology，Inc.（大众电脑下属企业，以下简称"BTI"）拟对外转让广合有限的股权。

广合有限股权变动及收购相关资产的时间脉络如表4-6所示。

表4-6　广合有限股权变动及收购相关资产的时间脉络

序号	时间	事件
1	2013年5月	肖红星、刘锦婵夫妇通过东莞市广华实业投资有限公司收购BTI持有的广合有限92.5%的股权，成为广合有限实际控制人。
2	2018年1月	肖红星、刘锦婵夫妇通过广州臻蕴投资有限公司收购广合有限剩余7.473%的股权，完成100%控股。
3	2018年12月	广合有限收购BTI旗下广大科技（广州）有限公司的经营性资产，完成对该公司的整合。
4	2019年1月至2020年8月	BTI客户资源转移至广合有限子公司广合科技(国际)有限公司。至此，肖红星、刘锦婵夫妇完成收购、整合大众电脑在境内的PCB（印刷电路板）相关业务。

上述案例中，肖红星、刘锦婵夫妇根据标的资产的具体情况，选择股

权收购与资产收购相结合的形式完成了收购，既保证了并购的效率又较好地控制了并购风险。

第五节　并购重组作价方式

一、固定作价

"固定作价"是指并购重组过程中，交易双方基于特定的作价方式确定标的资产的明确价格，后续一般不会对标的资产进行价格调整的作价方式。

根据主导机制的差异，"固定作价"有不同的方式——市场化的并购重组倾向于通过评估或者其他市场化方式确定交易价格；非市场化的并购重组则可能采用评估作价、无偿划转或赠与、1元（名义）作价、净资产作价等方式。

固定作价的不同作价方式及参考案例如表4-7所示。

4-7　固定作价的不同作价方式及参考案例

主导机制	作价方式	参考案例
市场化并购重组	评估作价	中创环保（300056.SZ）出售北京中创惠丰环保科技有限公司的过程中，参照资产基础法评估值对标的公司作价1.85亿元。
	非评估作价	江河集团（601886.SH）转让南京江河华晟医学科技有限公司（以下简称"江河华晟"）80%股权的过程中，按照对江河医疗投资成本加上8%的年化收益率作价4 372.60万元。
非市场化并购重组	评估作价	柘中集团吸收合并柘中建设（002346.SZ，已更名为"柘中股份"）整体上市过程中，柘中集团的评估值为163 633.29万元，扣除其持有的柘中建设股份后评估值为48 181.89万元。
	无偿划转或赠与	2024年1月，东方航空产业投资有限公司将所持东航物流（601156.SH）40.50%的股份无偿划转至中国东方航空集团有限公司，后者成为东航物流控股股东。
	1元作价	上海物贸（600822.SH）将上海物资贸易股份有限公司有色金属分公司全部资产与负债转让给关联方上海乾通金属材料有限公司的过程中，标的资产的交易价格为人民币1元。

续表

主导机制	作价方式	参考案例
非市场化 并购重组	净资产作价	智光电气（002169.SZ）将广州智光节能环保有限公司转让给其他子公司的过程中，标的资产以其截至 2022 年年底未经审计的合并财务报表归属于母公司所有者权益进行作价。

二、非固定作价

（一）浮动作价

"浮动作价"是指并购重组过程中，交易双方先不确定标的资产交易价格，约定将来交割时基于时间、利率、汇率、产品价格等确定具体价格的作价方式。

根据评估基准日的评估价值确定交易对价，通常是市场化的并购重组的行业惯例。但是如此操作的逻辑是交易能够在较短的时间内完成——购买方能够在评估基准日之后较短的时间内获得标的资产，并完成交易价款的支付。

如果交易无法在较短的时间内完成，则需要考虑是否需要重新评估作价，按照交易价款和实际支付时间计算利息，或者根据评估溢价进行浮动作价。

海联金汇（002537.SZ）准备将三级子公司联动优势电子商务有限公司（以下简称"联动商务"）转让给天津同融电子商务有限公司（以下简称"天津同融"），就采用了浮动作价的模式。

由于联动商务持有支付业务许可证（俗称"第三方支付牌照"），本次交易需要获得中国人民银行的核准；同时由于天津同融是"抖音系"的企业，其子公司抖音支付科技有限公司是"抖音支付"的牌照主体，本次交易还需要国家市场监督管理总局经营者集中申报审查，操作时间存在较大不确定性。

根据 2024 年 4 月海联金汇发布的公告，本次评估采用收益法，截至评估基准日（2023 年 12 月 31 日），联动商务全部股东权益账面值为 64 853.43 万元，评估值为 138 200 万元，评估增值为 73 346.57 万元，增值率 113.10%。

参考标的公司截至 2023 年 12 月 31 日的评估价值，本次股权转让的价格为人民币 75 000 万元的基准转让对价（略高于评估增值额 73 346.57 万元）＋标的公司股权交割日合并报表基础上扣除约定事项并调整后的净资产金额（"净资产对价"）± 其他事项调整金额。

上述案例中，海联金汇通过锁定评估溢价，并根据拟转让公司的净资产浮动作价的方式，较好地维护了自身利益，为我们提供了良好的借鉴。

浮动作价的案例在国内虽然尚不多见，但严格来说，交易时间的影响（特别是当交易周期比较长的情况下）应该在并购重组中予以考虑。

（二）或有对价

"或有对价"是指并购重组过程中，交易双方约定基于标的公司未来的表现等，购买方向转让方追加对价，或者要求转让方返还之前已经支付对价的作价方式。

或有对价条款可以帮助调和交易双方的估值差异，协助留住和激励转让方（标的公司原股东、管理层等），因而更适合跨界并购、收购方本身规模与实力有限或者标的公司为高科技行业、服务行业（高度依赖关键人才）的情形。

三诺生物（300298.SZ）收购美国的 Polymer Technology Systems, Inc.（以下简称"PTS"）是约定或有对价条款的典型案例。

2016 年，三诺生物通过旗下公司长沙三诺健康管理有限公司（以下简称"三诺健康"）收购了 PTS，《并购协议》中约定了三类或有对价条款。

1. 有关核心产品盈利能力的付款计划

根据《并购协议》约定，PTS 2017 年度核心产品营业收入达到不同的区间时，三诺健康应向 PTS 原股东支付的或有对价情况如表 4-8 所示。

表 4-8　有关核心产品盈利能力的付款计划

盈利能力 付款阶段	对应支付金额	支付条件
区间一	1 500 万美元	2017 年度核心产品收入大于等于 7 800 万美元（核心产品目标额），且 2017 年度合并后存续公司的经营利润大于 500 万美元。
区间二	1 125 万美元	2017 年度核心产品收入小于但至少等于核心产品目标额（7 800 万美元）的 95%（7 410 万美元），且 2017 年度合并后存续公司的经营利润大于 500 万美元。

2. 有关新产品盈利能力的付款计划

根据《并购协议》约定，PTS 2017 年度新产品营业收入达到不同的区间时，三诺健康应向 PTS 原股东支付的或有对价情况如表 4-9 所示。

表 4-9　有关新产品盈利能力的付款计划

盈利能力 付款阶段	对应支 付金额	支付条件
一档里程 碑付款额	1 500 万 美元	2017 年度新新产品收入大于等于 1 000 万美元（第一个门槛值），但小于 1 500 万美元，且 2017 年度合并后存续公司的经营利润大于 500 万美元。
	1 125 万 美元	2017 年度新产品收入小于第一个门槛额（1 000 万美元）但至少等于该门槛额的 95%（950 万美元），且 2017 年度合并后存续公司的经营利润大于 500 万美元。
二档里程 碑付款额	3 500 万 美元	2017 年度新产品收入大于等于 1 500 万美元（第二个门槛额）但小于 2 000 万美元，且 2017 年度合并后存续公司的经营利润大于 500 万美元。
	2 625 万 美元	2017 年度新产品收入小于第二个门槛额（1 500 万美元）但至少等于该门槛额的 95%（1 425 万美元），且 2017 年度合并后存续公司的经营利润大于 500 万美元。
三档里程 碑付款额	5 000 万美元	2017 年度新产品收入大于等于 2 000 万美元（第三个门槛额），且 2017 年度合并后存续公司的经营利润大于 500 万美元。
	3 750 万 美元	2017 年度新产品收入小于第三个门槛额（2 000 万美元）但至少等于该门槛额的 95%（1 900 万美元），且 2017 年度合并后存续公司的经营利润大于 500 万美元。

3. 有关未来产品研发的付款计划

根据《并购协议》约定，PTS 未来产品研发达到不同的区间时，三诺健康应向 PTS 原股东支付的或有对价情况如表 4-10 所示。

表 4-10　有关未来产品研发的付款计划

产品	对应支付金额	支付条件
PTS 维生素 D	1 000 万美元	合并后存续公司在盈利支付期限届满（2017 年 12 月 31 日）前获得未来产品在美国的注册审批，并取得 Clinical Laboratory Improvement Amendments of 1988（CLIA）项下的豁免，且完成产品在美国的商业发行（根据一项有效的订单第一次向顾客发送产品）；且在协议约定的付款日截止前 12 个月，存续公司的经营利润大于 500 万美元；或虽然前述付款条件未达成，但 2017 年度合并后存续公司的经营利润大于 500 万美元。
PTS 肌酸酐	500 万美元	
PTS 高灵敏 C 反应蛋白产品	1 000 万美元	
上述对应支付金额的 75%		盈利支付期届满后，如合并后存续公司在盈利支付期限结束前已为未来产品在美国提交了注册审批申请，并在 2018 年 3 月 31 日前获得关于未来产品的注册审批，并取得 Clinical Laboratory Improvement Amendments of 1988 项下的豁免，并在美国完成产品的商业发行；且在协议约定的付款日截止前十二个月，存续公司的经营利润大于 500 万美元。

上述案例中，三诺生物与交易对方基于标的公司未来的表现，约定了非常细致的或有对价条款，确保了交易的成功实施和标的公司后续的发展。

目前，国内并购重组还处于由粗放型向精细化转型的过渡阶段，三诺生物收购 PTS 协议中关于或有对价的约定，非常值得国内并购重组项目借鉴。

三、差异化作价

通常情况下，标的公司的股东需要按照其持股比例分配标的公司的整体估值（俗称"同股同价"），并在同一时间获得交易对价。

但实践中，也存在标的公司不同股东或者不同付款时间差异化作价的情形。

（一）不同股东差异化作价

在不同股东差异化作价的情况下，标的公司承担对赌义务的股东，通常应该获得较高的作价。如此更符合常理，承担对赌义务的股东也可以有更多的资金或股权等履行对赌责任，因而更能获得重大资产重组审核机构的认可。

新五丰（600975.SH）收购湖南天心种业有限公司（以下简称"天心种业"）的过程中，湖南省现代农业产业控股集团有限公司（以下简称"现代农业集团"）就获得了相对较高的作价。

2022年，新五丰通过发行股份及支付现金购买了天心种业100%股权。

此次交易中，天心种业整体估值149 601.50万元（扣除200万元国有独享资本后），其中3.6364%的股权不承担业绩承诺和补偿义务，该部分股权的对价按照12.61%折扣率进行打折定价（作价4 754.06万元），对应的对价差额685.99万元，全部由承担主要业绩补偿责任的现代农业集团享有。

但实践中，相反的情况（财务投资者获得更高的作价）也确实发生过。

创新新材（600361.SH）收购山东创新金属科技有限公司（以下简称"创新金属"）的过程中，财务投资者获得了更高的作价。

2022年，创新新材通过发行股份购买了创新金属100%股权。

此次交易中，创新金属整体作价11.482亿元，其中，财务投资者对应估值略高，其持有的25.1442%股权作价3.05亿元（该金额为财务投资者的原始投资成本），控股股东与管理层作价8.432亿元。

上述案例中，创新新材收购创新金属虽然成功实施，但其参考性较弱——财务投资者获得的交易对价为其原始投资成本，且仅比其按照持股比例应该获得的对价（11.482亿元×25.1442%=2.8871亿元）高5.64%。

实践中，除非有充分的必要性、合理性，财务投资者拟在并购重组过程中获得更高的作价，通常很难获得收购方或者重大资产重组审核部门的认可。

（二）不同付款时间差异化作价

收购方可以延期向转让方支付交易价款，同时约定不同的定价——但通常需要重新进行资产评估。

东诚药业（002675.SZ）收购南京江原安迪科正电子研究发展有限公司（以下简称"安迪科"）是不同付款时间差异化作价的典型案例。

东诚药业和交易对方以安迪科截至 2017 年 6 月 30 日收益法评估结果为主要定价参考依据，协商确定安迪科 100% 股权的作价为 16 亿元。

其中，发行股份购买的 51.45% 股权和现金购买（并立即支付款项）的 34.86% 股权按照前述作价，剩余 13.69% 股权的现金对价将延期至 2020 年支付，转让对价根据安迪科截至 2019 年 12 月 31 日的评估价值（股权计价基础）及前述 13.69% 的股权比例计算。

上述案例中，东诚药业和交易对方约定延期付款并重新评估作价，既减轻了收购方的资金压力和并购风险，也确保了转让方的利益，其他并购重组项目可以根据需要考虑借鉴。

第六节　并购重组支付方式

一、现金支付

以现金作为支付方式，标的公司或者转让方可以直接获得现金，更容易被其接受，但往往会给收购方带来较大的资金压力——收购方需要准备足够的资金用于收购或者根据自身资金实力筹划合理的融资方案并提前做好前期准备工作。

同时，现金支付还需要考虑是否通过延期支付、共管银行账户等方式控制并购风险、激励管理层、执行对赌等。

（一）延期支付

"延期支付"又称"保留款"，是指收购方在支付交易价款给转让方时，保留一部分款项，后续满足约定条件时再进行支付。

如果双方约定后续款项（在满足约定条件后）将分不同时间支付，"延期支付"又可以被称为"分期支付"。

创力集团（603012.SH）收购新三板挂牌企业申传电气（873594.NQ）采用了分期支付模式。

该交易《股份转让协议书》约定的转让价款分期支付安排如表 4-11 所示。

表 4-11 创力集团收购申传电气的分期支付安排

第一期	受让方应于本次股份转让申请取得全国中小企业股份转让系统出具的特定事项协议转让确认函后的 5 个工作日内支付股份转让价款的 25%；受让方应于标的股份过户登记至受让方名下后 5 个工作日内向各转让方支付股份转让价款的 26%。
第二期	业绩承诺期第二年期满标的公司累计实现净利润金额达到 1.10 亿元以上的（包含本数），受让方应于其该年年度报告披露后 5 个工作日内向转让方支付股份转让价款的 25%。若未达到支付条件，则该期款项延后至业绩承诺期满后支付。
第三期	业绩承诺期满后，受让方应于该年年度报告披露后 5 个工作日内支付剩余未支付的股份转让价款。

上述案例中，收购方通过分期支付安排，较好地确保了标的公司股份的交割以及后续业绩承诺的达成。

（二）共管银行账户

为了确保转让方后续的履约责任，交易双方还可以将部分交易价款存放于双方共管银行账户，在达到特定条件并由各方共同批准后方可动用相关资金。

中联重科（000157.SZ）收购路畅科技（002813.SZ）采用了共管银行账户。

2022 年 2 月，中联重科收购路畅科技 29.99% 的股份，成为其控股股东。

此次并购重组相关的《股份转让协议》约定，转让方及受让方应当在受让方指定的一家银行（"共管银行"）以受让方的名义开立共管的银行账户（"共管账户"），该共管账户预留的印鉴应当同时包括转让方及受让方的印鉴，且只有经转让方及受让方共同发出付款指令并配合操作方可使用该共管账户内的资金进行对外支付。转让方及受让方应当与共管银行就共管账户的开立及管理等相关事宜签署资金监管协议，且该资金监管协议应当遵守《股份转让协议》对于共管账户及与之相关的款项收付及其他处理安排之约定。

上述案例中，收购方通过将收购资金存放于交易双方的共管银行账户，较好地确保转让方的履约责任。

二、股权支付

以股权作为支付方式，可以缓解收购方的资金压力，还可以更好地控制并购风险、激励管理层、确保转让方履行对赌责任等。

但市场化的并购重组，转让方通常仅愿意接受上市公司的股份（而很难接受非上市公司的股权）。另外，实践中跨境并购通常很难采用股权支付。

首旅酒店（600258.SH）收购如家（HMIN.O，已退市），是较为罕见的通过发行股份支付部分交易对价的跨境并购案例。

首旅酒店收购如家的过程如表 4-12 所示。

表 4-12　首旅酒店收购如家的过程

第一步	首旅酒店通过设立境外子公司，向如家非主要股东支付现金对价，获得如家 65.13% 的股权，实现如家的私有化。
第二步	首旅酒店向首旅集团等 8 名交易对方发行股份购买 Poly Victory100% 的股权和如家 19.60% 的股权，包括向首旅集团发行股份购买其持有的 Poly Victory100% 的股权，以及向携程上海、Wise Kingdom、沈南鹏（Nanpeng Shen）、Smart Master、孙坚、Peace Unity、宗翔新等首旅集团外的其他股东发行股份购买其合计持有的如家 19.60% 的股权。由于 Poly Victory 主要资产为如家 15.27% 的股权，因此本次发行股份购买资产交易完成后，首旅酒店将通过直接及间接方式持有如家 100% 股权。

另外，在发行股份购买资产的同时，首旅酒店采用询价发行方式向不超过 10 名符合条件的特定对象非公开发行股份募集配套资金，总金额不超过 38.73 亿元，扣除本次重组中介机构费用及相关税费后用于收购如家股权或置换本次交易中预先投入的部分银行贷款。

上述案例中，首旅酒店收购如家采用了发行股份的方式支付部分对价并募集配套资金，从而大大减轻了收购的资金压力，并购重组方案值得借鉴。

实践中，如果收购方通过发行股份购买资产，并购重组方案还需要明确股份发行价格、股份锁定期等事项，并且为了确保转让方后续的履约责任，股份锁定期通常不会短于并购重组的对赌期限（如有）。

宝丽迪（300905.SZ）收购厦门鹭意彩色母粒有限公司（以下简称"厦门鹭意"），是约定转让方获得的股份分期解锁的典型案例。

根据宝丽迪与交易对方签署的《购买资产协议》，交易对方取得的宝丽迪发行的股份自上市之日起 12 个月内不得进行转让并分三期解除锁定（见表 4-13）。

表 4-13　宝丽迪收购厦门鹭意约定的股份解锁分期

第一期	可申请解锁时间为自业绩补偿期间第一年度专项审计报告出具，并且业绩承诺补偿义务已完成之次日，累计可申请解锁股份为本次认购股份的 30% - 当年已补偿的股份（如需）。
第二期	可申请解锁时间为自业绩补偿期间第二年度专项审计报告出具，并且业绩承诺补偿义务已完成之次日，累计可申请解锁股份为本次认购股份的 60% - 累计已补偿的股份（如需，包括之前及当年已补偿）。
第三期	可申请解锁时间为自本次股份发行结束之日起满 24 个月，自业绩补偿期间第三年年度专项审计报告及专项减值测试报告出具，并且业绩承诺补偿义务已完成之次日，累计可申请解锁股份为本次认购股份的 100%- 累计已补偿的股份（如需，包括之前及当年已补偿）- 进行减值补偿的股份（如需）。

上述案例中，收购方通过约定转让方获得的股份锁定期与分期解锁，较好地确保转让方履行并购重组的对赌责任。

从转让方的角度，需要根据收购方或其关联方股权的质量、价格、变现可行性与周期等，确定是否接受相关股权。

如果收购方支付的股权为上市公司股份,还要判断上市公司经营情况、退市风险、目前的股价水平及未来可能的变化趋势、获得股票的限售期以及减持限制等。

2023 年，笔者有位客户打算将其控制的企业装入 *ST 泛海（000046.SZ），并换取 *ST 泛海非公开发行的股票。

笔者查阅了 *ST 泛海公开披露的财务数据，发现该公司此前已经连续三年亏损，且 2022 年亏损超过 100 亿元。笔者预计即使该客户将其资产注入，*ST 泛海 2023 年也将继续亏损并最终会退市，因此建议客户放弃上述交易。

2024 年 2 月，*ST 泛海果然退市，该客户因为接受笔者的建议而避免了重大损失。

上述案例中，笔者的客户险些因为接受了存在重大风险的股权而导致损失。

转让方一旦接受了收购方或其关联方股权，就在一定程度上将自己与收购方进行绑定，因而需要慎重抉择。

三、其他支付

其他支付方式包括发行债券、资产置换、无偿划转或赠与等，其中资产置换、无偿划转或赠与等方式往往主要适用于非市场化的并购重组活动。

实践中，如果收购方为非上市公司，并购重组的支付方式往往主要为现金。

如果收购方为上市公司，并购重组的支付方式有更大的选择空间，可以为股份或者股份与现金的结合，甚至还可能包括可转换债券。

赛腾股份（603283.SH）收购苏州菱欧自动化科技股份有限公司（以下简称"菱欧科技"）采用了股份、现金、可转换公司债券（以下简称"可转债"）的组合。

2019 年 12 月，赛腾股份通过发行可转债、股份及支付现金的方式购买张玺、陈雪兴、邵聪持有的菱欧科技 100% 的股权。

该次交易中，菱欧科技作价 2.1 亿元，其中以发行可转债的方式支付交易对价的 60%，即 1.26 亿元；以发行股份的方式支付交易对价的 10%，即 2 100 万元；以现金方式支付交易对价的 30%，即 6 300 万元。

上述案例中，综合性的支付方式大大减轻了赛腾股份的支付压力，其他并购重组项目也可以借鉴，并根据项目实际情况加以运用。

第七节　并购重组融资安排

在采用现金支付的情况下，收购方需要根据交易价款、自身实力、财务状况、股东背景、融资渠道、标的公司情况等进行合理的融资安排。

具体的融资方案通常需要综合考虑融资时间、融资成本、融资币种、到期时间、对收购方或标的公司控制权的影响等因素。

一、权益融资

（一）发行普通股

发行普通股融资是指并购方通过释放自身或者关联方的普通股权获取融资以支付交易对价的行为。

与股权支付相当于直接向转让方融资不同，发行普通股融资是向第三方进行融资并将资金支付给转让方。

实践中，典型的并购股权融资是上市公司通过发行股份募集资金后用于支付全部或者部分交易对价，或者上市公司通过发行股份购买部分资产并配套募集资金用于支付部分交易对价。

1. 笔者曾经参与操作的北部湾港（000582.SZ）收购防城港兴港码头有限公司（以下简称"防城港兴港"）、北海兴港码头有限公司（以下简称"北海兴港"）、钦州兴港码头有限公司（以下简称"钦州兴港"）100% 股权，是上市公司通过非公开发行股份募集资金后用于支付交易对价的典型案例。

此次交易中，交易对手方要求北部湾港支付现金，但北部湾港本身资金实力有限。

于是，北部湾港通过非公开发行股份募集资金27亿元（扣除发行费用后剩余募集资金净额26.66亿元），用于收购防城港兴港、北海兴港和钦州兴港100%股权及进行三处码头所属相关泊位的后续建设和补充流动资金。

2. 西仪股份（002265.SZ）收购重庆建设工业（集团）有限责任公司（以下简称"建设工业"）属于上市公司通过发行股份购买部分资产并配套募集资金用于支付剩余交易对价的典型案例。

此次交易中，建设工业整体作价496 471.67万元，西仪股份通过向建设工业的股东发行股份支付426 471.67万元，通过向第三方发行股份募集配套资金支付现金对价7亿元。

（二）发行优先股

优先股是指依照《中华人民共和国公司法》（以下简称《公司法》），在一般规定的普通种类股份之外，另行规定的其他种类股份，其股份持有人优先于普通股股东分配公司利润和剩余财产，但参与公司决策管理等权利受到限制。

根据《国务院关于开展优先股试点的指导意见》，公开发行优先股的发行人限于证监会规定的上市公司，非公开发行优先股的发行人限于上市公司（含注册地在境内的境外上市公司）和非上市公众公司。

根据《优先股试点管理办法》，上市公司发行优先股，最近三个会计年度实现的年均可分配利润应当不少于优先股一年的股息。其中，上市公司向不特定对象发行优先股，上市公司普通股为上证50指数成分股且上市公司最近三个会计年度应当连续盈利。非上市公众公司向特定对象发行优先股应符合下列条件：1.合法规范经营；2.公司治理机制健全；3.依法履行信息披露义务。

笔者未发现国内通过发行优先股募集资金进行并购的案例。跨境并购案例中，中色股份（000758.SZ）收购印度尼西亚 PT.DPM（以下称"印度尼西亚达瑞矿业"）51% 的股权，使用了优先股进行融资。

2018 年 9 月，中色股份境外子公司中色毛里求斯矿业有限公司通过发行优先股募集资金，收购了印度尼西亚达瑞矿业 51% 的股权。

此次交易中，中色毛里求斯矿业有限公司向苏菲（香港）投资有限公司定向发行优先股 2 亿股（每股 1 美元），前八年的股息率为 6 个月的 USD LIBOR+4%，第九年开始为 6 个月的 USD LIBOR+9%。

由于限制因素较多，国内发行优先股的案例比较少，用于并购的案例则更加罕见，建议收购方慎重将发行优先股作为主要的并购重组融资手段。

二、债务融资

（一）并购贷款

并购贷款是指商业银行向收购方（或其子公司）发放的，用于支付并购交易价款的贷款。

根据《商业银行并购贷款风险管理指引》，并购交易价款中并购贷款所占比例不应高于 60%，并购贷款期限一般不超过七年。同时，"商业银行原则上应要求借款人提供充足的能够覆盖并购贷款风险的担保，包括但不限于资产抵押、股权质押、第三方保证，以及符合法律规定的其他形式的担保。以目标企业股权质押时，商业银行应采用更为审慎的方法评估其股权价值和确定质押率"。

根据公开信息，萃华珠宝（002731.SZ）与豪能股份（603809.SH）曾经在并购重组过程中使用并购贷款。

1. 萃华珠宝收购四川思特瑞锂业有限公司 51% 股权使用了并购贷款，此次交易总价款为 6.12 亿元，其中 3.6 亿元为并购贷款。

2. 豪能股份收购重庆豪能兴富同步器有限公司 49% 股权使用了并购

贷款，此次交易总价款为 9 075.27 万元，其中 5 445.16 万元为并购贷款。

并购贷款的比例不能超过并购交易价款的 60%，具体贷款金额与企业的资信情况、增信情况、标的公司质地等相关，建议收购方提前咨询其合作的银行。

（二）并购债券

并购债券是为满足并购资金需求，并购方发行并约定在一定期限内偿还本金与支付利息的债务融资工具。

并购债券在国内尚不多见。根据公开信息，招商蛇口（001979.SZ）曾经发行并购债券。该公司于 2022 年 1 月在中国银行间市场发行了 2022 年度第一期中期票据（并购），募集资金 12.9 亿元。

（三）卖方融资

卖方融资是转让方向收购方提供的融资。

收购方在实施收购时暂时不向被收购方支付全部价款，而是承诺在未来一段时间内分期支付。该支付方式一般在目标公司经营欠佳、卖方急于转让时被采用，是对收购方较为有利的支付方式。

卖方票据（Vendor Note）是卖方融资方式中较为常见的一种，是转让方向收购方发放的短期贷款，而该贷款通常以标的资产作为担保措施。

卖方融资的典型案例是浙江吉利控股集团有限公司（以下简称"吉利集团"）收购沃尔沃汽车公司，此次交易过程中吉利集团向转让方福特汽车公司申请了卖方票据融资 2 亿美元。

三、混合融资

（一）可转换公司债券

"可转换公司债券"是指发行人依法发行、在一定期间依据约定的条件可以转换成股票的公司债券。上市公司可以公开发行或定向发行可转债，新三板挂牌企业、拟挂牌企业可以定向发行可转债。

根据《上市公司证券发行注册管理办法》《北京证券交易所上市公司证券发行注册管理办法》，上市公司发行可转债，应当符合下列规定：1.具备健全且运行良好的组织机构；2.最近三年平均可分配利润足以支付公司债券一年的利息；3.具有合理的资产负债结构和正常的现金流量；4.交易所主板上市公司向不特定对象发行可转债的，应当最近三个会计年度盈利，且最近三个会计年度加权平均净资产收益率平均不低于6%；净利润以扣除非经常性损益前后较低者为计算依据。

实践中，许多的上市公司通过发行可转债融资，其中不乏融资后用于并购的案例。

1.杭电股份（603618.SH）于2018年3月公开发行7.80亿元可转债，其中4.50亿元用于收购浙江富春江光电科技有限公司100%股权。

2.星帅尔（002860.SZ）于2020年1月公开发行2.80亿元可转债券，其中1.96亿元用于收购浙江特种电机有限公司53.24%股权。

3.华宏科技（002645.SZ）于2022年12月公开发行5.15亿元可转债，其中2.60亿元用于收购江西万弘高新技术材料有限公司100%股权。

可转换公司债券是一种比较常见的融资方式，由于其具有"债股双重性"，往往更能获得投资者的认可，从而确保融资的成功。

（二）可交换公司债券

"可交换公司债券"（以下简称"可交债"）是指上市公司的股东依法发行、在一定期限依据约定的条件可以交换成该股东所持有的上市公司股份的公司债券。

根据《上市公司股东发行可交换公司债券试行规定》，申请发行可交换公司债券，应当符合下列规定：1.申请人应当是符合《公司法》《证券法》规定的有限责任公司或者股份有限公司；2.公司组织机构健全，运行良好，内部控制制度不存在重大缺陷；3.公司最近一期末的净资产额不少于人民币3亿元；4.公司最近3个会计年度实现的年均可分配利润不少于公司债券一年的利息；5.本次发行后累计公司债券余额不超过最近一期末净资产额的 40%；6.本次发行债券的金额不超过预备用于交换的股票按募集说明书公告日前 20 个交易日均价计算的市值的 70%，且应当将预备用于交换的股票设定为本次发行的公司债券的担保物；7.经资信评级机构评级，债券信用级别良好；8.不存在《公司债券发行试点办法》第八条规定的不得发行公司债券的情形。

预备用于交换的上市公司股票应当符合下列规定。1.该上市公司最近一期末的净资产不低于人民币 15 亿元，或者最近 3 个会计年度加权平均净资产收益率平均不低于 6%。扣除非经常性损益后的净利润与扣除前的净利润相比，以低者作为加权平均净资产收益率的计算依据。2.用于交换的股票在提出发行申请时应当为无限售条件股份，且股东在约定的换股期间转让该部分股票不违反其对上市公司或者其他股东的承诺。3.用于交换的股票在本次可交换公司债券发行前，不存在被查封、扣押、冻结等财产权利被限制的情形，也不存在权属争议或者依法不得转让或设定担保的其他情形。

根据公开信息，上海国盛（集团）有限公司与曲水奥城实业有限公司发行可交债的融资用途中包括对外并购。

1.上海国盛（集团）有限公司于 2015 年 11 月公开发行 50 亿元可交债［标的股票为上海建工（600170.SH）］，其中 20 亿元用于战略性新兴产业、房地产业、农业及食品业、基础设施领域及上海国资国企改革重组潜在股权投资或潜在兼并收购。

2.曲水奥城实业有限公司于 2023 年 3 月非公开发行 3 亿元可交债［标的股票为濮阳惠成（300481.SZ）］，用于偿还有息债务、收购子公司河南汉城旅游开发有限公司少数股权及补充流动资金。

可交债要求发行人为上市公司股东（以其持有的上市公司股票作为交换标的），并且对发行人本身与上市公司均有较高要求。因而，可交债并非常见的并购重组融资方式。

四、并购基金

并购基金是专注于对标的公司进行并购的基金，其常规运作方式是收购标的公司控制权，并在持有一定期限后再进行出售。在资金紧张的情况下，收购方可以通过设立并购基金并对外募集资金后并购标的公司。

"上市公司 +PE"的模式，在国内资本市场一度非常火爆。在该模式下，由上市公司和私募股权投资基金（PE）共同发起并购基金，然后通过该并购基金对符合上市公司产业发展方向的标的公司进行收购，最终再由上市公司收购标的公司，从而使得并购基金完成退出。

理论上，"上市公司 +PE"的模式可以为上市公司的并购提速，也可以帮助私募股权基金形成"募投管退"的闭环——围绕上市公司产业链进行并购并有上市公司收购进行"兜底"，私募股权基金可以更好地进行基金的募集与退出，以及标的公司寻找和投后管理。

但在实践中，因为内幕交易和利益输送的合规风险以及上市公司最终收购的不确定性，"上市公司 +PE"的模式也出现了很多波折，并不断优胜劣汰。

木林森（002745.SZ）收购 LEDVANCE GmbH（以下简称"朗德万斯"）为"上市公司 +PE"的典型案例。

木林森收购朗德万斯的时间脉络如表 4-14 所示。

表 4-14　木林森收购朗德万斯的时间脉络

序号	时间	事件
1	2016 年 7 月	木林森联合 IDG、义乌市国有资本运营有限公司成立了并购基金义乌和谐明芯股权投资合伙企业（有限合伙）（以下简称"和谐明芯"）。其中，木林森与义乌国有资本各认缴出资 12.5 亿元，IDG 旗下企业认缴出资 15 亿元。

续表

序号	时间	事件
2	2017年3月	和谐明芯通过全资子公司和谐明芯（义乌）光电科技有限公司（以下简称"明芯光电"）完成了对朗德万斯的收购。
3	2018年4月	木林森通过发行股份购买资产的方式收购明芯光电100%股权，从而将朗德万斯间接注入上市公司。

上述案例中，由于跨境并购较难采用发行股份购买资产方式，木林森先通过并购基金完成对朗德万斯的收购（减轻自身资金支付压力），再通过发行股份购买资产的方式将朗德万斯完全注入上市公司，最终完成对标的公司的并购，创造了成功的"上市公司+PE"应用案例。

另外，上市公司控股股东、实际控制人或者其他关联方，也可以围绕上市公司相关产业成立并购基金，获得标的公司控制权后再择机注入上市公司，从而完成并购基金的退出，但需要做好相关风险的把控工作。

第八节　并购重组对赌安排

一、对赌

（一）对赌范围

根据《监管规则适用指引——上市类第1号》，上市公司重大资产重组过程中，如果交易对方为上市公司控股股东、实际控制人或者其控制关联人，且标的资产估值"采用了基于未来收益预期的方法"，上市公司控股股东、实际控制人或者其控制关联人应以其获得的股份和现金进行业绩补偿。

甘肃能化（000552.SZ）向间接控股股东甘肃能源化工投资集团有限公司（以下简称"能化集团"）收购其旗下窑街煤电集团有限公司（以下简称"窑街煤电"）是上市公司重大资产重组过程中约定对赌的典型案例。

根据甘肃能化与能化集团签署的《盈利预测补偿协议》，业绩承诺期间为本次交易实施完毕（标的资产交割完毕）当年及其后连续两个会计年度，能化集团对业绩承诺资产一在业绩承诺期的净利润累计数和业绩承诺资产二在业绩承诺期的收益额累计数进行承诺。

实践中，不论转让方与收购方是否存在关联关系，或者采用何种估值方法，都可能进行对赌——绝大部分市场化的并购重组或者上市公司并购重组过程中都会签署对赌协议，对赌期限通常为三年。

（二）对赌的前提

并购重组完成后，收购方要求转让方进行对赌的前提条件是，转让方能够很大程度上继续影响甚至主导标的公司的日常经营活动，有权利调动足够的资源促进标的公司的业务开拓、原料供应、研究开发、产品生产、资金调配等。

另外，收购方也需要履行资源对接、资金支出、技术扶持、人员配置以及不从事同业竞争业务等承诺，以确保转让方顺利完成对赌。

基蛋生物（603387.SH）收购景川诊断（831676.NQ，已摘牌）后发生了转让方诉讼收购方违反同业竞争承诺的事项。

2020年，基蛋生物通过特定事项协议转让及增资的方式收购了景川诊断56.98%的股份，并成为其控股股东。

交易过程中，双方对景川诊断未来业绩进行了对赌，并约定达到一定条件基蛋生物将收购景川诊断部分剩余股份。

同时，基蛋生物承诺将不在中国境内外直接或间接从事或参与任何与景川诊断现有主营业务相竞争的业务及活动，或拥有与景川诊断存在竞争关系的任何经济实体、机构、经济组织的权益。如因基蛋生物违反承诺函而给景川诊断造成损失的，基蛋生物同意全额赔偿景川诊断因此遭受的所有损失。

2023年开始，交易双方进行诉讼纠纷，其中就包括转让方诉讼收购方未履行同业竞争承诺。

转让方认为，基蛋生物于 2022 年 8 月 11 日在江苏省注册的"全自动凝血分析仪（器械二类）"产品（苏械注准 20222221624）与景川诊断 2019 年注册的"全自动凝血分析仪"（鄂械注准 20192222690）属于同类产品。基蛋生物及其子公司的前述行为已经构成同业竞争，违反了协议承诺，应当承担违约责任。

2023 年 12 月开始，基蛋生物多次企图查阅景川诊断账册、委派审计未果。

2024 年 8 月，基蛋生物相关人员闯入景川诊断办公场所后，企图用暴力方式进入景川诊断财务室未果。而景川诊断表示在基蛋生物尚未妥善解决涉及的与其同业竞争问题等违背承诺事项前，将继续拒绝基蛋生物查阅账册、委派审计。

2024 年 10 月，因景川诊断未按规定披露定期报告，被全国股转公司终止挂牌。

基蛋生物收购景川诊断及后续纠纷的简要时间脉络总结如表 4-15 所示。

表 4-15　基蛋生物收购景川诊断及后续纠纷的简要时间脉络

序号	时间	事件
1	2020 年 7 月	基蛋生物收购景川诊断。
2	2023 年开始	景川诊断起诉基蛋生物未履行同业竞争承诺。
3	2023 年 12 月	基蛋生物多次企图查阅景川诊断账册、委派审计未果。
4	2024 年 8 月	基蛋生物相关人员强行进入景川诊断财务室未果。
5	2024 年 10 月	景川诊断被终止挂牌。

截至本书成稿之日，基蛋生物因为收购景川诊断而产生的纠纷还在继续。

上述案例告诉我们，履行并购重组承诺是双方共同的责任。双方共同的努力，往往是确保标的公司未来的发展和对赌顺利实现的基础。

（三）补偿的股份数量的计算

1.以收益法对拟购买资产进行评估或估值的，每年补偿的股份数量为：

当期补偿金额 =（截至当期期末累计承诺净利润数 − 截至当期期末累计实现净利润数）÷ 补偿期限内各年的预测净利润数总和 × 拟购买资产交易作价 − 累计已补偿金额

当期应当补偿股份数量 = 当期补偿金额 ÷ 本次股份的发行价格

当期股份不足补偿的部分，应现金补偿。

采用现金流量法对拟购买资产进行评估或估值的，交易对方计算出现金流量对应的税后净利润数，并据此计算补偿股份数量。

此外，在补偿期限届满时，上市公司应当对拟购买资产进行减值测试，如期末减值额 ÷ 拟购买资产交易作价 > 补偿期限内已补偿股份总数 ÷ 认购股份总数，则交易对方需另行补偿股份，补偿的股份数量为：期末减值额 ÷ 每股发行价格—补偿期限内已补偿股份总数。

德马科技（688360.SH）收购江苏莫安迪科技股份有限公司（以下简称"莫安迪"）是基于未来收益预期的估值并约定对赌与补偿的典型案例。

此次交易中，业绩承诺方承诺标的公司 2023 年度净利润、2024 年度当期累计净利润及 2025 年度当期累计净利润分别不低于 4 883.93 万元、10 266.67 万元和 16 483.47 万元，上述净利润指标为公司合并报表口径扣除非经常性损益后归属于母公司股东的净利润。

业绩承诺期内，标的公司任何一年度截至当期期末累计实现的净利润低于截至当期期末累计承诺净利润，业绩承诺方应对上市公司予以补偿，补偿金额计算公式如下：

补偿金额 =（截至当期期末累计承诺净利润数 − 截至当期期末累计实际净利润数）÷ 业绩承诺期内各年的承诺净利润数总和 × 本次交易价格—前期累计已补偿金额（含股份及现金补偿）

在逐年计算业绩承诺期内标的公司应补偿金额时，按照上述公式计算的当期应补偿金额小于 0 时，按 0 取值，即已经补偿的金额不冲回。

在业绩承诺期届满时，上市公司将聘请具有证券从业资格的会计师事务所对标的资产进行减值测试，并出具相应的审核报告。如果标的资产期末减值额 > 业绩承诺期内已补偿金额，则业绩承诺方应另外对上市公司进行补偿。另行补偿金额 = 标的资产减值额 − 业绩承诺期内已补偿金额。

2. 以成本法或者市场法对拟购买资产进行评估或估值的，每年补偿的股份数量为：期末减值额 / 每股发行价格—补偿期限内已补偿股份总数。

当期股份不足补偿的部分，应用现金补偿。

重庆百货（600729.SH）收购重庆商社（集团）有限公司（以下简称"重庆商社"）的过程中就充分体现了减值测试在计算补偿股份中的应用。

鉴于本次交易采用资产基础法对重庆商社股东全部权益价值进行整体评估，对其中重庆商社持有的商社大厦、电器大楼、大坪 4S 店和由万盛五交化持有的万东北路房产、矿山路房产采用市场法评估，本次交易的减值测试资产即为重庆商社持有的商社大厦、电器大楼、大坪 4S 店和由万盛五交化持有的万东北路房产、矿山路房产。

本次交易的减值补偿期为交割日起连续三个会计年度（含交割日当年）。

减值补偿期内，如减值测试资产发生减值，即减值测试报告载明的当期减值测试资产的评估值少于减值测试资产本次交易评估值，则各补偿义务人需优先以对价股份对上市公司进行补偿，不足部分由各补偿义务人以现金方式补偿。各补偿义务人在减值补偿期内应逐年进行补偿。

二、反向对赌

"反向对赌"即"奖励机制"，是并购重组过程中对转让方、管理层或其他核心人员设置的奖励安排。当标的公司超额完成业绩或者超额提高公司估值，由标的公司按照约定的标准向其支付奖励。

根据《监管规则适用指引——上市类第 1 号》，上市公司重大资产重组方案中，对标的资产交易对方、管理层或核心技术人员设置业绩奖励安排时，应基于标的资产实际盈利数大于预测数的超额部分，奖励总额不应超过其超额业绩部分的 100%，且不超过其交易作价的 20%。

富瀚微（300613.SZ）收购眸芯科技（上海）有限公司（以下简称"眸芯科技"）的过程中约定了"反向对赌"。

根据《业绩承诺及补偿协议》，业绩承诺期届满后，如标的公司业绩承诺期间累计考核净利润超出累计承诺净利润，上市公司同意将超过累计承诺利润部分的一定比例（上限不得超过 50%，具体以上市公司确定为准，以下简称"超额比例"）金额用于奖励标的公司经营管理团队及核心员工，但上述奖励的总金额不得超过本次收购业绩承诺方取得的对价总额的 20%。上述超额业绩奖励于业绩承诺期满且标的公司减值测试产生的补偿义务（如有）已完成后统一结算。

具体奖励对象及奖励方案届时由标的公司总经理在业绩承诺期间届满后负责制订分配方案，经标的公司董事会（不设董事会时由执行董事决定）审议通过后实施。

业绩奖励计算公式为：业绩奖励总金额 ＝（业绩承诺期间累计考核净利润数 － 业绩承诺期间累计承诺净利润数）× 超额比例。若上述计算公式得出的业绩奖励金额数大于业绩承诺方交易对价的 20%，则业绩奖励金额 ＝ 业绩承诺方交易对价 ×20%。

反向对赌可以提高转让方、管理层或其他核心人员的工作积极性，更有利于标的公司做大做强，其他并购重组项目可以考虑借鉴。

另外，需要注意的是，反向对赌不同于或有对价，或有对价通常由收购方支付，反向对赌则通常由标的公司兑现。

第九节　并购重组特殊安排

一、控制权安排

部分并购重组项目，特别是收购方股权比较分散和／或者标的公司规模比较大的情况下，需要提前做好合并后新公司的表决权、董事会等的安排。

滴滴出行收购优步（Uber）中国的过程中，进行了表决权与收益权的分离，并对交易双方的董事会进行了合理的安排。

2016 年 8 月，滴滴出行与 Uber 全球签署战略协议，前者收购优步中国有关的品牌、业务、数据等在中国大陆运营的全部资产。

根据公开信息，通过此次交易，Uber 全球与优步中国其他投资人一共获得滴滴出行 20% 的经济权益和 5.89% 的表决权，其中 Uber 全球获得滴滴 17.7% 的经济权益和 5.89% 的表决权，成为第一大股东；但此次交易不会导致滴滴控制权变更，收购后滴滴出行创始人程维和管理层仍将掌握滴滴的控制权。

另外，作为交易方案的一部分，滴滴出行创始人程维与 Uber 创始人特拉维斯·卡兰尼克（Travis Kalanick）将分别加入对方董事会。

上述案例中，在收购方滴滴出行股权较为分散的情况下，滴滴出行与 Uber 全球通过表决权与收益权分离的安排，较好地确保了收购后公司控制权的稳定性和持续经营能力，也确保了优步中国的平稳过渡。

二、优先购买权

"优先购买权"是赋予收购方的权利，收购方可以据此获得相对其他第三方优先购买标的公司股权的权利。

海尔集团公司（以下简称"海尔集团"）收购上海莱士（002252.SZ）的过程中用到了"优先购买权"。

根据海尔集团与上海莱士的控股股东基立福签署的《战略合作及股份购买协议》，海尔集团或其指定关联方拟协议收购基立福持有的上海莱士20%的股份，转让价款为125亿元；同时，基立福将其持有的上海莱士剩余6.58%股份对应的表决权委托海尔集团或其指定关联方行使，委托期限为其收到本次交易转让价款之日起的10年。

海尔集团与基立福承诺，就本次交易后海尔集团或其指定关联方与基立福分别直接或间接持有的上海莱士股份，在本次交易交割完成后的3年内不得转让、出售或以其他方式处置，3年后基立福拟协议转让所持上海莱士股份时，海尔集团或其指定关联方享有优先购买权。

上述案例中，委托表决权与优先购买权的搭配运用，减轻了海尔集团当前的资金支付压力，同时确保了海尔集团对上海莱士的控制权以及后续的持股安排。

三、出售选择权与购买选择权

"出售选择权"也称"抛售选择权"，是赋予转让方的权利——达到特定条件，转让方有权向收购方出售一定数量的股权；与"出售选择权"对应的是"购买选择权"，收购方可以据此承接转让方出售的股权。

京东物流（02618.HK）收购德邦股份（603056.SH）的过程中用到了"出售选择权"与"购买选择权"。

在此项交易中，双方约定，就购德邦股份43 009 184股股份（占上市公司总股本的4.1880%）（"期权股份"），受让方兹不可撤销地授予德邦股份实际控制人崔维星先生一项出售选择权（"出售选择权"）以要求受让方购买，且崔维星先生兹不可撤销地授予受让方一项购买选择权（"购买选择权"）。

在下列所有条件全部被满足或被受让方书面豁免的前提下，崔维星先生方能行使其在《购买及出售选择权协议》项下的出售选择权（见表4-16）。

表 4-16　崔维星先生行使出售选择权的前提条件

序号	条件
1	一期创始股东转股交易和二期创始人转股交易已经交割，且其对应的一期创始股东目标股份和二期创始人目标股份均完成过户，且期权股份质押登记已经完成并处于持续有效状态。
2	以下两者孰晚之日（"公告日"）已到达：①德邦股份 2023 年度的年度审计报告公告之日；② 2024 年 4 月 30 日。
3	崔维星先生根据《业务处置协议》的约定已经与德邦控股结算完毕。
4	下述条件中的任意一项已经满足： ①在公告日之前受让方未基于交易文件向创始股东提出索赔；②受让方虽然于公告日之前基于交易文件曾向创始股东提出索赔，但在公告日前或者在出售选择权行权期间，相关方已经就索赔达成和解且履行完毕或者相关的索赔已经经由有管辖权的司法机构判决或裁定，且上述判决或裁定已被执行完毕，受让方与创始股东之间届时没有其他尚未解决或未履行或执行的基于交易文件之索赔。

在下列条件全部被满足或被崔维星先生书面豁免的前提下，受让方方能行使其在《购买及出售选择权协议》项下的购买选择权：《创始股东转股协议》项下的一期创始股东转股交易和二期创始人转股交易已经交割，且其对应的一期创始股东目标股份和二期创始人目标股份均完成过户。

双方同意，受限于《购买及出售选择权协议》交割安排和除权与除息的约定，就期权股份交易而言，出售选择权项下每股期权股份的行权价格为人民币 13.14 元。

双方同意，受限于《购买及出售选择权协议》交割安排和除权与除息的约定，就期权股份交易而言，购买选择权项下每股期权股份的行权价格为以下两者孰高者：人民币 13.14 元或者购买选择权行权日前一个交易日公司股票收盘价的 90%。

上述案例中，出售选择权与购买选择权的安排，减轻了京东物流当前的资金支付压力，同时确保了德邦股份原实际控制人的权利，以及京东物流后续对德邦股份的持股安排。

第十节　并购重组过渡期安排

一、过渡期损益归属安排

并购重组通常是基于标的公司在评估基准日的评估价值进行定价，在此基础上，标的公司评估基准日之后（含过渡期内）的损益通常都应该归属于收购方。但由于过渡期内标的公司依然由转让方主导经营，约定过渡期内标的公司的盈利归属于收购方、亏损由转让方承担通常为行业惯例。

长川科技（300604.SZ）收购杭州长奕科技有限公司97.67%股权是约定过渡期的盈利归属于收购方、亏损由转让方承担的典型案例。

此项交易中，双方约定，过渡期为自本次交易的审计、评估基准日（不包括基准日当日）起至标的资产交割日（包括交割日当日）止的期间。

标的公司在过渡期的损益及数额由本协议各方认可的符合《证券法》规定的审计机构于标的资产交割完成之日起60个工作日内进行审计确认。

标的公司在过渡期所产生的盈利由上市公司享有，所产生的亏损由交易对方在过渡期损益报告出具后且接到上市公司的书面通知后10个工作日内以现金方式全额补偿给上市公司。

上述案例中，关于过渡期损益归属的安排有利于保护收购方的利益，也符合行业惯例。但严格来说，标的公司过渡期内的盈利归属于收购方的逻辑，是收购方能够在评估基准日之后较短的时间内完成交易价款的支付。否则除了前文曾经提到的重新评估作价或者浮动作价之外，交易双方还可以约定延期支付利息，如此对转让方才更加公平。

航新科技（300424.SZ）跨境收购 Magnetic MRO AS.（以下简称"MMRO"）的过程中，约定了延期支付的利息以及其他调整事项。

本次交易采用"锁箱机制"进行定价，双方约定在交割日买方基于"锁箱日"（2017年9月30日）账目应向全部卖方支付的固定收购总价为4 317.04万欧元，同时加上自2017年11月30日至交割日期间以收购价格为基数计算的对应利息，并减去标的公司在锁箱日至交割日期间发生的"价值溢出额"（向卖方或其关联方支付的利润分配、款项等）及其对应的按年化 1.5% 利率计算的利息金额。

上述案例中，交易双方关于延期支付利息的相关约定较好地保护了转让方的利益。

在交易金额较大和/或者收购周期较长的并购重组过程中，为了保证交易的公平性，交易双方有必要考虑延期支付的利息和其他调整事项，并提前在协议中约定。

二、过渡期重大事项安排

并购重组过程中，交易双方通常会对标的公司过渡期内实施重大事项进行限制或者约定，以确保标的公司的稳定性，防止出现重大不利变化。

信安世纪（688201.SH）收购北京普世时代科技有限公司（以下简称"普世时代"）80% 股权，是约定标的公司过渡期重大事项的典型案例。

双方约定，过渡期间，乙方（转让方）确保目标公司及其子公司以符合主管部门法律法规和良好经营惯例的方式保持正常运营，乙方尤其应确保目标公司及其子公司按照如表 4-17 所示的约定运营。

表 4-17　信安世纪收购普世时代关于后者过渡期运营的约定

序号	关于普世时代过渡期运营的约定
1	按照惯常的方式管理和开展其业务。
2	未经甲方（收购方）事先书面同意，不得对任何第三方提供担保或授信，包括但不限于贷款、保证或抵押、质押担保等。
3	未经甲方事先书面同意，除财务报告中已记载的债务及正常经营产生的债务之外，不得新增其他现实或有的债务等事项。
4	不得宣布或实施任何分红、分配利润、退回或分配股本金、提取公司任何资金，但正常经营需要的除外。
5	除正常经营需要外，未经甲方事先书面同意，不得进行与日常经营无关的资产处置的行为。

续表

序号	关于普世时代过渡期运营的约定
6	除正常经营需要外，未经甲方事先书面同意，不得购买超过人民币100万元（含本数）的资产。
7	除正常经营需要外，不得发生额外的债务或其他义务。
8	未经甲方事先书面同意，不得签署、修订、修改或终止任何重要合同，不得免除、取消、妥协或转让任何重要的权利或主张，或者发生任何重大的资金支出、义务或责任，但正常经营需要的除外。
9	未经甲方事先书面同意，乙方确保目标公司不进行任何增资、减资、并购、重组、投资、终止、清算等影响本协议目标实现的行为。
10	自本协议签署日起，除非经甲方书面同意或出于履行本协议约定的需要，乙方不再向目标公司委派或任命，且目标公司将不再聘请其他董事、监事和高级管理人员，以及招聘其他核心工作人员。
11	自本协议签署日起，除非经甲方书面同意或出于履行本协议约定的需要，乙方不再向目标公司委派或任命，且目标公司将不再聘请其他董事、监事和高级管理人员，以及招聘其他核心工作人员。
12	目标公司及其子公司的财务经营状况应如实向甲方披露，未经甲方事先书面同意，乙方不得在会计核算、编制报表等日常财务事项中进行会计政策、会计估计和其他会计调整。

上述案例中，关于过渡期的约定涵盖了标的公司日常经营、担保或授信、新增债务、利润分配、资产处置、资产购买、重大合同、资金支出、资本运作、关键人员、财务报告与会计政策等重大事项，内容比较全面，很好地保证了标的公司的平稳过渡，其他并购重组项目可以此为参考。

另外，《上市公司收购管理办法》《非上市公众公司收购管理办法》对收购上市公司或者新三板挂牌企业的过渡期内改选董事会、对外担保、发行股份、处置公司资产、调整公司主要业务等对公司有重大影响的事项有明确的限制性规定，详见第八章第二节有关内容。

三、过渡期业务开展安排

部分并购重组项目中，还会根据需要对标的公司在过渡期的业务开展进行提前安排，以确保标的公司或其他有关公司的正常运行和持续经营能力不受影响。

中瓷电子（003031.SZ）与风神股份（600469.SH）在并购重组过程中，都曾经对标的资产在过渡期的业务开展进行提前安排。

1. 中瓷电子收购氮化镓通信基站射频芯片业务资产及负债

此次交易过程中，转让方中国电子科技集团公司第十三研究所（以下简称"中国电科十三所"）出具了《关于氮化镓通信基站射频芯片业务资产组相关业务许可资质的说明》。

根据该说明，在本次交易完成后，中国电科十三所将配合氮化镓通信基站射频芯片业务资产及负债的接收单位申请办理并获取"排污许可证""辐射安全许可证"或结合后续业务开展情况申请办理并获取氮化镓通信基站射频芯片业务资产组相关业务的相关其他资质或认证。

在资质获取前的过渡期间，前述接收单位在确保符合相关法律法规要求和排放稳定达标的前提下，可以通过中国电科十三所"排污许可证"进行污染物排放，中国电科十三所将积极协调主管部门对过渡期间的污染物排放情况予以支持，但接收单位需承担污染物排放应当缴纳的环保税、污染设备运行维护和污染物检测等相关费用支出。

2. 风神股份收购桂林倍利轮胎有限公司（以下简称"桂林倍利"）70% 股权

此次交易过程中，中国化工橡胶桂林轮胎有限公司（以下简称"桂林轮胎"）与桂林倍利签订了《载重轮胎业务过渡期安排协议》，过渡期为2017 年 1 月 1 日—6 月 30 日。

双方约定，过渡期间由桂林轮胎租赁桂林倍利的厂房、土地、设备等资产加工制造载重轮胎产品，原辅材料和加工制造的相关费用（包括人员费用）由桂林轮胎承担，由桂林轮胎负责产品质量及销售。自 2017 年 7 月 1 日起桂林倍利开始独立运营。

上述两个案例分别对标的资产的污染物排放和资产使用进行了约定，确保了标的资产或其他公司的稳定运行。

部分并购重组项目还可以把过渡期作为缓冲期去解决历史遗留问题。合理地利用过渡期往往可以提高并购重组的成功概率、操作质量和实施效率，这也是操作并购重组相较于操作 IPO 的优势之一。

第五章
并购重组价值评估

第一节 定量估值方法

一、定量估值整体介绍

交易作价历来是并购重组各方关注的重中之重。实践中，大量并购重组因为交易作价未能达成一致而宣告失败。

同时，由于市场化并购重组主要通过定量的价值评估来定价，价值评估也就成为焦点，许多重大资产重组项目因为价值评估问题而被审核部门否决就是很好的例证（见表 5-1）。

表 5-1 上会被否决的重大资产重组项目及原因

序号	重大资产重组项目	上会否决原因
1	中钨高新（000657.SZ）收购自贡硬质合金有限责任公司 80% 股权和株洲硬质合金集团有限公司	本次重大资产重组标的资产采用资产基础法评估结果作为定价依据，与资产收益能力不匹配，定价显失公允。
2	深天马 A（000050.SZ）收购上海天马微电子有限公司	标的公司在原评估报告已过有效期的情况下，仍以原评估值作为定价依据缺乏必要的法定确认程序。
3	武昌鱼（600275.SH，已退市）收购贵州黔锦矿业有限公司	申请人签署的购销合同并不能使评估报告所依赖的标的资产的产品预测销售数量具备充分的保障和充分的执行力。
4	西藏珠峰（600338.SH）收购塔中矿业有限公司	拟注入资产的矿业权评估依据不充分，不符合矿业权评估准则的相关规定。

定量的价值评估有三种基本方法，分别为成本法、收益法和市场法。资产评估需要考虑三种基本方法在具体评估中的适用性。

在采用多种评估方法的情况下，还应当比较各种评估方法取得的结果，分析各种评估方法可能存在的问题并进行相应的调整，在此基础上确定评估结论。

实践中，评估机构通常会采用两种以上方法对标的资产进行评估，并选择其中一种方法的评估结果作为评估结论。

同时，一项资产的评估结论可能会同时体现几种评估方法——对标的资产整体评估选用一种方法，对其中的部分资产评估则选用其他方法。

二、成本法

"成本法"又称"重置成本法""资产基础法"，是在评估资产时首先估测被评估资产的重置成本，然后估测被评估资产业已存在的各种贬值因素，并将其从重置成本中予以扣除而得到被评估资产价值的评估方法的总称。

成本法的基本公式为：评估值＝资产的重置成本－资产实体性贬值－资产功能性贬值－资产经济性贬值

其中：

（一）资产的重置成本是指按现行市场条件下重新构建一项全新资产所支付的全部货币总额。

（二）资产实体性贬值是指资产由于使用及自然力的作用导致的资产的物理性能的损耗或下降而引起的资产的价值损失。

（三）资产功能性贬值是指由于技术进步引起的资产功能相对落后而造成的资产价值损失。功能性贬值一般包括：1. 由于新工艺、新材料和新技术的采用，而使得原有资产的建造成本超过现行建造成本的超支额（复原重置成本和更新重置成本的差额）。2. 原有资产超过体现技术进步的同类资产的运营成本的超支额。

（四）资产经济性贬值是指由于外部条件的变化引起的资产闲置、收益下降等造成的资产价值损失。经济性贬值是由于企业外部的影响，导致企业资产本身价值的损失，与企业资产本身无关。经济性贬值主要体现为运营中的资产使用率下降甚至闲置，并引起资产的运营收益下降。

采用成本法评估资产需要具备的前提条件包括：1. 被评估资产处于继续使用状态或被假定处于继续使用状态；2. 被评估资产的预期收益能够支持其重置及其投入价值。

如果被评估资产为企业股权，则需要根据企业不同资产类型选用合适的评估方法，分别评估具体资产价值并汇总出总资产价值，之后再减去负债评估值得出净资产价值。

在顺丰控股借壳鼎泰新材（002352.SZ，已更名为"顺丰控股"）上市的过程中，鼎泰新材置出的资产采用收益法与资产基础法进行评估，并采用了资产基础法的评估结果。

鼎泰新材的主营业务为稀土合金镀层钢丝、钢绞线和 PC 钢绞线等金属制品的生产和销售等，主要用于国家电网、高铁等大型基础设施建设，受宏观经济放缓影响，国家基础设施投入也将有所放缓，行业需求总体低迷，加之近年来生产原材料价格波动剧烈、劳动力成本上升、产品市场竞争激烈、产品价格走低等因素影响，公司毛利率有所下降，影响公司整体收益，收益法评估结果偏低，但对上市公司未来收益的预测还存在较多的不确定因素。而资产基础法是指在合理评估企业各分项资产价值和负债的基础上确定评估对象价值的评估思路，本次评估已充分显示了企业各类资产包括专利、商标等价值。从总体来看，资产基础法所依据的资料数据要优于收益法。

鼎泰新材全部的资产和负债按照资产基础法评估的结果如表 5-2 所示。

表 5-2　鼎泰新材资产和负债评估汇总表

项目	账面价值 （万元）	评估价值 （万元）	增减值 （万元）	增值率
流动资产	67 810.74	68 365.02	554.28	0.82%
非流动资产	18 743.25	28 948.63	10 205.38	54.45%
可供出售金融资产	5.00	5.00	0.00	0.00%
长期股权投资	5 000.00	9 053.46	4 053.46	81.07%
固定资产	10 524.85	11 731.03	1 206.18	11.46%
在建工程	67.24	67.24	0.00	0.00%
无形资产	1 986.81	6 932.55	4 945.74	248.93%
其他非流动资产	1 159.35	1 159.35	0.00	0.00%
资产合计	86 553.99	97 313.65	10 759.66	12.43%
流动负债	15 496.62	15 496.62	0.00	0.00%
非流动负债	664.00	664.00	0.00	0.00%
负债合计	16 160.62	16 160.62	0.00	0.00%
净资产	70 393.37	81 153.03	10 759.66	15.29%

进一步分析发现，鼎泰新材的评估增值项目包括流动资产、长期股权投资、固定资产与无形资产。

1.流动资产增值主要因库存商品评估值包含部分利润所致。库存商品是鼎泰新材自产的未实现销售的各类钢绞线、商品丝、钢丝绳等。评估人员根据鼎泰新材提供的库存商品评估申报表及盘点清单，核实库存，对公司的盘盈和盘亏进行账务调整，对现有库存产成品，勘察其质量的实际状况，收集相关产品现行售价。对正常销售产品，评估时以产品销售价格减去销售费用、全部税金和适当的税后净利润确定产品的评估值。评估公式：评估值＝市场销售价格－相应的销售费用－相关税费－适当利润。

2.长期股权投资为对全资子公司重庆市隆泰稀土新材料有限责任公司的 5 000 万元股权投资，评估机构对该公司进行了延伸评估，其主要增值项目为土地——因为土地市场价格上涨，土地使用权评估增值 3 200.44 万元。

3. 固定资产包括建筑物和设备。（1）拟置出资产列入本次评估范围的建筑物类资产分别为工业用途及商业用途。对于工业用房，因其市场交易案例不易取得且收益难以单独预测，不适用市场比较法和收益法评估，故采用重置成本法进行评估，对于商业用房，其实际用途为经营用房，区域内相同性质的办公楼市场成交案例较少，多为对外出租，且区域内同类型市场租金较易取得，同时评估对象已对外出租，故本次采用收益法评估，评估价值中包含所占用的国有土地使用权的价值。本次评估中建筑物类固定资产评估增值 620.63 万元，主要由近年来房屋建筑物建安成本有所上升所致。（2）设备类固定资产的评估采用重置成本法计算确定设备的评估价值。本次评估中，设备类固定资产评估增值 585.54 万元，评估增值率为26.34%，本次设备类资产评估增值的主要原因：①由于机器设备账面计提年限较短，这些设备的折旧计提速度较快，使得账面值偏低，因而使评估增值；②由于大部分设备账面值中未包含设备的安装调试费及资金成本，评估重置价中包括了前述重置费用，因而使得评估增值。

4. 无形资产包括土地使用权和其他无形资产。（1）因拟置出资产待估宗地区域内相关的可比出让案例较多，本次采用市场比较法评估拟置出资产待估宗地土地使用权价值。本次评估中，拟置出资产母公司土地使用权评估增值 4 574.78 万元，增值原因主要系被评估土地使用权取得时间较早，原始成本较低，而近年来我国工业用地土地使用权出让交易价格上涨，因此增值幅度较大。（2）其他无形资产包括发明专利 4 项、实用新型专利 14 项、注册商标 2 项，并有 3 项专利已申请并得到受理，上述无形资产账面价值为零。本次评估对这些技术类无形资产按无形资产组合来评估。根据专利类无形资产的价值类型、特点、评估目的以及外部市场环境等情况，对这些无形资产由于可以预测实施按该技术可获取未来收益状况，故采用收益现值法评估其价值。经评估，拟置出资产中其他无形资产的评估价值为 370.96 万元，评估增值 370.96 万元。

实践中，成本法评估主要适用于未来收益无法准确预测且整体缺乏市场可比价格的资产，常见于周期性行业、重资产行业、亏损企业等。

同时，成本法评估常见的增减值项目包括存货、长期股权投资、土地、建筑物等。

三、收益法

"收益法"又称"收益现值法""收益资本化法""收益还原法"等，是通过估测被评估资产未来预期收益的现值，来判断资产价值的各种评估方法的总称。

收益法的基本公式为：$p = \sum_{i=1}^{n} \frac{F_i}{(1+r)^i} + \frac{F_n*(1+g)}{(r-g)*(1+r)^n}$

其中：

F_i 代表未来第 i 个收益期的预期收益额。

n 代表预测期年限，一般为 5 年。

r 代表所选取的折现率。

g 代表未来收益每年增长率，通常会假定 n 年后 F_i 不变，g 取零。

实践中，由于标的资产总收益年限一般按无限年确定，故期末资产剩余变现净额被忽略不计。如果收益期有限，公式中还应包括期末资产剩余变现净额。

采用收益法评估资产需具备的前提条件包括：（一）被评估资产的未来预期收益可以预测并可以用货币衡量；（二）资产拥有者获得预期收益所承担的风险也可以预测并可以用货币衡量；（三）被评估资产预期获利年限可以预测（如果收益期有限）。

实践中，收益法比较常见的应用有"自由现金流量折现""权益现金流量折现"和"股利折现"三种方法。其中，通过自由现金流量折现可以计算出企业整体价值，扣减负债、少数股东权益、优先股得出股权价值；

权益现金流量折现和股利折现则都可以直接计算出股权价值，权益现金流量折现相对比较合理，股利折现则因为未考虑沉淀在企业的现金而整体估值偏保守。

顺丰控股借壳鼎泰新材上市的过程中，顺丰控股采用收益法与资产基础法进行评估，并采用了收益法的评估结果。

最终评估结果的选择考虑了以下原因：（一）资产基础法是在持续经营基础上，以重置各项生产要素为假设前提，根据要素资产的具体情况采用适宜的方法分别评定估算各项要素资产价值并累计加和（扣减相关负债评估价值）后得出相应评估值；而收益法是把企业作为一个有机整体，综合考虑了企业人员、资产、组织管理等各方面因素后，对企业未来获得盈利的能力和发展潜力进行分析，将被评估企业预期收益资本化或折现，以企业整体获利能力来体现股东全部权益价值。（二）资产基础法评估资产价值的角度和途径是间接的，在进行企业价值评估时容易忽略各项资产汇集后的综合获利能力和综合价值效应；收益法是立足于判断资产获利能力的角度，以收益折现值总和对评估对象价值进行评价，体现收益预测的思路。收益法不仅考虑了各分项资产是否在企业中得到合理和充分利用、组合在一起时是否发挥了其应有的贡献等因素对企业股东全部权益价值的影响，也充分考虑了顺丰控股人力资源、团队协作、快递网络、客户资源、管理方式及商誉等资产基础法所无法涵盖的相关因素对股东全部权益价值的影响。采用收益法评估得到的价值是企业整体资产获利能力的量化，运用收益法评估能够真实反映企业整体资产的价值。（三）企业存在的根本目的是盈利，在企业整体并购或股权转让的交易中，人们购买的往往并不是资产本身，而是资产的获利能力。采用收益法对企业整体价值进行评估所确定的价值，是指为获得该项资产以取得预期收益的权利所支付的货币总额，企业整体价值与资产的效用或有用程度密切相关，资产的效用越大，获利能力越强，它的价值也就越大。（四）顺丰控股是国内领先的快递物流综合服务提供商，在快递领域已经成为"快""准时""安全"的代名词，享有广泛的赞誉和知名度。通过深耕快递行业20余年，顺丰控股持续推进产品创新和业务转型，为客户提供全方位的物流服务，并已逐步构建了集物流、资金流和信息流为一体的开放物流生态系统。顺丰控股积累了丰富的行业经验，建立了良好的管理体系，建设了高效的员工团队及快递网络，拥有较为稳定的客户资产，享有良好的声誉。收益法综合考虑了顺丰控股拥有的品牌优势、产品优势、管理经验、运营优势、业务网络、人才团队等账面中无法列示的无形资源，合理体现了顺丰控股的实际盈利能力及价值。

顺丰控股收益法评估情况如下。

结合本次评估目的和评估对象，采用企业自由现金流折现模型确定企业自由现金流价值，并分析溢余资产、非经营性资产（负债）的价值，确定企业整体价值，然后扣除付息债务后确定股东全部权益价值。

（一）企业自由现金流价值

本次评估假设顺丰控股的存续期间为永续期，即收益期为永续期。采用分段法对顺丰控股的收益进行预测，即将评估对象未来收益分为明确的预测期间的收益和明确的预测期之后的收益，其中对于明确的预测期间的确定综合考虑了行业特性、企业状况及业务特征等，取5年（至2020年年末）作为预测期分割点。

确定未来收益和自由现金流量的过程较为复杂，在此不展开分析。

确定了存续期与自由现金流量后，还需要确定折现率。

评估值对应的是企业所有者的权益价值和债权人的权益价值，对应的折现率是企业的加权平均资本成本。综合各项因素，评估机构最终确定顺丰控股的加权平均资本成本为11.05%。

据此，顺丰控股的自由现金流量评估如表5-3所示。

表 5-3 顺丰控股的自由现金流量评估

项目 / 年度	2016 年	2017 年	2018 年	2019 年	2020 年	永续期
自由现金流量（万元）	10 767.31	256 917.29	342 590.62	499 294.68	474 303.95	500 045.03
折现率	11.05%	11.05%	11.05%	11.05%	11.05%	11.05%
折现期	0.5	1.5	2.5	3.5	4.5	—
折现系数	0.948 9	0.854 5	0.769 5	0.692 9	0.624	5.647 1
折现额	10 217.10	219 535.82	263 623.48	345 961.28	295 965.66	2 823 804.28
自由现金流量评估值（万元）	3 959 107.62					

（二）溢余资产

评估人员通过分析认为，顺丰控股基准日持有的部分货币资金及现金等价物（其他流动资产中的理财产品）超过了其日常所需，可作为溢余资产。经过测算，将扣除最低现有保有量以后的金额 674 800 万元确认为溢余资产的评估价值。

（三）非经营性资产（扣减负债）

非经营性资产（负债）是指对主营业务没有直接"贡献"或暂时不能为主营带来"贡献"的资产（负债）。根据顺丰控股及评估人员分析，以公允价值计量且其变动计入当期损益的金融资产、应收利息、其他应收（付）款中部分与经营无关的收付款、可供出售金融资产、对联营及合营企业的投资、投资性房地产、非持续性事项引致的递延所得税资产（负债）、与主营无关且未纳入盈利预测范围的在建工程、土地使用权以及交易性金融负债、预计负债等作为非经营性资产（负债）考虑，以资产基础法中评估值确认为资产（负债）的评估价值，最终确定非经营性资产（负债）净额为 577 357.95 万元。

据此，确定顺丰控股整体价值 = 企业自由现金流量评估值 + 非经营性资产（扣减负债）评估值 + 溢余资产评估值 =3 959 107.62 万元 +577 357.95 万元 +674 800 万元 =5 211 300 万元（取整到百万位）

另外，顺丰控股财务报表列示有未到期短期借款 658 533.91 万元、应付利息 1 483.68 万元、一年内到期的非流动负债 54 326.74 万元、长期借款 402 736.34 万元和长期应付款 667.55 万元，故确定付息债务价值为 1 117 748.22 万元。

因而，顺丰股东全部权益价值＝企业整体价值－付息债务评估值＝5 211 300 万元－1 117 748.22 万元＝4 093 600 万元（取整到百万位）

最后，再调整顺丰控股在评估基准日后完成的股权激励因素（388 944.74 万元），得出顺丰控股的股东全部权益＝4 093 600 万元＋388 944.74 万元＝4 483 000 万元（取整到百万位）。

实践中，收益法评估主要应用于未来收益可以相对准确预测并且缺乏市场可比价格的资产，比如未上市的稳定盈利企业。

同时，收益法通常是在盈利预测的基础上计算企业折现值，并分析与调整溢余资产、非经营性资产（负债）等的价值后得出最终评估值。

四、市场法

"市场法"又称"市场比较法"，是利用市场上类似上市公司（可比公司法）或者类似资产的近期交易价格（可比交易法），经过直接比较或类比分析以估测资产价值的各种评估技术方法的总称。

市场法的基本公式为：评估值＝市场参照物最新估值或成交价格 × 修正系数。

采用市场法评估资产需具备的前提条件包括：（一）存在活跃的公开市场;（二）公开市场上存在可比的资产及其交易活动。可比性具体体现在:1.参照物与评估对象在功能上具有可比性，包括用途、性能上的相似或相同;2.参照物与评估对象面临的市场条件具有可比性，包括市场供求关系、竞争状况和交易条件等;3.参照物成交时间与评估基准日时间间隔接近，同时时间对资产价值的影响可以调整。

采用可比公司法和可比交易法时,获得可比公司或者可比交易案例后,还需要计算估值指标（价值比率）。常见的估值指标包括市盈率（PER）、市净率（PBR）、市销率（PS）等。

"市盈率"是股价与每股收益的比值,具体分为"静态市盈率［PER（LYR）］""动态市盈率"和"滚动市盈率［PER（TTM）］",三种市盈率计算公式的分子都是股价,不同的是分母。静态市盈率的分母是上一年度每股收益。动态市盈率的分母是按照季报或者半年报推算的新一年每股收益（一季报每股收益 ×4 或半年报每股收益 ×2 或三季报每股收益 /3×4）。滚动市盈率的分子是最近 12 个月或者最近四个季度的每股收益。相较而言,滚动市盈率更加合理。市盈率指标通常应用于稳定盈利的企业,特别是轻资产企业的估值。

"市净率"指的是股价与每股净资产的比值。通常采用最近一季市净率［PB（MRQ）］或者最新财报市净率［PBR（LF）］。市净率指标通常应用于金融行业和重资产行业的估值。

"市销率"是总市值与营业收入的比值,与市盈率类似,市销率也可以分为"静态市销率［PS（LYR）］""动态市销率"和"滚动市销率［PS（TTM）］"。相对而言,滚动市销率更加合理。市销率指标通常应用于尚未盈利的高成长性企业、毛利率比较稳定的传统行业。

大唐电信（600198.SH）收购大唐微电子技术有限公司（以下简称"大唐微电子"）71.79% 股权的过程中,评估机构采用资产基础法和市场法对大唐微电子全部股东权益价值进行了评估,并选取市场法作为评估结论。

由于大唐微电子未来拟开拓新兴市场业务,产品面向充分竞争市场,与企业现占有一定优势的传统产品市场相比,新兴产品市场具有尚需成熟完善且竞争激烈的特点,并且市场占有率很可能存在较大波动,未来收益预测不确定性较大,未来两年的投资、产品结构、收入水平目前难于判断,本次管理当局难于提供未来整体盈利状况准确预测,目前企业未来预期收益、获得预期收益所承担的风险难于预测，故此次无法采用收益法进行评估。

同时，由于大唐微电子是国内较成熟的信息技术企业，国内行业内的上市公司较多，可以在证券市场中选出与被评估企业可比较的可比上市公司。因此评估师根据现场调查资料和收集到的其他评估资料，对评估对象采用上市公司比较法进行评定估算。

本次被评估企业利润表经审计，市盈率可以有效反映行业和企业相对稳定的业务特点，故本次评估采用市盈率为基础的模型对被评估企业的股权价值进行评估。计算公式为：被评估企业股东全部权益价值＝（上市可比公司修正后市盈率 × 被评估企业净利润）×（1－缺乏流动性折扣率）。

之后，通过对比市盈率离散情况、盈利状况选出紫光国微、富瀚微、兆易创新、中颖电子 4 家可比上市公司，它们是相似性比较强的可比实例。

本次评估对大唐微电子及各可比公司在盈利能力状况、资产质量状况、债务风险状况、经营增长状况等方面的指标进行对比，对差异进行分析调整，将总调整系数乘可比上市公司市盈率后得到修正后市盈率如表 5-4 所示。

表 5-4　可比上市公司修正后市盈率

序号	证券代码	公司名称	修正前市盈率	修正系数	修正后市盈率
1	002049.SZ	紫光国微	31.35	0.757 4	23.75
2	300613.SZ	富瀚微	43.24	0.829 9	35.88
3	603986.SH	兆易创新	53.37	0.819 2	43.72
4	300327.SZ	中颖电子	40.52	0.898 1	36.39
平均值	—	—	42.12	—	34.94

经分析，以上述 4 家可比上市公司修正后市盈率的平均值（34.94 倍），作为被评估单位的市盈率。

由于评估对象为非上市公司，需进行流动性折扣修正，评估师采用业内以非上市公司并购市盈率与上市公司市盈率对比方式计算得出的流动性折扣率。最终确定大唐微电子技术有限公司缺少流动性折扣率的取值为32%。

在市盈率指标市场法的运用中，净利润的确定是价值计算的基础。评估师对被评估单位历史年度及未来两年的盈利情况进行了必要的调查、分析、判断。经过与被评估单位管理层及其主要股东多次讨论，被评估单位进一步修正、完善后，评估机构采信了被评估单位提供的关于2023年度盈利预测的预算数据，并以2023年经营预算净利润5 890万元作为评估对象的年化净利润。

另外，被评估单位基准日应付股利5 000万元，系大唐微电子根据股东会决议分配给各股东的2022年度股利。该笔负债与可比实例修正无关，作为非经营性负债从评估结果中扣除。

根据上述得到的评估参数，可以得出大唐微电子归属于母公司股东全部权益评估结果：评估对象股东全部权益评估值＝基准日评估对象净利润×修正后市盈率×（1－流动性折扣）－非经营性负债＝5 890×34.94×（1－32%）－5 000＝134 941.69（万元）。

实践中，市场法主要应用于具有丰富市场可比价格的资产，比如房地产行业、上市公司较多的行业或者并购重组案例较多的行业等。

同时，市场法通常需要在确定可比实例后，再确定可比价值指标与调整事项，最终计算出标的资产的估值。

此外，由于可比实例与对比指标的选取空间较大，市场法评估的质量依赖于评估机构专业的工作能力和严谨的工作态度，否则很容易被不恰当地运用。

乐视网（300104.SZ，已退市）收购乐视影业（北京）有限公司（以下简称"乐视影业"）是市场法评估未被恰当运用的典型案例。

2015年年底开始，乐视网筹划收购乐视影业。2016年5月，乐视网披露《发行股份及支付现金购买资产并募集配套资金暨关联交易预案》(以下统称《交易预案》),并于2016年6月根据深交所的问询进行了修订。

根据《交易预案》,乐视影业2014年度、2015年度扣除非经常性损益后的归属于母公司股东的净利润分别为6 444万元和1.36亿元,2016年度、2017年度、2018年度承诺利润分别不低于5.2亿元、7.3亿元、10.4亿元,乐视影业100%股权的预估值为984 460.58万元,交易价格初步确定为980 000万元。

按照交易定价和2015年扣除非经常性损益后的归属于母公司股东的净利润计算,乐视影业的市盈率为72.06倍,明显偏高。

为了分析乐视影业定价的合理性,乐视网计算乐视影业2016—2018年度的平均承诺净利润为7.63亿元,据此计算出交易定价相对其平均承诺净利润的市盈率为12.84倍,并据此认定乐视影业定价合理。

上述案例中,乐视网为了解释交易定价的合理性,采用承诺净利润市盈率这样高度不确定性的指标,显然难以令人信服。

最终,上述交易因为其他原因终止。但如果没有其他原因,预计最终也很难通过重大资产重组审核机构的审核。

第二节　定性分析方法

一、商业模式

不同行业但规模相似的企业可能估值差异巨大。比如,美的集团(000333.SZ)与中国中铁(601390.SH)2023年的利润都是330多亿元,但前者的市值是后者的3倍左右;长江电力(600900.SH)与华夏银行(600015.SH)2023年的利润都是270亿元左右,但前者的市值是后者的7倍左右。

相同行业且规模相似的企业也可能估值差异巨大。比如,长城汽车

（601633.SH）和华域汽车（600741.SH）2023 年的利润都是 7 亿多元，但前者的市值是后者的 3 倍左右；片仔癀（600436.SH）和济川药业（600566.SH）2023 年的利润都是 28 亿元左右，但前者的市值是后者的 4 倍左右。

导致上述差异的原因为企业所处行业、主营业务、核心产品、供应商、采购模式、客户群体、销售方式、竞争策略等（可以简单统称为"商业逻辑"）的不同，并因此导致公司的护城河、竞争优势、市场机会、扩张速度、发展前景、盈利能力、竞争劣势、替代威胁、潜在风险等存在巨大差异。

通过对商业逻辑的研究，可以在定量估值之外定性分析标的公司的价值。

京东物流收购德邦股份的过程中，通过"波特五力"和"SWOT"定性分析标的公司的价值如下。

（一）波特五力分析

1. 潜在进入者方面。物流行业准入门槛较低，庞大的客户群体和良好的发展前景吸引了许多潜在进入者。但物流行业投资较大且回收周期较长，规模效应在一定程度上提高了行业壁垒；而且，大型物流企业基本已经与客户行成了战略合作关系，拥有相对稳定的市场份额，因此物流行业新进入者的威胁较小。

2. 替代品的威胁方面。物流的重要性越发显著，像东京、苏宁、国美、海尔等大型企业都开始自建物流配送，它们拥有强大的品牌影响力、雄厚的资本优势和庞大的用户群体，将对德邦股份等传统物流企业产生一定替代威胁。

3. 同行业竞争者方面。2016 年起，"三通一达"、顺丰控股、百世集团、德邦股份等纷纷上市，物流行业价格战此起彼伏，竞争越发激烈。目前，国内的物流企业均是德邦股份的竞争对手，物流行业已成为红海。

4. 供应商的议价能力方面。物流行业的上游产业主要包括能源供应、运输设备、房产出租、快递包装用品等，供应较为丰富，物流企业通常对供应商具有较强的议价能力。

5. 购买者的议价能力方面。物流服务的购买者包括电商、零售、批发、个人等。购买者通常希望物流企业在保证服务质量的前提下压低价格。为应对激烈的市场竞争，物流企业通常需要压缩利润空间。

（二）SWOT 分析

1. 优势。德邦股份以直营为主，管控能力强，持续经营稳定，为维护客户权益等提供有力保障。根据德邦股份 2021 年年度报告，截至 2021 年年底，德邦股份拥有末端网点 9 127 个（其中直营网点 6 389 个，合伙人网点 2 738 个），已基本实现全国地级、区级城市的全覆盖，乡镇覆盖率达 94.5%。

2. 劣势。德邦股份采用差异化竞争战略，将大件快递作为业务重点，但因大件快递中转环节自动化程度较低、末端上门服务要求高等，其规模效益弱于传统小件快递业务，提高了成本控制难度。此外，德邦股份定位中高端市场，在行业平均单价持续下滑的趋势下，价格竞争能力偏弱。

3. 机会。随着电商行业的成熟和快递行业的迅猛发展，家电、家具、建材等大件快递商品的物流需求不断增加，而大件货物对收派服务、货物破损率及时效稳定性有更高的要求，因此德邦股份在大件快递市场有较大发展空间。

4. 威胁。"零担货运"（不够整车运输条件的货运）市场进入门槛相对较低，行业内小规模企业众多，且产品与服务同质化严重，市场竞争激烈、行业利润逐渐被削弱，德邦股份面临的不确定性增强。

上述案例中，通过定性分析，京东物流认定收购德邦股份有利于获取其完善的物流基础设施、客户群、网络及系统，从而获取一张覆盖全国的快运网络。

收购完成后，京东物流与德邦股份可以共享网络资源，进一步提升规模经济效应，扩充服务产品和客户群，并在一定程度上提高风险防范能力、抵御潜在竞争与威胁，带来长远战略利益。

二、协同效应

许多市场化的并购重组（特别是产业整合），收购方愿意付出更多的对价，主要是为了获取并购重组能够带来的经营、财务、管理等方面的协同效应。

但协同效应的价值通常难以准确计算，往往只能定性分析。

星湖科技（600866.SH）收购四川久凌制药科技有限公司（以下简称"久凌制药"）的过程中，详细分析了并购标的公司的协同效应，简要摘录部分内容如下。

（一）经营协同

1. 技术互补

本次交易完成后，上市公司与标的公司可以利用双方在生物发酵与化学合成方面的技术优势实现互补。

2. 产业链延伸

本次交易有助于上市公司与标的公司业务产业链的相互延伸，实现双方纵向经营的一体化。

3. 产品种类互补

本次交易完成后，上市公司医药中间体、原料药的产品种类将得到较大的丰富，在细分产品的共同领域如抗艾滋病中间体、心脑血管中间体或单个产业链上，可形成较强的市场竞争力，提升上市公司在细分市场中的知名度和市场占有率。

4. 区域协同

本次交易完成后，久凌制药成为上市公司的全资子公司，上市公司将实现华南、西南、东北三大区域的产业布局，实现区域协同。

5. 销售协同

本次交易完成后，一方面，久凌制药可凭借上市公司的销售优势和客户资源优势，积极开拓国内外市场，大力发展其 CMO 业务和多客户产品业务，实现与药企在研发、采购、生产等整个供应链的深度合作；另一方面，久凌制药服务的终端客户多为国际知名制药企业，上市公司可凭借久凌制药的相关销售渠道，加大新客户的开发力度，尝试与其建立长期战略合作伙伴关系。

6. 研发协同

本次交易的完成，有利于上市公司进行研发方面的布局和合作。一方面，上市公司可以通过其资金、资源、平台优势吸引人才，引进技术投入，进行产学研合作，帮助久凌制药快速提升其研发能力，完善研发体系；另一方面，上市公司本部的技术中心主要侧重生物工程、生物发酵技术的研发，而久凌制药计划建设的重庆研发中心将定位于有机合成、酶法合成、高端制剂生产技术，双方可以在新技术研发上相辅相成，从而研发出新技术、新产品。

（二）财务协同

1. 本次交易完成后，久凌制药将成为上市公司的全资子公司。一方面，久凌制药可凭借上市公司的影响力，更有效地获得银行等金融机构的资金支持；另一方面，上市公司可以通过股权、债权融资等方式获取资金，加大对久凌制药研发、生产等的直接投入，为其产能扩张、新产品的研究开发和市场拓展提供有力保障，进而快速提升久凌制药的生产能力、研发能力、业务规模和盈利能力。此外，通过本次交易，久凌制药预期可以获得部分配套募集资金，以便快速投入资本开展研发活动，进而提升企业综合竞争力和对企业长期健康发展起到促进作用。

2. 本次交易完成后，久凌制药将成为上市公司的全资子公司，其财务报表纳入上市公司合并范围，预期能够有效改善上市公司的经营状况，使其资产规模和收入规模进一步得到扩大，增强其盈利能力，有效提升其毛利率、净利率、净资产收益率、每股收益等财务指标，增加股东投资回报，实现上市公司的持续稳定发展。

（三）管理协同

本次交易完成后，上市公司将给予标的公司现有管理团队较为充分的授权和经营发展空间，同时将有针对性地协助久凌制药加强管理制度建设，进一步完善公司治理结构、内部控制制度以及业务流程，提高日常经营的效率，实现双方的管理协同。

上述案例中，星湖科技对收购久凌制药将预计能够实现的协同效应，进行了非常详尽的分析。其他并购重组操作方可以通过上海证券交易所检索该分析全文，并作为分析协同效应的参考范例。

想要协同效应切实落地，收购完成后，收购方需要调整组织架构、安排合适的人员并制定细致的制度等，使得标的公司逐步彻底融入收购方，以此确保并购前预计的各类协同逐步实现，最终实现整体协同效应。

第三节　用户数量估值

一、梅特卡夫定律

对于互联网或其他具有网络效应的企业（以下简称"互联网型企业"）而言，活跃用户数量通常能代表其真实价值，而非营业收入或者利润。

为此，以太网发明人、3Com 创始人罗伯特·梅特卡夫（Robert Metcalfe）提出了梅特卡夫定律，即互联网型企业的价值与其用户的平方成正比。

梅特卡夫定律的公式如下：

$V = K \times N^2$

其中：

V 代表企业价值；

K 代表价值系数；

N 代表用户数量。

梅特卡夫定律已经在大量互联网型企业的估值上得到了验证。

传化股份（002010.SZ，已更名为"传化智联"）在收购传化物流集团有限公司（以下简称"传化物流"）的过程中，在分析传化物流的价值时用到了梅特卡夫定律。

传化物流的运营平台包括公路港实体网络和互联网物流平台，具有较大的规模效应和网络效应，而企业账面记录的为各个公路港单体资产，账面难以体现网络价值，本次评估结果同时包含了有形资产及网络资源等无形资产的价值，也导致收益法评估结果与账面价值比较形成大幅增值。

根据梅特卡夫定律，互联网型企业的价值与用户数的平方成正比，用户数越多，企业价值越大。2014年，梅特卡夫利用 Facebook 的数据对该定律做验证，发现 Facebook 的收入和其用户数的平方成正比。中国有学者亦采用相同的方法，验证了腾讯的收入和其用户数的平方亦成正比。因此，梅特卡夫定律得到了市场的验证。

截至 2015 年 7 月末，传化物流 O2O 业务板块已发展司机会员达到60.41 万人，较 2015 年 3 月末的 43.26 万人增长 39.64%，司机会员增长迅速；根据合理推测，未来司机会员量将继续增长，到 2022 年预测司机会员达到 800 万人（其中易配货 600 万人、易货嘀 200 万人）；同时，实体公路港数量也由 2015 年 3 月末的 5 个增加至 2022 年的 70 个。随着用户数的大幅增长以及公路港网络的形成，根据梅特卡夫定律，传化物流的企业价值也将大幅提高。

上述案例中，收购方采用梅特卡夫定律，对物流行业的标的企业进行分析，较好地反映出标的企业的价值。梅特卡夫定律不止可以应用于互联网企业，还可以应用于其他具有网络效应的企业。

通过分析标的公司的网络效应，收购方可以在一定程度上了解其潜在价值，以便更合理地进行并购重组决策。

二、曾李青定律及修正

在梅特卡夫定律实际应用中发现，用户数量并非决定互联网型企业价值的唯一因素。互联网型企业的价值很大程度上还与用户之间的"距离"有关，而用户之间的"距离"具体分为连接时长、速度、界面和内容。

一般来说，互联网型企业提供的信息质量越高、数量越多、信息传输速度越快、用户连接时间越长、交互界面越易用，网络的价值越大。

由此，作为腾讯的创始人之一，曾李青提出了梅特卡夫定律改进版本，即曾李青定律，曾李青定律公式如下。

$$V = K * \frac{N^2}{R^2}$$

其中：

V 代表企业价值；

K 代表价值系数；

N 代表用户数量；

R 代表用户之间的"距离"。

后来曾李青定律在实际应用过程中，又被业内人士进一步通过平台活跃系数、数据变现因子与溢价系数等加以修正，修正后的曾李青定律如下。

$$V = \lambda * K * P * \frac{N^2}{R^2}$$

其中：

V 代表企业价值；

λ 代表平台活跃系数；

K 代表数据变现因子；

P 代表溢价系数；

N 代表用户数量；

R 代表用户之间的"距离"。

2023 年，中和资产评估（山东）有限公司和山东财经大学资产评估研究中心组队完成的数据资产评估案例《"跌跌"不休股价惨，数据撑起半边天——以快手科技的数据资产入表评估为例》，为修正后的曾李青定律相关系数的应用提供了参考，节选内容如下。

（一）注册用户数量（N）

快手发布的《2022 快手直播生态报告》显示，2022 年 Q3 快手直播日活跃用户渗透率已达近 80%，日活跃主播平均每天陪伴用户时长较 2021年平均水平提升了 30%。快手 2022 年财报显示，截至 2022 年 12 月 31 日，平均月活跃用户为 6.13 亿，因此注册用户数量 N 选取为 6.13 亿。

（二）网络节点距离（R）

本案例中，我们用视频播放量与点赞、转发、评论量之和的比值衡量高联通节点的占比程度，较低的转发量下较高的播放量意味着经由较少用户转发就实现了视频及直播的广泛传播，表示高联通节点数量越多，网络节点距离越短。受限于可收集数据，本案例中利用平均日活跃用户数量、每位日活跃用户日均使用时长及短视频平均时长（2分钟）计算短视频播放量。截至 2022 年 12 月 31 日，快手应用短视频和直播共获得了 5.9 万亿次点赞、1 034 亿条评论和 3 560 亿次转发量，每位日活跃用户日均使用时长为 129.2 分钟，平均日活跃用户数量为 3.557 亿。网络节点距离计算过程为：播放量 =（每位日活跃用户日均使用时长 × 平均日活跃用户数量 × 365）/3=（129.2×3.557×365）/3 ≈ 5.591（万亿次）

网络节点距离 R=1/（播放量 / 点赞、转发及评论量之和）=1/（5.591/6.36）≈ 1.138。

（三）平台活跃系数（λ）

《2023 中国网络视听发展研究报告》报告显示，截至 2022 年 12 月，短视频用户规模达 10.12 亿，同比增长 7 770 万，增长率为 8.3%，在整体网民中的占比为 94.8%。短视频用户的人均单日使用时长为 168 分钟，遥遥领先于其他应用。快手研报披露，截至 2022 年 12 月 31 日，快手每位活跃用户日均使用时长为 129.2 分钟，因此，平台活跃系数 λ 为：平台活跃系数 λ ＝用户在线活跃时间系数＝每位日活跃用户日均使用时长／每日使用短视频与直播总时间 =129.2/168=0.769

（四）数据变现因子（K）

本案例采用用户平均贡献值（ARPU）代表数据变现因子 K。快手主要收入来自线上营销服务、直播及其他服务（电商）。快手 2022 年财报显示，截至 2022 年 12 月 31 日，快手实现收入 941.825 亿元。因此，数据变现因子 K 为：数据变现因子 K＝ARPU＝年用户总现金贡献额／年付费用户数 =941.825/6.13 ≈ 153.64

（五）溢价系数（P）

本案例中将该行业中活跃用户量最高的企业溢价系数设置为 1，其余企业的溢价系数为：P=1/ 头部企业活跃用户数 × 待估企业活跃用户数。短视频与直播社交平台企业中，按平均日活跃用户数量计算，居第一位的平台为抖音。截至 2022 年 12 月 31 日，抖音平均日活跃用户数量达到 7 亿。快手位居第二，平均日活跃用户数量为 3.557 亿。因此溢价系数为：P=1/ 头部企业活跃用户数 × 待估企业活跃用户数 =1/7×3.557=0.508。

上述案例中，有关机构运用修正后的曾李青定律对快手进行评估，展示了互联网型企业的评估过程，其他并购重组操作方可以通过互联网检索文件全文作为借鉴。

另外，上述案例也从侧面也告诉我们，基于用户数量估值的相关方法具有较大的不确定性。实践中，需要谨慎确定各种评估方法的相关系数，并通过其他评估方法进行验证，在此基础上再进行合理运用。

第六章
并购重组整合

实践中，很多大型的并购重组因为整合问题而宣告失败，比如阿里巴巴收购中国雅虎、奔驰并购克莱斯勒、阿尔卡特并购朗讯、上汽集团并购双龙汽车等。

成功的并购重组需要做好文化整合、人员整合、机构整合、资产整合、财务整合、业务整合等全方位的整合。

第一节　文化整合

陶斯·佩林咨询公司（Towers Perrin）研究大量成功的企业并购案例后，得出了"成功的文化整合是并购成功一大重要因素"的结论。

一、企业文化差异

企业文化包括企业价值观、使命与愿景、领导风格、共同行为规范等方面。

（一）国内并购重组文化冲突

国内并购重组，往往因为地域、行业、产权、领导风格等的差异产生文化冲突。

携程收购去哪儿网在并购整合阶段的前期，因为双方巨大的企业文化差异而造成了强烈的冲突。

去哪儿网作为一家典型的北京互联网公司，讲求拼搏与狼性，更喜欢创新与变革；推崇通过投入占领市场与扩大规模，甚至可以不计得失，商业模式较为灵活。

携程则是一家上市多年、典型的上海老牌企业，作风稳重，重视家庭文化与员工归属感，节奏也相对缓慢；同时，携程推崇精细化管理——精确计算每个区域、每家酒店的盈亏损益，追求确定的商业模式，通过持续改善而精益求精。

差异如此巨大的两种企业文化碰撞在一起，彼此的误解无处不在。

比如，携程不能理解去哪儿网的北京员工的工资为何比上海员工高很多。原因是"北京互联网企业多，竞争激烈"，但去哪儿网觉得难以向对方解释。

收购前去哪儿网部分账目依然通过手工记录，很多应收账款在携程接手后较长时间才核算清楚，这对财务控制十分严格的携程而言，简直难以想象。

奉行精细化管理的携程希望"少花钱多办事"，去哪儿网则对此感到苦恼。

另外，去哪儿网喜欢比较直接的沟通文化，但携程下达指令或者表达异议时，出于尊重，可能会使用模棱两可的表述，这让去哪儿网感到疑惑，甚至出现误解。

如此痛苦的磨合持续了两年多，去哪儿网的许多酒店销售人员跳槽去了美团酒旅，并带走了大量客户。

后来，携程委派了新的去哪儿网 CEO 陈刚并采取了大量务实的措施，最终又用了两年多的时间才逐步消除双方的企业文化差异。

上述案例中，因为未能有效重视双方存在的企业文化差异，并制定切实有效的措施消除这些差异，携程与去哪儿网的整合走了许多弯路。

企业文化差异不仅存在于跨境并购，国内并购重组同样可能产生企业文化冲突。并购重组前，需要提前了解双方企业文化差异，并制定合理的措施积极整合双方企业文化。

（二）跨境并购重组文化冲突

跨境并购存在"七七定律"——70% 的并购未能实现预期商业目标，而其中 70% 的原因为并购后文化整合的失败。

跨境并购重组则往往因为历史渊源、传统观念、民族文化、宗教信仰、思维方式等的差异产生文化冲突。

TCL 并购法国汤姆逊是由文化冲突导致并购整合失败的典型案例。

2004 年 8 月，TCL 集团和法国汤姆逊集团正式签订协议，重组双方的彩电和 DVD 业务，组建全球最大的彩电供应企业——TCL 汤姆逊电子公司（以下简称"TTE"），其中汤姆逊持股占比 33%，TCL 持股占比 67%。

对此次并购重组，当时双方都寄予厚望——在此之前，TCL 集团虽然已经是亚洲彩电市场最强厂商之一，但国内竞争白热化，亟须通过并购欧美知名品牌进军国际市场；同时，汤姆逊以传统 CRT 彩电与背投彩电生产开发为主业，产品在市场上逐渐没落，需要一家稳定而优秀的合作伙伴协助其进行战略转型。

但此次并购重组并未实现预期效果，并购完成后的第二年（2005 年），TTE 出现巨额亏损，并导致 TCL 集团整体亏损。

TCL 并购汤姆逊失败，除了缺乏并购战略、没有通过整合获得协同效应等原因外，最主要的是跨文化整合的不利，最终导致合资公司经营失败。

1. 东西方文化差异导致双方管理和工作方式差异巨大。欧美员工一般将工作和生活严格分开，很难接受加班。TTE 的新产品在欧洲市场上市时，中方高管的全力以赴与欧洲员工的"散漫"形成鲜明对比，最终延误了新产品上市的时机。

2. 在自我意识方面，中国的"集体主义"和欧美的"个人主义"差异明显。在工作环境中，大部分中国人更愿意将自己视为集体中的一员，普通员工更愿意接受领导的权威，而法国人更加注重个体的主动性、责任感和权益归属。

3.TCL 以业绩为导向，在鼓励企业家精神的文化氛围下培养出一批积极进取的管理人员，并安排到 TTE 的关键岗位。结果，这些中方管理人员被认定为"独断专行"而与法国员工产生巨大冲突。

上述案例中，因为未能重视双方存在的巨大文化差异，TCL 并购法国汤姆逊最终以失败告终。

该案例的失败给我们带来了很多启示，也为后续其他国内企业的跨境并购提供了宝贵的经验。成功的文化整合，通常离不开以下四方面的工作。

1. 重视文化差异研究

文化差异的深层次原因在于对基本问题的观点、价值观或者角度的不同，这些差异很容易造成沟通不畅，进而产生冲突，但合理利用这些差异也可以给企业带来新的活力，实现优势互补，不断创新。

企业在决策并购重组时就需要了解对方的文化，提前研究双方的文化差异并判断文化整合的可行性、方式与成本。

2. 强化文化整合组织

企业应设立文化整合团队，负责双方的文化冲突及整合管理，整合团队可由双方选派有企业文化管理经验与具备影响力的人员组成。

文化整合团队需要考虑文化整合的目标、推进计划、可利用资源，并在此基础上建立沟通的规范、确定处理冲突和情绪的方式等。

3. 加强文化整合培训

培训可以增进对彼此之间文化的了解，建立相互理解和信任的关系，具体包括树立跨文化和多元化文化意识，克服文化偏见，学会尊重对方文化，建立共同的价值观，并正确认识市场和促进企业本土化等。

4. 制定稳定的人事政策

留住和稳定人才以减少并购重组导致的人员震荡，是文化整合至关重要的内容。

并购重组后应该制定稳定的人事政策和详细的人才留任措施，给相关人才继续发展的机会和更好的待遇预期，使留任人员有足够的动力继续努力工作。

二、文化整合方式

（一）注入模式

"注入模式"也称"移植模式"。当并购双方"强弱分明"时，若收购方的优势文化若容易获得被收购方的认同，就能发挥主导作用。

在该模式下，收购方通过适当的方式与手段，强行将其企业的强文化导向被收购企业，从而取代被收购企业的弱文化。

关于运用注入式文化整合模式，海尔集团一直是成功的典范。

海尔集团在并购过程中提出"吃休克鱼"的独特思路，在并购经营不善的企业后强力注入自身文化，使其扩张之路取得了极大成功。

以 1995 年海尔集团并购红星电器为例。收购红星电器第二天，海尔集团副总裁杨绵绵就带领企业文化、资产管理、规划发展、资金调度和咨询认证五大中心的人员，到达红星电器公司，开始贯彻和实施"企业文化先行的战略"。至此，"敬业报国，追求卓越"的海尔精神，就开始同化红星电器全体员工。

随后，张瑞敏亲自前往红星电器，向中层干部们讲述他的经营心得，解释"80/20 管理原则"，灌输"关键的少数决定非关键的多数"的"人和责任"的理念，讲解关于解决例行问题和例外问题要用不同方法的"法约尔跳板原则"，并引用中华民族的古训"才者，德之资也；德者，才之帅也"，唤起红星电器广大中层干部的进取心，鼓起他们奋发向上争一流的风帆。

张瑞敏进而从分析企业亏损引申出海尔 OEC 管理，要求大家从我做起，从现在做起，从我出成果，从今天出成果，全方位地对每天、每人、每件事进行清理、控制，日事日毕，日清日高。

最终，此次并购完成后三个月，红星电器实现了扭亏为盈。

上述案例中，海尔集团通过并购经营不善的企业并注入自身优秀的企业文化，取得了极大的成功，可见注入式文化整合模式特别适合"强弱分明"的并购重组。

注入式文化整合模式的效率较高且效果明显，但通常会强烈冲击被并购企业员工的思想，从而增加整合失败的风险。

并购重组后，收购方需要非常慎重地采用强势的文化注入模式，特别是牵涉跨境并购时。如果收购方确定采用文化注入模式，需要了解双方可能产生的文化冲突及潜在影响，并提前制订好各种应对方案。

（二）融合模式

"融合模式"也称"渗透模式"。如果并购双方实力基本相当，企业文化虽然存在差异，但整体上都积极进取，具有凝聚力。此时，两种优秀文化可以互相补充、渗透与融合，最终达成文化共识，构造出新的文化体系。

融合模式要求并购双方相互尊重、积极交流、求同存异、循序渐进，并做好长期适应与融合的准备，从而降低文化冲突对企业稳定经营的冲击。

联想收购 IBM 个人电脑（PC）业务，采取了文化融合模式。

2005 年 5 月，联想完成对 IBM 个人电脑业务的收购，成为全球第三大 PC 厂商。

2006 年，联想董事长杨元庆指示内部沟通部门，在内部开展形式多样的活动，履行文化沟通的职责。

在此指示下，联想开展了"文化鸡尾酒"活动——当时的联想，面临着东西文化和思想的冲撞、沟通和交融，正如一杯五彩斑斓的鸡尾酒。

通过内部网络、高管访谈以及线下沙龙等文化活动，联想所有员工对中西文化有了更深层次的了解，促使并购双方"取其精华，去其糟粕"。

在此基础上，联想提炼出双方认可的价值理念，并在很多方面达成了共识。正是这种相互渗透、融合的文化整合，使得双方的业务流程再造得以顺利进行。

上述案例中，联想通过各种内部文化活动，逐渐与对方达成共识，最终实现了文化融合，为其他跨境并购提供了良好的参考。

共同的利益目标是许多并购重组实施的原动力，也是双方消除文化差异的基础，需要在文化整合过程中牢牢把握。

（三）自主模式

"自主模式"又称"分离模式"，即两种文化各自保持独立而不进行融合，双方除了少量必要的文化接触外，被并购方有经营自主权。跨行业并购或者跨国并购往往是适用自主模式的典型场景。

自主模式保持被收购方的文化自立，减少了双方接触的机会，从而有助于缓和双方的关系，避免产生强烈的文化冲突。

自主模式能够出现往往基于收购方具有较强的文化包容性（多元文化属性），同时被并购方的企业文化有很强的吸引力，员工不愿接受收购方的企业文化。

当年，通用电气控股日本五十铃公司后，并未向五十铃公司输入其企业文化，而是采用文化分离模式，从而避免了双方可能产生的冲突。

但自主模式往往仅是权宜之计，大部分企业在重组完成后，会逐步消除企业间的文化分歧，最终调整并重塑被收购方的企业文化。

（四）反向同化模式

"反向同化"是指被收购方将收购方的企业文化同化的特殊整合模式。当收购方与被收购方分别拥有资金实力与文化实力时，尽管收购方实现了对被收购方资产的兼并，但在文化上可能会被其反向同化。

实践中，财务投资公司在并购实业公司后，往往需要接受实业公司的运作模式和文化特质；民营的家族企业收购了正规的现代化公司后，往往需要按照被收购方现代化公司的经营管理模式和运作思路进行经营管理。

上文仅列举了文化整合的经典模式。实践中，因为收购双方行业、规模、文化、风格等的不同以及并购目的差异，还会有"嫁接模式"（收购方根据被收购方的情况向其嫁接自己的核心文化）、"过渡模式"（由"自主模式"逐步过渡到"融合模式"或者"注入模式"）、"破坏模式"（收购方强力破坏被收购方现有的比较消极的企业文化并由其自由建立新的企业文化）等其他多种文化整合模式，在此不再一一展开。

第二节　人员整合

除非并购重组单纯是为了获取资产，否则所有并购重组基本都会面临人员整合问题。在某种程度上，并购重组的整合很大程度上就是人的整合。

一、人员评估

虽然并购重组整合的核心是维稳，但并购重组往往是为了变革与转型，不能在整合中单纯地维稳，而需要对人员进行评估筛选，并在此基础上区分留用与辞退人员，而不能无差别地对待所有员工。

人员评估包括岗位、工作经历、工作风格、工作失误、优点、缺点、成长潜力、发展需求、激励措施、新岗位适应性等，最终将员工区分为必须留用、可以留用、去留皆可、应该辞退等四种类型。

二、领导团队确定

领导团队的候选人可以来源于收购方、被收购方或者外部招聘。

来源于收购方的候选人通常可以更好地落实并购目的、执行并购方案和文化整合等；来源于被收购方的候选人比较了解被收购方的情况，更有利于稳定实施并购整合；来源于外部招聘的候选人则往往可以为被收购方建立新的核心能力。

为了减少并购重组整合中的人为阻力，领导团队来源往往需要兼顾收购方与被收购方，并按照一定人员比例配置。另外，很多情况下在领导团队中需要设定一些过渡性或临时性岗位，以提高并购重组整合的效率。

三、关键人员留用

收购方对关键人员的留用已成为整合成功的重要标志之一。而关键人员的重要性通常可以通过核心竞争力的贡献程度和失去后的损失程度两方面衡量。

确定关键人员后，应尽快与拟留用人员进行沟通，说明并购重组意图、新企业发展规划、有关岗位的重要性及其职业发展方向等，通过沟通了解拟留用人员的需求（如岗位权利与职责、薪酬待遇等），并在条件允许的范围内尽量满足他们的需求。之后，与拟留用人员签订新的劳动合同，做好股权激励的合理安排。

携程收购去哪儿网与滴滴收购优步中国，可以分别作为关于关键人员留用的负面典型案例与正面典型案例。

（一）携程收购去哪儿网

携程当年通过换股方式收购去哪儿网后的人员整合出现了不少问题。

双方签订收购协议后 3 个月内，作为去哪儿网高层的 CEO（首席执行官）、CFO（首席财务官）、COO（首席运营官）、CTO（首席技术官）全部离职。

这与双方此前多年的激烈竞争有关，但未对去哪儿网主要管理层的股份置换与股权激励进行延期安排也是很重要的原因。

（二）滴滴收购优步中国

相较于携程收购去哪儿网，滴滴收购优步中国对员工的安排更加合理。

在合并宣布的当晚，优步中国在北京召开全体员工会议，公布了"合并完成现金奖励"方案：优步中国的员工在合并后，可获得 6 个月基本月

薪 +6 个月可归属的股票价值的合并完成现金奖励（Close Bonus）。获得奖金的必要条件是到奖金发放之时，员工仍保持与滴滴或优步中国的雇佣关系。

上述政策确保了优步中国员工的稳定性，最终实现了优步中国的平稳过渡。

上述两个案例中，对关键人员的重视程度和留用策略的差异，造成了完全不同的结果，为我们提供了宝贵的经验。

关键人员的留用往往很大程度上决定整合的成功，需要收购方高度重视并提前做好合理的处理方案。

四、冗余人员处理

并购重组整合过程中，分流与辞退冗余人员是至关重要的一步，也往往是整合中阻力最大的一环。

通常情况下，冗余人员的处理需要分四步走：（一）考虑组织结构、部门职能以及人员配备需求；（二）了解国家和地方相关规定，确定分流与辞退相关方案及费用标准；（三）识别分流和辞退对象并评估由此产生的负面影响；（四）通过内部审议确定后，提前做好准备工作并指定专人处理。

第三节　机构整合

一、确定关键活动

通常情况下，并购重组完成后，被收购方需要根据收购方的要求调整发展战略，并在此基础上确定实现新战略所需要开展的关键活动。

比如并购重组完成后，收购方对被收购方的定位，仅为按照收购方的要求进行产品加工，那么被收购方的关键活动就往往仅剩下生产制造。

二、拆分不同单元

确定关键活动之后，被收购方需要将日常经营活动拆分成不同单元，并按照新单元对应设置不同的岗位。

三、组合业务流程

被收购方将拆分出来的单元按照业务开展需要进行组合，调和各单元之间的关系，并结合关键人员的强项重新整合为新的业务流程及机构。

实践中，跨界并购往往会保留被收购方完整的机构配置，并通过人力协同、财务管控、内部审计等进行日常管理与提供支持；很多产业并购则往往倾向于统一采购、销售、研发等部门设置，以实现业务协同。

在并购双方实力相当或者各有优势的情况下，收购方与被收购方通常都面临根据整体发展战略重新确定关键活动、拆分不同单元和组合业务流程的挑战。

2015 年，美团与大众点评的合并可谓"势均力敌"合并的机构整合的典范。

美团是具有强大执行力的互联网创新企业，强项是交易（团购），主力区域在二、三、四线城市，作为其优势业务的餐饮、电影的典型特征为高频、低客单价；大众点评是具有强大点评信息竞争壁垒的企业，强项是信息（评论），主力区域在一、二线城市，其在婚庆、展会等方面具备优势，相关业务的典型特征为低频、高客单价。

美团与大众点评合并后未采用此前互联网合并经常采用的联席制，而改用了两方创始人分别出任董事长与 CEO 的方式——大众点评创始人张涛将担任新公司董事长、美团创始人王兴担任新公司 CEO。

同时，新公司在机构设置上沿用了美团此前的"T 形战略"。因为采用"T 形战略"的美团，在外卖、酒店、电影等细分垂直领域内均处于行业龙头或领先地位。这种情况下，保持美团原有架构显然是最佳选择。

根据 2015 年 11 月 10 日王兴发送的内部邮件，双方完成合并后，调整与整合后机构设置如下。

（一）设立平台事业群，负责点评用户平台、美团用户平台、POI 信息平台、搜索平台、商户平台等，负责全公司的市场营销平台，用户体验设计平台等。任命郑志昊为平台事业群负责人。

（二）设立到店餐饮事业群，负责餐饮团购、闪惠买单，预订、选菜、点单，餐饮商户广告，以及公司品牌广告等业务。任命干嘉伟为到店餐饮事业群负责人。

（三）设立到店综合事业群，负责结婚、亲子、家装、丽人、KTV、休闲娱乐等行业的深耕细作。任命吕广渝为到店综合事业群负责人。

（四）设立外卖配送事业群，负责外卖、配送等业务。任命王慧文为外卖配送事业群负责人。

（五）设立酒店旅游事业群，负责酒店住宿、景点门票、周边游等业务。任命陈亮为酒店旅游事业群负责人。

（六）设立猫眼电影全资子公司，负责电影行业的 O2O 拓展。任命沈丽为猫眼电影全资子公司负责人。

（七）设立广告平台部，负责建设公司统一广告服务平台。任命陈烨为广告平台部负责人。

（八）设立客服平台部，负责全公司客户服务体系及平台建设，由陈亮兼管。

（九）设立技术工程及基础数据平台，负责公司云平台、数据平台、基础架构、运维平台及服务、信息安全、工程质量等。任命罗道锋为负责人，罗道锋同时兼任到店餐饮事业群技术负责人。

（十）设立战略及企业发展平台，负责公司战略发展、投资并购等。任命陈少晖为负责人。

（十一）设立财务平台，由公司董事、CEO 高级顾问叶树蕻担任代理 CFO。

（十二）设立人力资源及服务保障平台，包括人力资源、行政、采购、政府事务、公共关系、监察、法务、企业 IT 等，由姜跃平、穆荣均协同分工负责。

上述案例中，美团与大众点评良好的机构整合确保了合并的顺利实施。双方从宣布合并到完成机构整合仅用了一个月的时间，成为中国互联网最成功的并购案例之一，为我们树立了良好的榜样。

第四节　资产整合

一、流动资产整合

流动资产包括货币资金、交易性金融资产、应收款项、存货等。

并购重组整合过程中，需要分析流动资产的组成和质量，剥离不良流动资产，重新分布各流动资产项目的比例，加快流动资产的周转速度并提高收益率。

实践中，比较常见的流动资产整合是统一收购方与被收购方的资金管理，并在此基础上重新审视公司的信用政策、银行贷款等，以实现资金管理最优化。

二、固定资产整合

固定资产包括房屋及建筑物、机器设备、电子设备、运输设备等。

固定资产整合首先需要识别和区分优质资产与不良资产，前者应该予以吸收整合，后者则往往需要剥离。

之后，需要掌握收购方与被收购方的固定资产的位置、状态、功能等，并在此基础上进行整体筹划，比如整合办公场所、调整车间布局、调配运输设备等，以实现固定资产的高效使用和成本优化。

三、无形资产整合

无形资产包括专利权、专有技术、商标权、著作权、土地使用权、特许权等，甚至还可以包括政府关系、知识资源、管理能力等。

实践中，比较常见的无形资产整合为收购方与被收购方核心技术和商标权的共用以及土地使用权的统一筹划等。

扬州天富龙集团股份有限公司（以下简称"天富龙"）在 IPO 前进行了大量并购重组并完成了资产整合。

天富龙在 IPO 前收购了仪征威英化纤有限公司、上海拓盈国际贸易有限公司等大量关联企业。

收购完成后，天富龙梳理并编制了各家子公司的房屋建筑物、土地、机器设备、专利、商标、软件著作权等资产的明细清单和台账，对资产进行统一管理，并利用各公司现有技术优势和细分市场竞争优势扩大公司涤纶短纤维业务的发展，提高各项资产的使用效率，扩大公司业务规模，提高经营业绩。

第五节　财务整合

一、制度体系整合

做好财务管理制度体系的良好整合，才能确保被收购公司的有效运行和并购重组整体整合的成功。

（一）财务组织机构与职能的整合

财务组织机构的设置应该以精简、高效为准绳，杜绝岗位重叠，避免人力与物力的浪费和工作的低效。

此外，财务组织机构的设置还需要与集权和分权的程度匹配——被收购方财务管理机构的设置，应与其享有的财务管理职权和承担的责任相适应。

（二）财务管理制度的整合

财务管理制度的整合涵盖投融资管理、货币资金管理、应收账款管理、存货管理、固定资产管理、成本管理等领域。

并购重组后，收购方应当根据集团整体利益和目标来选择与制定财务管理制度，而不能仅仅考虑单个企业的现状与诉求。

二、核算体系整合

良好的会计核算体系整合，能确保财务制度体系统一，从而确保收购方及时、准确地获取被收购方信息，并在此基础上统一双方的绩效评价口径。

收购方想要实现并购双方业务的融合，就需要实现双方凭证管理、记账核算、成本核算、审核监督、会计制度等的统一。

三、内部控制整合

内部控制包括授权控制、审批控制、预算控制、财产保护控制、资金运用控制、会计系统控制、内部报告控制等方面。

并购重组完成后，收购方需要尽快实现双方内部控制的统一协调，从而实现风险控制和优化资源使用的效果。

四、公司权责整合

为了确保对被收购方的有效控制，收购方通常会进行统一领导、分级管理，并确保每个责任单位权责相匹配。

权责整合应该根据权责范围，划分为"利润中心""成本中心"和"投资中心"等。梯度明确的权责机制，是有效的财务整合以及公司持续稳定经营的保证。

统一股份（600506.SH）2021年收购统一石油化工有限公司（以下简

称"统一石化")后，进行了有效的财务整合。

交易完成后，统一石化成为上市公司的全资子公司，被纳入上市公司的管理体系，严格执行上市公司在财务制度、内控制度、资金管理制度、审计制度、信息披露制度等相关财务制度方面的要求。

同时，统一股份统筹考虑统一石化在经营活动、投资、融资等方面的具体需求，充分发挥上市公司在融资方面的优势。

第六节　业务整合

一、横向并购

在横向并购情况下，收购方与被收购方之间通常可以推进全方位的业务整合，包括供应链整合、研发整合、生产整合、销售渠道整合、客户管理与售后服务整合等，从而获取低成本优势以提升市场竞争能力。

携程收购去哪儿网，经历了前期的整合不力与人员动荡，而在陈刚接任去哪儿网 CEO 后，双方先进行了业务整合。

携程与去哪儿网，将双方庞大的酒店采购团队精简整合为一个中立的供应链团队。

携程和去哪儿网有相关需求时，都需要独立地与供应链团队沟通，从而保证了携程与去哪儿网在谈判地位上的平等。

另外，双方也可以借此将各自的弱势补齐。例如，当携程的低星酒店销售乏力时，可以请去哪儿网协助销售。

最终，携程与去哪儿网的业务整合取得成功，为文化与人员整合等奠定了基础。之后，双方逐步完成其他方面的整合，步入正轨。

二、纵向并购

在纵向并购情况下，收购方与被收购方通常可以实现双方更高程度的

"采销一体化"，从而把市场交易行为内部化，提升产业链的控制能力，将企业间的竞争转变为产业链间的竞争。

笔者曾经参与操作的索菱股份（002766.SZ）收购上海三旗通信科技有限公司（以下简称"三旗通信"）和武汉英卡科技有限公司（以下简称"英卡科技"）属于纵向并购业务整合的典型案例。

收购前，索菱股份主营车载 CID 系统，以硬件研发和设计为主；三旗通信作为通信行业知名企业，具有较强的通信技术研发能力和产品方案设计能力；英卡科技具有较强的平台级软件及车联网产品设计和研发能力。

收购完成后，索菱股份整合三旗通信、英卡科技研发力量，提高研发的效率和产品成果转化率；同时，在海外业务上，索菱股份通过与三旗通信、英卡科技的协同合作，深化开展海外的智能公交以及网约车等车联网业务。

上述案例中，索菱股份通过纵向并购，最终形成车联网"软件＋硬件＋运营平台"的全产业链经营模式，成为车联网平台运营商，在更全面地提供服务的同时深入挖掘产业链价值，促进业务的快速发展。

三、混合并购

在混合并购情况下，收购方与被收购方可以探索通过各种方式实现双方资源的互补，以创造增量价值，但可能因为跨界业务整合不利而导致失败。

阿里巴巴对银泰百货的混合并购可以作为跨界业务整合失败的典型案例。

2014—2017 年，阿里巴巴从战略投资到最终彻底收购了主要在线下进行实体零售的银泰百货。

从阿里巴巴对银泰百货战略投资一直到收购完成，双方先后合作推出了喵街（银泰百货线上 App）、银泰宝（电子会员卡）、生活美学馆（家居行业全自助式购物门店）、IncollecTion（潮包新零售设计师品牌集合店）、银泰云店（银泰百货数字化平台）等一系列线上线下融合的业务，但实际效果未及预期

2024年12月，阿里巴巴发布公告称将对外转让银泰百货全部股份。

上述案例中，通过与阿里巴巴的跨界业务整合，银泰百货实现了一定的数字化转型，但整体未能实现预期效果。

实践中，过半数并购重组因为整合不力而最终失败。历史经验反复告诉我们，并购重组普遍存在着"买卖容易，整合困难"的问题，需要高度重视。

并购重组整合是一项浩大的工程，需要在并购重组决策阶段就进行筹划，选取合适的并购标的与并购时机；并在尽职调查、方案设计阶段做好准备工作，充分了解对方的实际情况并设计合理的并购方案；在整合启动前制定明确的整合战略和实施步骤，最终采取合理有效的措施，有条不紊地完成并购重组整合工作。

第七章
并购重组财税问题

第一节　并购重组财务核算

《企业会计准则》将并购重组划分为"同一控制下的合并"和"非同一控制下的合并"，并规定了差异化的财务核算方式。

一、同一控制下的合并

（一）同一控制下的企业合并

1.同一控制下的企业合并的概念

根据《企业会计准则第 20 号——企业合并》，参与合并的企业在合并前后均受同一方或相同的多方最终控制且该控制并非暂时性的，为同一控制下的企业合并。

实践中，同一控制下的企业合并比较常见，三个典型案例如下。

（1）2023 年，中材国际（600970.SH）收购了合肥水泥研究设计院有限公司、合肥水泥研究设计院（以下简称"合肥院"）。并购重组前后，中材国际与合肥院均受中国建材集团有限公司控制，本次交易构成同一控制下的企业合并。

（2）2023 年,华锡有色(600301.SH)收购了广西华锡矿业有限公司(以下简称"华锡矿业"）。并购重组前后，华锡有色与华锡矿业均受广西北部湾国际港务集团有限公司控制，本次交易构成同一控制下的企业合并。

（3）2024年，中直股份（600038.SH）收购了昌河飞机工业（集团）有限责任公司（以下简称"昌飞集团"）、哈尔滨飞机工业集团有限责任公司（以下简称"哈飞集团"）。并购重组前后，中直股份与昌飞集团、哈飞集团均受中国航空工业集团有限公司控制，本次交易构成同一控制下的企业合并。

2. 同一控制下的企业合并的初始计量

根据《企业会计准则第20号——企业合并》，合并方在企业合并中取得的资产和负债，应当按照合并日在被合并方的账面价值计量。合并方取得的净资产账面价值与支付的合并对价账面价值（或发行股份面值总额）有差额的，应当调整资本公积，资本公积不足冲减的，调整留存收益。

合并方为进行企业合并发生的各项直接相关费用，包括为进行企业合并而支付的审计费用、评估费用、法律服务费用等，应当于发生时计入当期损益。

为企业合并发行的债券或承担其他债务支付的手续费、佣金等，应当计入所发行债券及其他债务的初始计量金额。企业合并中发行权益性证券发生的手续费、佣金等费用，应当抵减权益性证券溢价收入，溢价收入不足冲减的，冲减留存收益。

3. 同一控制下的企业合并的合并报表

根据《企业会计准则第33号——合并财务报表》，母公司在报告期内因同一控制下企业合并增加的子公司以及业务，应当调整合并资产负债表的期初数，应当将该子公司以及业务合并当期期初至报告期末的收入、费用、利润或者现金流量纳入合并利润表或者合并现金流量表，同时，应当对比较报表的相关项目进行调整，视同合并后的报告主体自最终控制方开始控制时点起一直存在。

另外，根据《〈首次公开发行股票并上市管理办法〉第十二条发行人最近3年内主营业务没有发生重大变化的适用意见——证券期货法律适用意见第3号》（证监会公告〔2008〕22号）：重组属于《企业会计准则第20号——企业合并》中同一控制下的企业合并事项的，被重组方合并前的净损益应计入非经常性损益，并在申报财务报表中单独列示。

以2015年9月笔者参与操作完成的红阳能源（600758.SH，已更名为"辽宁能源"）收购同一控制下的沈阳焦煤股份有限公司（以下简称"沈阳焦煤"）为例。

在编制2015年财务报表时，红阳能源按照同一控制下企业合并的要求编制了2014年和2015年的财务报表，并将沈阳焦煤2014年度的亏损7 594.97万元和2015年1—9月的亏损26 013.88万元计入了非经常性损益（子科目为"同一控制下企业合并产生的子公司期初至合并日的当期净损益"）。

（二）同一控制下的业务合并

实践中，同一控制下的企业合并还存在特殊形式——收购方未收购标的公司的股权，而是收购了标的公司的相关资产并且相关资产组合在一起具有投入、加工处理过程和产出能力，能够独立计算其成本费用或所产生的收入（构成一项完整的业务）。这种情况下，收购方收购相关资产构成同一控制下业务合并，从而需要参考同一控制下企业合并进行会计处理。

实践中，同一控制下的业务合并的数量相对较少，两个典型案例如下。

1. 2019年，壹连科技（301631.SZ）收购了控股股东深圳市王星实业发展有限公司（以下简称"王星实业"）生产线束业务相关的机器设备、存货等经营性资产，同时承接其客户资源并聘用相关人员。后续编制财务报表时，壹连科技将此项交易作为同一控制下的业务合并，对相关财务数据进行了追溯调整。

2. 2022年，厦钨新能（688778.SH）通过全资子公司厦门厦钨氢能科技有限公司收购了控股股东厦门钨业（600549.SH）贮氢合金材料业务及相关资产。后续编制财务报表时，厦钨新能将此项交易作为同一控制下的业务合并，对相关财务数据进行了追溯调整。

（三）关于"同一控制"的把握标准

1. 关于"控制方式"的把握标准

根据《企业会计准则实施问题专家工作组意见》（第 1 期）的解释，通常情况下，同一控制下的企业合并是指发生在同一企业集团内部企业之间的合并。除此以外，一般不作为同一控制下的企业合并。

但实践中，自然人股东直接控制的公司之间的并购重组，有许多 IPO 与新三板挂牌企业按照同一控制下的企业合并进行财务核算，并最终成功通过审核。

统联精密（688210.SH）收购泛海统联科技有限公司、尤安设计（300983.SH）收购尤埃（上海）工程设计顾问有限公司以及笔者曾经参与操作的万方人才（872813.NQ）收购万方经济交流株式会社（日本）、内蒙古万方劳务信息咨询有限公司和远航高新（873435.NQ）收购青岛科耐特智能科技有限公司等，标的公司都由自然人直接持股。上述交易均按照同一控制下的企业合并进行财务核算，并最终顺利完成了 IPO 上市或者新三板挂牌。

根据上述案例，相关各方通常无须过度在意合并双方是否属于同一企业集团。在合并双方均由同一实际控制人控制的情况下，将并购重组认定为同一控制下合并，通常均能够获得监管机构的认可。

2. 关于"控制时间"的把握标准

根据《企业会计准则第 20 号——企业合并》应用指南，（同一控制下的企业合并要求的）控制并非暂时性，是指参与合并的各方在合并前后较长的时间内受同一方或相同的多方最终控制。较长的时间通常指 1 年以上（含 1 年）。

成都高速公路股份有限公司（以下简称"成都高速"）IPO 报告期内

收购四川成名高速公路有限公司（以下简称"成名高速"）是"同一控制下的企业合并"中关于控制时间把握标准的典型案例。

2019 年 5 月，成都高速的控股股东成都高速公路建设开发有限公司（以下简称"成高建设"）从独立第三方受让了成名高速 100% 的股权；2019 年 12 月，成都高速从成高建设受让成名高速 51% 的股权；IPO 申报时，成都高速将其 2019 年 12 月收购成名高速认定为同一控制下的企业合并。

IPO 审核过程中，上交所明确要求成都高速说明其将受让成名高速 51% 的股权"认定为同一控制下企业合并的依据，是否满足《企业会计准则第 20 号——企业合并》及其应用指南关于'控制并非暂时性'的要求，是否应认定为非同一控制下企业合并，相关会计处理是否准确"。

对上述问题进行回复时，成都高速将相关交易调整为按照非同一控制下企业合并进行会计处理，并披露原因为"由于成名高速 51% 股权被转让给成都高速前，受成高建设控制的时间短于 1 年"。

实践中，合并方需要根据《企业会计准则第 20 号——企业合并》及其应用指南关于"控制并非暂时性"的要求，判断并购重组是否属于同一控制下的企业合并。

此外，如果合并一方成立时间短于 1 年，但其自成立之日起就与对方属于同一控制，将双方的合并认定为同一控制下的企业合并，通常能够获得监管机构的认可。

二、非同一控制下的企业合并

（一）非同一控制下的企业合并的概念

根据《企业会计准则第 20 号——企业合并》，参与合并的各方在合并前后不受同一方或相同的多方最终控制的，为非同一控制下的企业合并。

实践中，绝大部分并购重组属于非同一控制下的企业合并，相关案例较多。

2022 年，东望时代（600052.SH）收购重庆汇贤优策科技有限公司；2023 年，新农开发（600359.SH）收购阿拉尔新农乳业有限责任公司；2024 年，唯万密封（301161.SZ）收购上海嘉诺密封技术有限公司 51% 的股权。这些都因为交易前各方无关联关系，构成非同一控制下的企业合并。

（二）非同一控制下的企业合并的初始计量

根据《企业会计准则第 20 号——企业合并》，购买方应当区别下列情况确定合并成本：（1）一次交换交易实现的企业合并，合并成本为购买方在购买日为取得对被购买方的控制权而付出的资产、发生或承担的负债以及发行的权益性证券的公允价值。（2）通过多次交换交易分步实现的企业合并，合并成本为每一单项交易成本之和。（3）购买方为进行企业合并发生的各项直接相关费用也应当计入企业合并成本。（4）在合并合同或协议中对可能影响合并成本的未来事项做出约定的，购买日如果估计未来事项很可能发生并且对合并成本的影响金额能够可靠计量的，购买方应当将其计入合并成本。购买方在购买日对作为企业合并对价付出的资产、发生或承担的负债应当按照公允价值计量，公允价值与其账面价值的差额，计入当期损益。

根据财政部会计司编制的《企业会计准则讲解（2010）》，合并各方在合并协议中约定，根据未来一项或多项或有事项的发生，购买方通过发行额外证券、支付额外现金或其他资产等方式追加合并对价，或者要求返还之前已经支付的对价。购买方应当将合并协议约定的或有对价作为企业合并转移对价的一部分，按照其在购买日的公允价值计入企业合并成本。根据《企业会计准则第 37 号——金融工具列报》《企业会计准则第 22 号——金融工具确认和计量》以及其他相关准则的规定，或有对价符合权益工具和金融负债定义的，购买方应当将支付或有对价的义务确认为一项权益或负债；符合资产定义并满足资产确认条件的，购买方应当将符合合并协议约定条件的、可收回的部分已支付合并对价的权利确认为一项资产。购买日后 12 个月内出现对购买日已存在情况的新的或者进一步证据而需要调整或有对价的，应当予以确认并计入合并商誉的金额进行调整。其他情况下发生的或有对价变化或调整，应当区分以下情况进行会计处理：或有对价为权益性质的，不进行会计处理；或有对价为资产或负债性质的，按照《企业会计准则》有关规定处理，如果属于《企业会计准则第 22 号——金融工具确认和计量》中的金融工具，应采用公允价值计量，公允价值变化产生的利得和损失应按该准则规定计入当期损益或计入资本公积；如果不属于《企业会计准则第 22 号——金融工具确认和计量》中的金融工具，应按照《企业会计准则第 13 号——或有事项》或其他相应的准则处理。

环旭电子（601231.SZ）收购 Financière AFG S.A.S.（以下简称"FAFG"）是约定或有对价的典型案例。

双方约定，根据标的公司 2020—2021 年度累计实现业绩情况，标的公司交易对价在现有交易对价基础上将做相应调增或调减（见表 7-1）。

表 7-1 环旭电子收购 FAFG 交易对价调整

2020—2021 年累计业绩（X）（万美元）	交易对价调整金额（万美元）
小于 9 700	−1 902
大于等于 9 700，且小于 11 750	−951+951×（X−9 700）/（11 750−9 700）
11 750	0
大于 11 750，且小于 13 700	951×（X−11 750）/（13 700−11 750）
大于等于 13 700	951

上述调增或者调减金额由标的公司主要股东 ASDI、SPFH、Arkéa 共同承担。

环旭电子将在收购日与对价调整机制形成的或有对价作为按照公允价

值计量且其变动计入当期损益的金融工具进行确认，并作为收购对价的一部分。收购日后或有对价公允价值的变动计入当期损益，不再调整商誉的金额。

上述交易于 2020 年完成，环旭电子在 2020 年年底、2021 年年底分别确认其他非流动金融资产（子科目为"或有对价"）8 884.44 万元、9 096.97 万元，并将或有对价的变动计入了当期损益。

购买方在购买日应当对合并成本进行分配，按照《企业会计准则第 20 号——企业合并》第十四条的规定确认所取得的被购买方各项可辨认资产、负债及或有负债。（1）购买方对合并成本大于合并中取得的被购买方可辨认净资产公允价值份额的差额，应当确认为商誉。初始确认后的商誉，应当以其成本扣除累计减值准备后的金额计量。商誉的减值应当按照《企业会计准则第 8 号——资产减值》处理。（2）购买方对合并成本小于合并中取得的被购买方可辨认净资产公允价值份额的差额，应当按照下列规定处理：①对取得的被购买方各项可辨认资产、负债及或有负债的公允价值以及合并成本的计量进行复核；②经复核后合并成本仍小于合并中取得的被购买方可辨认净资产公允价值份额的，其差额应当计入当期损益。

2023 年度，国内确认商誉减值额最高的上市公司为纳思达（002180.SZ），该公司当年确认商誉减值高达 81.59 亿元（见表 7-2）。

表 7-2 纳思达 2023 年度商誉减值明细

序号	被投资单位名称	2023 年商誉减值额（万元）
1	Static Control Components, Inc.	2 516.76
2	Lexmark International, Inc.	788 392.33
3	珠海市拓佳科技有限公司	9 503.60
4	珠海欣威科技有限公司	5 843.73
5	Rainbow Tech International Limited	7 758.54

续表

序号	被投资单位名称	2023 年商誉减值额（万元）
6	珠海华人智创科技有限公司	1 845.09
合计	—	815 860.06

实践中，作为高溢价并购的"后遗症"，许多上市公司在重大资产重组之后发生巨额商誉爆雷，并成为年报"黑天鹅"的重灾区，导致大量股票投资者对存在"高商誉"的上市公司"避而远之"。

（三）非同一控制下的企业合并的合并报表

根据《企业会计准则第 33 号——合并财务报表》，因非同一控制下企业合并或其他方式增加的子公司以及业务，编制合并资产负债表时，不应当调整合并资产负债表的期初数，而应当将该子公司以及业务购买日至报告期末的收入、费用、利润或者现金流量纳入合并利润表或者现金流量表。

第二节　并购重组税务处理

一、个人所得税

（一）非公众公司

如果标的公司存在自然人股东直接持股，根据《中华人民共和国个人所得税法》，相关股权的转让为"财产转让所得"，需要按照转让财产的收入额扣减财产原值和合理费用后余额的 20% 缴纳个人所得税。

如果上述自然人股东获得的对价为收购方（或相关公司）的股权（换股形式），根据《财政部 国家税务总局关于个人非货币性资产投资有关个人所得税政策的通知》（财税〔2015〕41 号），上述股权转让属于个人转让非货币性资产和投资同时发生，也应该按照"财产转让所得"交税。如果纳税人一次性缴税有困难的，可合理确定分期缴纳计划并报主管税务机关备案后，自发生上述应税行为之日起不超过 5 个公历年度内（含）分期缴纳个人所得税。

从税收筹划的角度，如果标的公司的股东主要为自然人股东，可以考虑主要通过增资或者换股形式实现标的公司的控制权转移，而尽量避免直接通过现金收购自然人股东持有的股权（特别在标的公司估值溢价较大的情况下）。

李斌先生收购东方智造（002175.SZ）的过程中，就成功进行了税收筹划。

收购前，科翔控股有限公司（以下简称"科翔控股"）间接控股东方智造，而科翔控股的注册资本为 1 亿元，股东为两位自然人。

2023 年 12 月，李斌先生向科翔控股增资 1.3 亿元并获得科翔控股 51.22% 的股权，成为科翔控股的实际控制人并间接控制东方智造。

上述收购中，李斌先生通过增资完成收购的操作无须履行个人所得税纳税义务。

（二）新三板挂牌企业

根据《关于个人转让全国中小企业股份转让系统挂牌公司股票有关个人所得税政策的通知》（财税〔2018〕137 号），自 2018 年 11 月 1 日（含）起，对个人转让新三板挂牌公司非原始股取得的所得，暂免征收个人所得税；对个人转让新三板挂牌公司原始股取得的所得，按照"财产转让所得"，适用 20% 的比例税率征收个人所得税。

从税收筹划的角度，如果新三板挂牌企业原始股打算高溢价对外转让，可以先将股份低溢价转让给其他自然人变为非原始股，再高溢价对外转让。

晨泰科技（834948.NQ）是利用上述政策进行税收筹划的典型案例。

晨泰科技税收筹划的时间脉络如表 7-3 所示。

表 7-3　晨泰科技税收筹划的时间脉络

序号	时间	事件
1	2015 年 12 月	晨泰科技完成新三板挂牌。
2	2016 年 1 月	晨泰科技的控股股东温州新泰伟业电器有限公司（以下简称"新泰伟业"）将其持有的晨泰科技 1 730 万股股份以每股 2 元的价格转让给沈上聪（实际控制人之亲属）由其代为持有。
3	2016 年 1—3 月	沈上聪将上述股份以 12.00—14.50 元价格转让给其他投资者。

　　2023 年 7 月，晨泰科技的税务主管机关针对该等代持情形及应纳税主体等事宜出具了合规说明：（1）2016 年 1 月 21 日，新泰伟业向沈上聪转让晨泰科技 1 730 万股股票。新泰伟业系纳税人，经税务系统查询，新泰伟业已于 2016 年年度汇算时申报并缴纳相应企业所得税。（2）2016 年 1 月至 2017 年 3 月区间，沈上聪通过全国中小企业股份转让系统将其所持有的 1 730 万股晨泰科技股份转让给其他投资者。根据财政部、税务总局、证监会《关于个人转让全国中小企业股份转让系统挂牌公司股票有关个人所得税政策的通知》（财税〔2018〕137 号）规定，沈上聪是在晨泰科技挂牌后取得的股票，其转让所得免征个人所得税。（3）税务征收管理部门根据登记在册的股东变动情况进行征税，不对股权转让或股权演变过程中涉及的代持情况进行判断。

　　上述案例中，控股股东在晨泰科技挂牌后将其持有的部分股份低价转让给关联方，将原始股转换为非原始股，之后关联方再高价对外转让，从而降低了整体税负。

　　由此可见，利用新三板税收优惠政策进行税收筹划有一定的操作空间。未来计划对外转让的非新三板挂牌企业，甚至可以考虑先提前完成新三板挂牌，低价"倒手"后再进行股权转让，从而享受税收优惠政策。

二、企业所得税

（一）一般股权转让

如果标的公司存在法人股东，根据《中华人民共和国企业所得税法》，相关股权的转让收入为"转让财产收入"，需要按照转让财产的收入全额扣减财产净值后的余额缴纳企业所得税。

如果上述法人股东获得的对价为收购方（或相关公司）的股权（换股形式），根据《财政部 国家税务总局关于非货币性资产投资企业所得税政策问题的通知》（财税〔2014〕116号），转让所得可在不超过5年期限内，分期均匀计入相应年度的应纳税所得额，按规定计算缴纳企业所得税。

同时，根据《中华人民共和国企业所得税法》，"符合条件的居民企业之间的股息、红利等权益性投资收益"为免税收入。

所以，从税收筹划的角度，如果标的公司主要为法人股东，可以考虑在并购重组实施前先由标的公司进行现金分红并相应降低交易价格，进而减少企业所得税。同时，特别在标的公司估值溢价较高的情况下，需要尽量采用换股或者增资的方式实现控制权转移，尽量避免采用现金直接收购法人股东持有的股权。

（二）特殊税务重组

如果标的公司拟让渡的股权比例达到50%，可以设计并购重组方案以满足"特殊税务重组"的条件，从而免于缴纳企业所得税。

所谓"特殊税务重组"，是指"企业重组所得税特殊性税务处理"，核心法规为《财政部、国家税务总局关于企业重组业务企业所得税处理若干问题的通知》（财税〔2009〕59号）和《财政部 国家税务总局关于促进企业重组有关企业所得税处理问题的通知》（财税〔2014〕109号）。

根据财税〔2009〕59号、财税〔2014〕109号，企业重组同时符合下列条件的，适用特殊性税务处理规定。

1. 具有合理的商业目的，且不以减少、免除或者推迟缴纳税款为主要目的。

2. 被收购、合并或分立部分的资产或股权比例符合规定的比例（收购比例不低于被收购企业全部股权的 50%）。

3. 企业重组后的连续 12 个月内不改变重组资产原来的实质性经营活动。

4. 重组交易对价中涉及股权支付金额符合规定比例。

5. 企业重组中取得股权支付的原主要股东，在重组后连续 12 个月内，不得转让所取得的股权。

企业合并符合上述规定条件，同时企业股东在该企业合并发生时取得的股权支付金额不低于其交易支付总额的 85%，以及同一控制下且不需要支付对价的企业合并，可以选择按以下规定处理并构成特殊税务重组。

1. 合并企业接受被合并企业资产和负债的计税基础，以被合并企业的原有计税基础确定。

2. 被合并企业合并前的相关所得税事项由合并企业承继。

3. 可由合并企业弥补的被合并企业亏损的限额 = 被合并企业净资产公允价值 × 截至合并业务发生当年年末国家发行的最长期限的国债利率。

4. 被合并企业股东取得合并企业股权的计税基础，以其原持有的被合并企业股权的计税基础确定。

从税收筹划的角度，如果设计的并购重组方案中，收购方收购标的公司的股权比例达到 50% 以上，且 85% 以上的支付对价为收购方（或相关公司）的股权，同时交易具有合理的商业目的、收购后 12 个月内标的公司与转让方均保持稳定，则转让方（公司）可以申请免于缴纳企业所得税。

深圳市招商前海实业发展有限公司（以下简称"招商前海实业"）转让深圳市招商前海驰迪实业有限公司（以下简称"招商驰迪"）因为符合"特殊税务重组"条件而豁免缴纳企业所得税。

2019 年 12 月，招商前海实业以其所持招商驰迪 100% 股权向深圳市前海蛇口自贸投资发展有限公司（以下简称"前海自贸投资"）增资，即由前海自贸投资以增资扩股的方式向招商前海实业收购其持有的招商驰迪100%股权。招商驰迪100%股权作价 6 440 840.29 万元，较招商前海实业对招商驰迪 100% 股权的账面成本存在增值。

根据《财政部 国家税务总局关于企业重组业务企业所得税处理若干问题的通知》（财税〔2009〕59 号），由于招商驰迪被收购股权的比例达到 100%，且前海自贸投资全部以股权支付，该步骤可适用特殊性税务处理，在招商前海实业对外转让其获得的前海自贸投资股权前，就增资扩股事项中招商驰迪 100% 股权增值，招商前海实业无须缴纳企业所得税。

上述案例中，标的公司股权被 100% 转让，且转让方获得的对价全部为收购方的股权，因而转让方无须缴纳企业所得税。

实践中，并购重组是否"具有合理的商业目的，且不以减少、免除或者推迟缴纳税款为主要目的"具有较大不确定性，各地税务局执行标准不一。建议制订并购重组方案前先向转让方所在地的税务局咨询确认。

另外，根据财税〔2009〕59 号、财税〔2014〕109 号，收购方还可以考虑通过吸收合并亏损企业进行税收筹划。

2014 年，楚天高速（600035.SH）吸收合并全资子公司湖北楚天鄂北高速公路有限公司（以下简称"鄂北公司"），是对鄂北公司亏损的合理利用。

根据武汉市汉阳区国家税务局《税务事项通知书》（阳税通〔2015〕1002 号）：

1. 公司吸收合并鄂北公司符合特殊性重组要求，可按照特殊性重组进行税务处理。

2. 公司接受鄂北公司资产和负债的计税基础按原有计税基础确定。

3. 吸收合并前鄂北公司未弥补亏损额 442 846 237.56 元（其中：2011 年度亏损 64 562 000.46 元，2012 年度亏损 150 191 378.70 元，2013 年度亏损 127 025 777.80 元，2014 年度亏损 101 067 080.60 元），可由公司弥补。

公司应按照税法规定的每年可弥补的被合并企业亏损限额在其剩余结转年限内进行弥补。

每年可弥补的被合并企业亏损限额 = 被合并企业鄂北公司净资产公允价值 × 截至合并业务发生当年年末国家发行的最长期限的国债利率。

4. 公司吸收合并鄂北公司后的连续 12 个月内不得改变重组资产原来的实质性经营活动。原主要股东在重组后连续 12 个月内，不得转让所取得的股权。

5. 重组日为 2014 年 12 月 12 日。

上述案例中，楚天高速通过吸收合并亏损的鄂北公司，降低了企业所得税。

实践中，通过吸收合并亏损企业进行税收筹划，同样面临是否"具有合理的商业目的"的问题，建议提前向当地税务局进行咨询确认。

三、土地增值税与契税

根据《中华人民共和国土地增值税暂行条例》，转让国有土地使用权、地上的建筑物及其附着物需要根据相关资产的增值额按照四级超率累进税率（最高为 60%）缴纳土地增值税。

根据《财政部 税务总局关于继续实施企业改制重组有关土地增值税政策的公告》（财政部 税务总局公告 2023 年第 51 号），两个或两个以上企业合并为一个企业，且原企业投资主体存续的，对原企业将房地产转移、变更到合并后的企业，暂不征收土地增值税；企业分设为两个或两个以上与原企业投资主体相同的企业，对原企业将房地产转移、变更到分立后的企业，暂不征收土地增值税；单位、个人在改制重组时以房地产作价入股进行投资，对其将房地产转移、变更到被投资的企业，暂不征收土地增值税。上述改制重组有关土地增值税政策不适用于房地产转移任意一方为房地产开发企业的情形。

根据《财政部 税务总局关于继续实施企业、事业单位改制重组有关契税政策的公告》（财政部 税务总局公告 2023 年第 49 号），两个或两个以上的公司，依照法律规定、合同约定，合并为一个公司，且原投资主体存续的，对合并后公司承受原合并各方土地、房屋权属，免征契税；公司依照法律规定、合同约定分立为两个或两个以上与原公司投资主体相同的公司，对分立后公司承受原公司土地、房屋权属，免征契税；同一投资主体内部所属企业之间土地、房屋权属的划转，包括母公司与其全资子公司之间，同一公司所属全资子公司之间，同一自然人与其设立的个人独资企业、一人有限公司之间土地、房屋权属的划转，免征契税；母公司以土地、房屋权属向其全资子公司增资，视同划转，免征契税。

从税收筹划的角度，可以通过股权转让、吸收合并、企业分立等方式进行房地产的转移，从而规避土地增值税与契税。

实践中，最常见的税收筹划为以股权转让的形式转让房地产——典型操作方式为，房地产持有人以房地产设立全资子公司，之后通过转让该全资子公司的股权的方式完成房地产控制权的转让。

山东奥扬新能源科技股份有限公司（以下简称"奥扬科技"）当年在 IPO 申报期内收购潍坊日东环保装备有限公司（以下简称"日东环保"）房地产，采用了股权转让的形式。

2017 年，奥扬科技启动 IPO 上市进程，但其主要生产经营场所系向关联方租赁取得，无法满足其长远发展需要，因而计划收购日东环保的土地、房产。

出于降低税务成本的考虑，经多次协商及谈判，双方就交易方案达成一致，即通过成立一家新公司并将上述土地使用权、房屋注入新公司的方式取得相关资产。

奥扬科技收购日东环保房地产的时间脉络如表 7-4 所示。

表 7-4　奥扬科技收购日东环保房地产的时间脉络

序号	时间	事件
1	2017 年 9 月	日东环保以土地、房产出资设立诸城市奥捷特种装备有限公司（以下简称"奥捷装备"），注册资本为 3 000 万元，持有其 100% 股权。
2	2017 年 12 月	奥扬科技以 3 555 万元的价款收购奥捷装备 100% 股权，奥捷装备成为奥扬科技的全资子公司。奥扬科技以收购奥捷装备 100% 股权形式完成对日东环保土地、房产的收购，该过程未产生土地增值税与契税。
3	2020 年 8 月	奥扬科技吸收合并奥捷装备并承继其土地、房产，该过程也未产生土地增值税与契税。

　　上述案例中，交易各方通过公司设立、股权转让、吸收合并"三步走"的方式最终完成了房地产的转移，规避了土地增值税与契税。

　　其他类似的并购重组可以借鉴，但建议启动前向当地税务局进行咨询确认，以免被其认定为规避纳税义务。

第八章
并购重组监管要求

第一节　反垄断相关要求

垄断会限制市场竞争，进而导致市场效率损失。从整体经济发展的角度，需要防范各种阻碍市场自由进入、制约创新发展动力和影响经济效率提升的垄断行为。

因此，世界上绝大多数国家都制定了较为完备的反垄断法规体系，严格限制垄断，保护市场竞争，提高资源配置效率。

国内反垄断法起步较晚，但也起到越来越重要的作用。目前，国内反垄断相关法规及关键内容如表8-1所示。

表8-1　国内反垄断相关法规及关键内容

序号	法规名称	关键内容
1	《中华人民共和国反垄断法》	经营者集中包括经营者合并、经营者通过取得股权或者资产的方式取得对其他经营者的控制权、经营者通过合同等方式取得对其他经营者的控制权或者能够对其他经营者施加决定性影响等行为。 经营者集中达到国务院规定的申报标准的，经营者应当事先向国务院反垄断执法机构申报，未申报的不得实施集中。经营者集中未达到国务院规定的申报标准，但有证据证明该经营者集中具有或者可能具有排除、限制竞争效果的，国务院反垄断执法机构可以要求经营者申报。经营者未依照前两款规定进行申报的，国务院反垄断执法机构应当依法进行调查。 对外资并购境内企业或者以其他方式参与经营者集中，涉及国家安全的，除依照本法规定进行经营者集中审查外，还应当按照国家有关规定进行国家安全审查。

序号	法规名称	关键内容
2	《国务院关于经营者集中申报标准的规定》	经营者集中达到下列标准之一的，经营者应当事先向国务院反垄断执法机构申报，未申报的不得实施集中：（1）参与集中的所有经营者上一会计年度在全球范围内的营业额合计超过 120 亿元人民币，并且其中至少两个经营者上一会计年度在中国境内的营业额均超过 8 亿元人民币；（2）参与集中的所有经营者上一会计年度在中国境内的营业额合计超过 40 亿元人民币，并且其中至少两个经营者上一会计年度在中国境内的营业额均超过 8 亿元人民币。
3	《经营者集中审查规定》	营业额包括相关经营者上一会计年度内销售产品和提供服务所获得的收入，扣除相关税金及附加。前款所称上一会计年度，是指集中协议签署日的上一会计年度。 相同经营者之间在两年内多次实施的未达到申报标准的经营者集中，应当视为一次集中，集中时间从最后一次交易算起，参与集中的经营者的营业额应当将多次交易合并计算。经营者通过与其有控制关系的其他经营者实施上述行为，依照本规定处理。前款所称两年内，是指从第一次交易完成之日起至最后一次交易签订协议之日止的期间。
4	《横向经营者集中审查指引（征求意见稿）》	横向经营者集中，是指参与集中的经营者存在横向关系，即参与集中的经营者为同一相关市场中的实际或潜在竞争者的经营者集中。 对于集中各方合计市场份额在 50% 以上的横向集中，反垄断执法机构通常推定集中对该相关市场具有或者可能具有排除、限制竞争效果，除非经营者能够证明该集中不会对竞争产生不利影响。对于集中各方合计市场份额在 25% 以上且小于 50% 的横向经营者集中，反垄断执法机构将予以重点关注。其中，对于集中各方合计市场份额在 35% 以上且小于 50% 的横向集中，反垄断执法机构倾向认为集中对该相关市场可能具有排除、限制竞争效果。

最近几年，国内因为反垄断而并购失败的典型案例为虎牙并购斗鱼。2021 年 7 月，国家市场监督管理总局发布了《市场监管总局关于禁止虎牙公司与斗鱼国际控股有限公司合并案反垄断审查决定的公告》（以下简称

《公告》），叫停了这两家国内最大的游戏直播公司的合并。

《公告》中的核心内容"4.竞争分析"节选如下。

根据《中华人民共和国反垄断法》第二十七条规定，市场监管总局从参与集中的经营者在相关市场的市场份额及其对市场的控制力、相关市场的市场集中度、集中对下游用户企业和其他有关经营者的影响等方面，深入分析了此项经营者集中对市场竞争的影响，认为此项集中对中国境内游戏直播市场和网络游戏运营服务市场具有或者可能具有排除、限制竞争效果。

（一）集中将强化腾讯在中国境内游戏直播市场上的支配地位，具有排除、限制竞争效果。

1.集中将进一步强化集中后实体市场支配地位。在中国境内游戏直播市场，从营业额看，虎牙和斗鱼市场份额分别超过40%、30%，合计超过70%；从活跃用户数看，双方市场份额分别超过45%和35%，合计超过80%；从主播资源看，双方市场份额均超过30%，合计超过60%。虎牙和斗鱼是市场上前两大游戏直播平台，市场力量远超其他竞争者。交易前，腾讯已具有虎牙单独控制权和斗鱼共同控制权，但虎牙和斗鱼之间尚存在一定的竞争，本项集中将彻底消除这种竞争，进一步强化其市场支配地位。

2.游戏直播市场进入壁垒高，短期内出现新进入者可能性不大。游戏直播市场进入门槛较高，主要体现在著作权使用许可、资金和主播资源等方面。

3.集中可能对消费者造成不利影响。交易将彻底消除市场上两家最大游戏直播平台之间的竞争，进一步减少消费者选择权。集中后实体有可能利用其市场力量，降低产品质量，提高服务价格或者降低用户体验感受，损害消费者权益。

4.集中可能损害游戏直播从业者利益。交易将完全消除虎牙和斗鱼之间的竞争，进一步减少主播平台选择权，降低主播和游戏主播工会议价能力，损害从业者权利。

（二）集中将使腾讯在上游中国境内网络游戏运营服务市场和下游中国境内游戏直播市场拥有双向封锁能力，可能具有排除、限制竞争效果。

1. 腾讯在上下游市场均拥有较强的市场控制力，有能力实施双向纵向封锁。

一是集中后实体在上下游均拥有较强的市场力量。在上游中国境内网络游戏运营服务市场，腾讯市场份额超过 40%，排名第一。其他竞争者市场份额远低于腾讯，难以对其构成有效竞争约束。在下游中国境内游戏直播市场，如前所述，集中后实体以营业额、活跃用户数和主播资源计算的市场份额均超过 60%。

二是网络游戏运营服务市场进入壁垒高，短期内出现新进入者可能性不大。进入市场的资金和时间成本较高，且需要取得有关资质、获得游戏版号。宣发渠道对游戏推广具有重要作用，游戏直播是网络游戏的重要推广渠道，交易将进一步提高网络游戏运营服务市场进入门槛。

2. 集中后实体有动机实施双向纵向封锁。一方面，网络游戏运营服务商拥有的游戏著作权使用许可是开展游戏直播的关键。腾讯有动机通过网络游戏著作权许可封锁，排除、限制游戏直播市场竞争，进一步强化其在游戏直播市场的竞争优势。另一方面，游戏直播是重要的游戏内容推广渠道，二者用户具有高度重合性，可以相互转化。网络游戏运营服务商的主要盈利来自玩家付费或广告商付费。交易完成后，腾讯有动机利用其控制的游戏直播平台对网络游戏市场竞争者实施推广渠道封锁，排除、限制上游网络游戏运营服务市场竞争。

因此，本项集中后，腾讯在上下游均拥有较强的市场控制力，有能力和动机对下游游戏直播市场的竞争对手实施网络游戏著作权许可封锁，对上游网络游戏运营服务市场的竞争对手实施直播推广渠道封锁，在上下游市场形成闭环，排挤现有竞争对手、扼杀潜在竞争对手。

上述《公告》内容，向我们展示了目前国内反垄断审查的"尺度"，其他大型并购重组可以此为参考。

基于最近几年反垄断的强监管形势，很多大型的并购重组都需要提前考虑反垄断相关要求，并提前判断通过反垄断审查的可能性。

如果达到反垄断申报标准，相关方需要按照程序和资料要求，事先向国家市场监督管理总局进行申报，否则可能被强制叫停或者面临行政处罚。

第二节　资本市场相关要求

一、新三板挂牌与 IPO 要求

（一）独立性要求

不管新三板挂牌还是 IPO 上市，相关法规都要求企业具有资产完整性、业务独立性、人员独立性、机构独立性和财务独立性。

因而，很多拟新三板挂牌企业或者拟 IPO 企业在新三板挂牌或 IPO 申报之前会进行并购重组，如收购关联企业、剥离旗下企业等。

新三板挂牌与上市审核部门都非常关注相关企业在申报之前的并购重组行为，重点关注并购重组的原因、必要性、合理性、程序合规性、价格公允性、交易真实性、会计处理等问题。

长城信息（874148.NQ）与裕太微（688515.SH）分别为新三板挂牌与 IPO 申报期内操作并购重组的典型。

1. 长城信息在新三板挂牌申报期之内，收购长沙长城基础信息技术有限责任公司（以下简称"长城基础"）。长城基础成立于 2021 年 12 月，主营业务为物业管理、住房租赁，长城基础仅持有物业，2022 年长城信息收购长城基础 100% 股权。

新三板挂牌审核部门要求说明长城基础设立原因、设立过程，说明是否通过收购长城基础股权的方式购买其持有的物业资产及其原因，说明收购定价依据、定价公允性、相关会计处理以及对合并报表的影响，结合业务实质说明上述处理是否符合《企业会计准则》要求。

2. 裕太微或其关联方在 IPO 申报期内处置资产

IPO 申报期内，裕太微或其关联方注销或转让了较多关联方。裕太微将原子公司上海申峥信息技术有限公司转让给欧阳宇飞（实际控制人之一）姐夫杨小峰的父亲、欧阳宇飞亲属将其持股的上海禾汉信息科技有限公司转让给无关联第三方邹建军、欧阳宇飞姐夫杨小峰将持股的上海万戴电子科技有限公司转让给无关联第三方宋烨等。

上市审核部门要求结合对外转让背景、定价依据、款项支付来源，说明未采取注销关联方的原因，是否为真实转让，是否存在代持，款项是否支付完毕，是否存在关联交易非关联化的情形；关联方注销前、对外转让前后与发行人客户、供应商及关联方的资金、业务往来情况，是否存在为发行人承担成本费用或其他利益输送情形。

新三板挂牌与 IPO 上市过程中，审核部门对通过股权转让将关联方变更为非关联方（"非关联化"）的情况高度重视，重点关注交易的真实性与合理性。

建议拟新三板挂牌或者拟 IPO 企业尽量通过股权收购、注销等方式解决独立性问题。如果确定需要对外转让股权，建议寻找上市公司、国有企业或者行业内的大型企业等作为收购方。

（二）稳定性要求

1. 新三板挂牌

新三板挂牌相关法规未明确要求拟挂牌企业主营业务、控制权和管理团队稳定，但要求拟挂牌企业"业务明确，具有持续经营能力"。

新三板挂牌审核部门对于拟挂牌企业申报期内实施并购重组，特别是因为并购重组造成主营业务、控制权或者管理团队发生变化的，重点关注并购重组对其持续经营能力的影响。

湘江股份（873840.NQ）和星图测控（874016.NQ）是新三板挂牌申报期内两种不同类型并购重组的典型。

1. 湘江股份在新三板挂牌申报期内收购了同一实际控制人胡忆安控制的上海焊条熔剂有限公司（以下简称"上海焊剂"），且上海焊剂存在较大的未弥补亏损。公司受让胡忆安持有的上海焊剂60%股权过程中，价格由160万元调整为0元。

挂牌审核部门要求湘江股份说明何时与上海焊剂签订补充协议调整作价，母公司单体是否满足挂牌条件，并要求补充披露上海焊剂对湘江股份合并报表的重要性，包括资产、收入、利润占比等，分析上海焊剂经营情况是否对湘江股份持续经营能力有重大影响。

2. 星图测控在新三板挂牌申报期内，被中科星图股份有限公司（以下简称"中科星图"）收购60%股权，导致其实际控制人的变更与管理层的重大变化。

挂牌审核部门要求星图测控对比公司管理团队、公司业务发展方向、业务具体内容、公司客户、收入、利润的变化情况，并要求主办券商及律师就控股股东、实际控制人变更是否对公司业务经营、公司治理、管理层稳定、持续经营能力等方面产生重大影响发表意见。

2. IPO上市

相关法规明确要求拟IPO企业主营业务、控制权和管理团队稳定，即最近三年内（主板）或者最近两年内（科创板、创业板、北交所）主营业务和董事、高级管理人员均没有发生重大不利变化，实际控制人没有发生变更。另外，科创板还要求核心技术人员稳定且最近两年内没有发生重大不利变化。

实践中，拟IPO企业申报期内实施并购重组，基本都会引起审核部门的注意，而审核关注的重点往往围绕着稳定性、持续经营能力和上市条件。

苏州威达智科技股份有限公司（以下简称"威达智"）是IPO申报

期内重大资产重组的典型案例。

威达智在 IPO 申报期内，承接了实际控制人旗下苏州威罗达电子科技有限公司相关业务及资产，并构成重大资产重组。

深交所要求威达智根据《公开发行证券的公司信息披露内容与格式准则第 57 号——招股说明书》第二十九条的要求等，补充披露本次重组对管理层、控制权、业务发展及经营业绩的影响，并说明是否符合最近两年主营业务稳定的发行条件。

同时，根据《证券期货法律适用意见第 3 号》《首发业务若干问题解答》（目前已失效，但实践中还需要参考）相关要求，主板、创业板、科创板拟 IPO 企业报告期内存在对同一公司控制权人下相同、类似或相关业务进行重组，被重组方重组前一个会计年度末的资产总额或前一个会计年度的营业收入或利润总额达到或超过重组前发行人相应项目 100% 的，拟 IPO 企业重组后运行一个会计年度后方可申请发行。非同一控制下重组对主营业务稳定性的影响按以下原则判断：（1）对于重组新增业务与发行人重组前业务具有高度相关性的，被重组方重组前一个会计年度末的资产总额、资产净额或前一个会计年度的营业收入或利润总额，达到或超过重组前发行人相应项目 100%，则视为发行人主营业务发生重大变化；（2）对于重组新增业务与发行人重组前业务不具有高度相关性的，被重组方重组前一个会计年度末的资产总额、资产净额或前一个会计年度的营业收入或利润总额，达到或超过重组前发行人相应项目 50%，则视为发行人主营业务发生重大变化。另外，《北京证券交易所向不特定合格投资者公开发行股票并上市业务规则适用指引第 1 号》，要求，北交所拟 IPO 企业最近 12 个月内曾实施重大资产重组的，在重组实施前拟 IPO 企业应当符合《北京证券交易所股票上市规则（试行）》规定的四套标准之一（市值除外）。

光大同创（301387.SZ）是在 IPO 申报期内并购重组被上市审核部门关注"运行期限"的典型。

2019 年（IPO 申报期内），光大同创通过现金方式收购昆山上艺电子有限公司（以下简称"昆山上艺"）相关经营性资产、进行业务合并，收购的存货、固定资产账面价值 3 095.31 万元，评估值 3 650.07 万元，支付对价 4 086.60 万元。此外，光大同创还受让了昆山上艺 7 项发明专利、17 项实用新型专利。

上市审核部门要求光大同创"按照《证券期货法律适用意见第 3 号》的要求，结合昆山上艺相关资产总额、资产净额、营业收入、利润总额等主要财务数据，说明本次收购对发行人的影响情况，是否符合运行期限等相关要求"。

二、收购公众公司

（一）收购新三板挂牌企业

1. 收购主体

根据《非上市公众公司收购管理办法》，进行公众公司收购，收购人及其实际控制人应当具有良好的诚信记录，收购人及其实际控制人为法人的，应当具有健全的公司治理机制。任何人不得利用公众公司收购损害被收购公司及其股东的合法权益。

有下列情形之一的，不得收购公众公司：

（1）收购人负有数额较大债务，到期未清偿，且处于持续状态；

（2）收购人最近 2 年有重大违法行为或者涉嫌有重大违法行为；

（3）收购人最近 2 年有严重的证券市场失信行为；

（4）收购人为自然人的，存在《中华人民共和国公司法》第一百四十六条规定的情形（新《中华人民共和国公司法》已将此条内容变更至第一百七十八条）；

（5）法律、行政法规规定以及中国证监会认定的不得收购公众公司的其他情形。

实践中，收购主体需要满足上述法定要求并需要具备相应的资金实力。

另外，根据《非上市公众公司信息披露内容与格式准则第 5 号——权益变动报告书、收购报告书和要约收购报告书》，收购人为法人或者其他组织的，收购人应当披露其最近 2 年的财务会计报表，注明是否经审计及审计意见的主要内容；其中，最近 1 个会计年度财务会计报表应经符合《中华人民共和国证券法》规定的会计师事务所审计，并注明审计意见的主要内容。因此，在确定新三板挂牌企业的收购主体时，还应该考虑其财务规范程度以及由符合《中华人民共和国证券法》规定的会计师事务所审计并出具审计报告的可行性。

2. 收购方式及注意事项（见表 8-2）

表 8-2　收购新三板挂牌企业的方式及注意事项

序号	收购方式	具体操作方式	注意事项
1	协议收购	收购方与挂牌企业股东签订股份转让协议，收购挂牌企业主要股份	通常单一受让方受让股份 5% 以上，需要注意股份限售期
2	权利委托	挂牌企业主要股东将表决权委托给收购方，后者获得挂牌企业控制权	监管机构重点关注有关操作的合理性
3	竞价交易	收购方在二级市场通过竞价交易方式购买获得挂牌企业主要股份	存在被第三方"抢单成交"的风险，且达到 10% 及之后每增加 5% 需要公告并暂停两天
4	要约收购	收购方向挂牌企业股东发起要约，通过要约收购方式获得挂牌企业主要股份	预定收购股份比例不得低于 5%，且收购价格不得低于前 6 个月内取得该种股票最高价格
5	大宗交易	收购方通过大宗交易方式收购获得挂牌企业主要股份	单笔申报数量不低于 10 万股，或者交易金额不低于 100 万元；成交价格应当介于前收盘价的 70% 或当日已成交的最低价格中的较低者与前收盘价的 130% 或当日已成交的最高价格中的较高者之间；达到 10% 及之后每增加 5% 需要公告并暂停两天
6	定向发行	挂牌企业向收购方定向发行股份，收购方获得挂牌企业控制权	需要履行定向发行股票程序，免于单独聘请财务顾问
7	间接收购	收购方收购挂牌企业主要股东的控制权，间接获得挂牌企业的控制权	通常可以规避挂牌公司的股份限售期

序号	收购方式	具体操作方式	注意事项
8	行政划转	国有企业因为行政划转导致挂牌企业的控股股东发生变化	免于聘请财务顾问
9	司法裁定	因为执行法院裁定导致挂牌企业的控股股东发生变化	免于聘请财务顾问
10	其他方式	继承、赠与、减少股本等	继承免于聘请财务顾问，因挂牌企业减少股本导致的持股比例变动免于信息披露

实践中，收购新三板挂牌企业主要通过协议收购的方式进行，在协议收购的过程中可能会以权利委托、竞价交易、大宗交易等方式作为辅助。

笔者曾经作为买方顾问参与操作的孙晓杰女士收购橙博生物（873453.NQ），是收购新三板挂牌企业的典型案例。

孙晓杰女士收购橙博生物的时间脉络如表8-3所示。

表8-3　孙晓杰女士收购橙博生物的时间脉络

序号	时间	事件
1	2021年10月	孙晓杰女士通过股权转让的方式收购橙博生物控股股东青岛臻旭创业咨询有限公司（以下简称"臻旭咨询"）100%的股权，间接控制橙博生物，成为橙博生物实际控制人。
2	2022年3月	臻旭咨询通过股权转让的方式受让张文永先生持有的橙博生物27.008%股份，孙晓杰女士间接控制橙博生物股权比例上升至95.002%。
3	2022年11月	臻旭咨询通过大宗交易受让朱玲敏女士持有的橙博生物4.998%股份，孙晓杰女士间接控制橙博生物股权比例上升至99.998%。

上述案例中，整体收购时间跨度超过1年，其间还历经资产剥离、更换董事、监事与高级管理人员、迁址等事宜。

3.收购程序

（1）寻找挂牌企业并谈判

收购方需要根据自身资金实力和要求寻找合适的挂牌企业，并就收购价格、收购股份比例、可否迁址等相关事项进行谈判。

实践中，鉴于收购新三板挂牌企业的复杂性，很多收购方会聘请中介机构担任买方顾问，协助其寻找挂牌企业、谈判与制订收购方案。

（2）签署相关协议并进行信息披露

寻找到合适的挂牌企业并谈判达成一致后，买卖双方进入协议签署阶段。实践中，买卖双方通常会先签署《收购框架协议》并支付首期款项，之后再根据收购进展正式签署《收购协议》，并披露收购报告书、财务顾问报告、法律意见书等法定的信息披露文件。

（3）全国股转公司审核与同意

全国股转公司会对收购相关的信息披露文件进行审核并问询（如需），收购方及财务顾问、律师需要对全国股转公司的问询进行回复并修订收购报告书、财务顾问报告、法律意见书等文件（如需），直至全国股转公司同意该收购行为。

（4）实施收购

全国股转公司同意该收购后，买卖双方对股份进行交割，之后历经挂牌企业董事、监事、高级管理人员更换，主营业务变更，迁址等一系列程序。

（5）持续督导

在披露收购报告书至收购完成后12个月内，财务顾问将持续督导收购人遵守法律、行政法规、中国证监会的规定、全国股份转让系统相关规则以及公司章程，依法行使股东权利，切实履行承诺或者相关约定。

4. 过渡期

根据《非上市公众公司收购管理办法》，以协议方式进行公众公司收购的，自签订收购协议起至相关股份完成过户的期间为公众公司收购过渡期（以下简称"过渡期"）。在过渡期内，收购人不得通过控股股东提议改选公众公司董事会，确有充分理由改选董事会的，来自收购人的董事不得超过董事会成员总数的1/3；被收购公司不得为收购人及其关联方提供担保；被收购公司不得发行股份募集资金。

在过渡期内，被收购公司除继续从事正常的经营活动或者执行股东大会已经做出的决议外，被收购公司董事会提出拟处置公司资产、调整公司主要业务、担保、贷款等议案，可能对公司的资产、负债、权益或者经营成果造成重大影响的，应当提交股东大会审议通过。

实践中，收购新三板挂牌企业的过程中需要提前筹划人员调整、资产处置、业务调整等的时间，以满足相关法规的要求。

5. 信息披露（见表 8-4）

表 8-4　不同方式收购新三板挂牌企业的信息披露

序号	收购方式	股份比例	影响程度	信息披露
1	协议收购、权利委托、竞价交易、大宗交易、定向发行、间接收购、行政划转、司法裁定、继承、赠与等	达到 10% 及之后每增加 5%	未成为第一大股东或实际控制人	权益变动报告书
		达到 10% 以上	成为第一大股东或实际控制人	收购报告书、财务顾问报告（定向发行免）、法律意见书
2	减少股本	不限制	未成为第一大股东或实际控制人	免于信息披露
		达到 10% 以上	成为第一大股东或者实际控制人	收购报告书、财务顾问报告、法律意见书
3	自愿要约	不得低于 5%	不限制	要约收购报告书、财务顾问报告、法律意见书

6. 收购新三板挂牌企业的中介机构及其职责（见表 8-5）

表 8-5　收购新三板挂牌企业的中介机构及其职责

序号	中介机构	聘用主体	职责
1	买方顾问	收购方	协助寻找挂牌企业、谈判与制订收购方案
2	财务顾问	收购方	协助起草收购报告书并出具财务顾问报告，组织反馈问题回复并取得批文，对收购人进行持续督导
3	法律顾问	收购方	负责出具收购报告书的法律意见书

序号	中介机构	聘用主体	职责
4	审计机构	收购方（企业）	负责出具收购方（企业）审计报告
5	卖方顾问	挂牌企业大股东	协助寻找收购方、谈判与制订转让方案
6	法律顾问	挂牌企业	负责出具关于收购的法律意见书

注：实践中，收购方的财务顾问或法律顾问通常也可以同时担任买方顾问。

7. 挂牌企业筛选

（1）新三板"壳费"

通常情况下，新三板"壳费"在500万元以内，质地优良的新三板的"壳费"可能会达到四五百万元，质地一般的新三板的"壳费"可能低至两三百万元。

（2）挂牌企业净资产金额

除了支付"壳费"外，收购方还需要额外"购买"挂牌企业净资产，通常由挂牌企业原股东通过收购资产、清偿负债等方式将企业的净资产"置换"为现金保留在挂牌企业（后续只能用于挂牌企业正常的经营支出，而不能直接转出），收购方再额外向挂牌企业原股东等额支付。

实践中，新三板挂牌企业的收购方通常资金实力有限，因而净资产金额在500万元以内的挂牌企业往往更受青睐。

（3）挂牌企业可否迁址

收购完成后，收购方通常希望将挂牌企业迁至其所在地，以方便后续运营。

实践中，以下两种情况挂牌企业迁址较为困难：①企业在取得新三板挂牌政府补贴时，签署了一定期限内不能迁址的协议或出具有关承诺函；②挂牌企业所在地区的挂牌企业数量较为稀少，当地政府很难同意迁出挂牌企业。

（4）可转让的股份比例

绝大多数情况下，收购方收购新三板挂牌企业后会"注入业务"（修改公司名称与经营范围，将员工、客户资源等转入），而非通过换股的方式注入资产。

因而实践中，收购方通常希望尽量多地收购挂牌企业股份（达到或接近100%，与收购上市公司完全不同），否则"注入业务"的利益将会被剩余的小股东无偿分享，还有可能会影响经营决策的效率（后续注入的很多业务可能为关联交易，作为关联方的大股东需要回避表决，而由剩余的小股东表决）。

（5）股份转让的时间

《公司法》规定，（股份）公司董事、监事、高级管理人员应当向公司申报所持有的本公司的股份及其变动情况，在就任时确定的任职期间每年转让的股份不得超过其所持有本公司股份总数的25%。上述人员离职后半年内，不得转让其所持有的本公司股份。

实践中，许多新三板挂牌企业的主要自然人股东，担任公司的董事、监事或高级管理人员。在这种情况下，收购方通常仅能先收购小部分股份并通过委托表决权的方式获得公司控制权，剩余股份待相关人员离职半年后再进行收购。

（6）股份交割方式

新三板挂牌企业通常会采用协议方式进行股份转让，协议转让也是最容易获得收购方认可和便于操作的股份转让方式。

实践中，新三板挂牌企业被司法冻结的股份或者国有股东持有的股份，往往只能通过拍卖的方式进行转让。

新三板公开拍卖的典型案例为长沙市鸿龙生物科技有限公司收购中置添颐（872098.NQ）。

绵阳市游仙区人民法院于2024年4月1日10时至2024年4月2日10时止（延时的除外）在淘宝网司法拍卖网络平台上公开拍卖公司控股股东辽宁格物商贸有限公司持有的公司股份31 669 905股，占公司总股本的

99.9442%。

2024 年 4 月 2 日，辽宁格物商贸有限公司持有的公司股份 31 669 905 股在淘宝网司法拍卖平台成交，成交价为人民币 3 000 900.00 元，网络拍卖的股权取得人为长沙市鸿龙生物科技有限公司。

上述案例中，收购方以相对较低的价格拍卖收购了新三板挂牌企业。

虽然"壳费"通常会低一些，但通过司法拍卖进行转让的新三板挂牌企业通常会存在一些风险，建议提前了解相关挂牌企业的潜在风险并制订应对方案。

另外，自愿要约的方式虽然很少出现在新三板挂牌企业收购过程中，但也确实发生过。

自愿要约收购新三板挂牌企业的典型案例为豫园股份（600655.SH）收购策源股份（833517.NQ，已摘牌）。

豫园股份要约收购策源股份的时间脉络如表 8-6 所示。

表 8-6　豫园股份要约收购策源股份的时间脉络

序号	时间	事件
1	2020 年 4 月	豫园股份向策源股份所有股东发出收购其所持有的全部无限售条件股份（8 522.25 万股，占比 94.69%）的要约。要约价格为 6.98 元 / 股（按照策源股份评估价格），高于策源股份前 6 个月的交易价格和每股净资产。
2	2020 年 5 月	策源股份披露了豫园股份的要约收购报告书及财务顾问报告、法律意见书等。
3	2020 年 6 月	策源股份先后发布了三次关于豫园股份要约收购策源股份的提示性公告和预受要约结果的公告。
4	2020 年 6 月底	策源股份接受要约的 8 108.35 万股（占比 90.09%）过户给了豫园股份，后者成为策源股份控股股东。
5	2020 年 12 月	策源股份终止新三板挂牌。

上述案例中，新三板挂牌企业有 60 余位股东，收购方通过要约收购方式，两个多月就获得其 90.09% 股份与控股权，较为高效地完成了收购

目标。

要约收购方式通常适合股东人数较多的新三板挂牌企业。而实践中，大部分新三板挂牌企业的二级市场交易并不活跃，股东人数较少，所以通过要约方式收购新三板挂牌企业的情况尚不多见。

（7）挂牌企业的规范运作情况

收购方更愿意接受"干净"（保持规范运作）的新三板挂牌企业，而往往对违法违规、被处罚、被风险警示的挂牌企业（ST股、*ST股）比较谨慎。

实践中，各类"不干净"的新三板挂牌企业的"壳费"往往会低一些。

（8）主营业务及经营情况

实践中，大部分收购方会在收购后剥离挂牌企业原有业务，但也有少部分收购方会期望保留挂牌企业的原有业务，因而倾向于寻找与其现有主营业务匹配并具有一定经营业绩的挂牌企业。

8. 全国股转公司审核关注重点

收购新三板挂牌企业的问询问题通常不会单独公开披露。实践中，仅有少数案例因为各种原因公开披露了收购新三板挂牌企业的问询问题。

根据公开披露的收购挂牌企业问询问题以及笔者操作相关项目的经验，全国股转公司主要关注收购方的收购资格与资金实力、收购方式、收购价格的合理性、收购程序合规性以及后续安排等问题。

公开披露收购新三板挂牌企业的问询问题的案例如下。

（1）周志峰先生收购三清国旅（837347.NQ）的过程中，全国股转公司关注了收购人及相关主体是否被纳入失信联合惩戒对象名单。

（2）上海乾毅创业投资管理有限公司收购圣博华康（831205.NQ）的过程中，全国股转公司要求在《收购报告书》中补充披露收购人的股权结构图以及挂牌公司为控股股东、实际控制人提供反担保的原因及合理性与可行的解决方案。

（3）艾子蔚先生通过表决权委托收购博益气动（831798.NQ）的过程中，全国股转公司要求说明博益气动原实际控制人陈乃克先生与收购人是否存在一致行动关系。

通过分析全国股转公司问询的问题，监管机构希望新三板挂牌企业的收购人，拥有足够的实力、资源和意愿推动挂牌企业健康发展与规范运作，而不是进行单纯资本运作、"倒壳"或者实施各种违法违规行为。

（二）收购上市公司

1. 收购主体

根据《上市公司收购管理办法》，任何人不得利用上市公司的收购损害被收购公司及其股东的合法权益。

有下列情形之一的，不得收购上市公司：

（1）收购人负有数额较大债务，到期未清偿，且处于持续状态；

（2）收购人最近3年有重大违法行为或者涉嫌有重大违法行为；

（3）收购人最近3年有严重的证券市场失信行为；

（4）收购人为自然人的，存在《公司法》第一百四十六条规定情形（新《公司法》已将此条内容变更至第一百七十八条）；

（5）法律、行政法规规定以及中国证监会认定的不得收购上市公司的其他情形。

当年赵薇夫妇收购万家文化（600576.SH，已更名为"祥源文旅"），因为"高杠杆"收购被叫停，成为上市公司收购典型的反面教材。

2016年12月23日，万家文化的控股股东万好万家集团有限公司（以下简称"万家集团"）与西藏龙薇传媒有限公司（以下简称"龙薇传媒"）签订《万好万家集团有限公司与西藏龙薇文化传媒有限公司之股份转让协议》（以下简称《股份转让协议》），向龙薇传媒转让其持有的18 500万股万家文化无限售条件流通股（股份转让价款合计305 990万元），占万家文化已发行股份的29.135%。本次交易完成后，龙薇传媒将成为万家文化的控股股东。

2016 年 12 月 29 日，万家文化公告收到上海证券交易所（以下简称"上交所"）《关于对浙江万好万家文化股份有限公司权益变动信息披露相关事项的问询函》。

2017 年 1 月 12 日，龙薇传媒在回复上交所问询函中称收购所需资金全部为自筹资金，其中股东自有资金 6 000 万元，已于 2016 年 12 月 26日支付。向西藏银必信资产管理有限公司（以下简称"银必信"）借款150 000 万元，借款额度有效期为该借款协议签订之日起三个月，借款年化利率 10%，担保措施为赵薇个人信用担保，银必信已于 2016 年 12 月26 日发放 19 000 万元。向金融机构质押融资剩余的 149 990 万元，金融机构股票质押融资目前正在金融机构审批流程中，融资年利率 6% 左右，担保措施为质押本次收购的上市公司股份，金融机构股票质押融资审批流程预计于 2017 年 1 月 31 日前完成。若龙薇传媒未能及时足额取得金融机构股票质押融资，龙薇传媒将积极与万家集团进行沟通以使本次交易顺利完成，同时继续寻求其他金融机构股票质押融资。

之后，万家集团与龙薇传媒签署《关于股份转让协议之补充协议》，将股份转让比例降至 5.04%，但最终依然未能执行，并于 2017 年 3 月终止了本次交易。

证监会于 2017 年 11 月下发了《行政处罚及市场禁入事先告知书》认定：龙薇传媒在自身境内资金准备不足，相关金融机构融资尚待审批，存在极大不确定性的情况下，以空壳公司收购上市公司，且贸然予以公告，对市场和投资者产生严重误导；龙薇传媒关于筹资计划和安排的信息披露存在虚假记载、重大遗漏；龙薇传媒未及时披露与金融机构未达成融资合作的情况；龙薇传媒对无法按期完成融资计划原因的披露存在重大遗漏；龙薇传媒关于积极促使本次控股权转让交易顺利完成的信息披露存在虚假记载、误导性陈述等，对孔德永（上市公司原实际控制人）、黄有龙、赵薇分别采取 5 年证券市场禁入措施。

赵薇夫妇收购万家文化的时间脉络如表 8-7 所示。

表 8-7 赵薇夫妇收购万家文化的时间脉络

序号	时间	事件
1	2016 年 12 月	万家文化公告赵薇夫妇收购计划,之后被上交所问询。
2	2017 年 1 月	收购方回复上交所问询称 305 990 万元收购价款中 6 000 万元为自有资金,剩余资金为借款。
3	2017 年 2 月	交易双方将收购比例降至 5.04%,之后再次收到上交所的问询函,收购方回复上交所问询称无法完成融资。
4	2017 年 3 月	交易双方终止此次收购。
5	2017 年 11 月	证监会对相关主体进行处罚。

上述案例中,赵薇夫妇拟主要通过借款收购上市公司(财务杠杆率高达 98%),由于风险较大,最后被监管机构"叫停"。监管机构希望收购方有足够的实力,严禁通过"高杠杆"收购上市公司。

另外,根据《公开发行证券的公司信息披露内容与格式准则第 16 号——上市公司收购报告书》,收购人为法人或者其他组织的,收购人应当披露最近 3 年财务会计报表,并提供最近一个会计年度经符合《证券法》规定的会计师事务所审计的财务会计报告,注明审计意见的主要内容及采用的会计制度及主要会计政策、主要科目的注释等。因此,在确定收购主体时还应该考虑其财务规范程度及由符合《证券法》规定的会计师事务所出具审计报告的可行性。

2. 收购方式及注意事项(见表 8-8)

表 8-8 收购上市公司的方式及注意事项

序号	收购方式	具体操作方式	注意事项
1	协议收购	收购方与上市公司股东签订股份转让协议,收购上市公司主要股份	转让股份需要在 5% 以上且小于 30%,还需注意股份限售期

序号	收购方式	具体操作方式	注意事项
2	权利委托	上市公司主要股东将表决权委托给收购方，后者获得上市公司控制权	监管机构重点关注合理性
3	竞价交易	收购方在二级市场通过竞价交易方式购买获得上市公司主要股份	存在被"抢单成交"或抬高股价的风险，达到 5% 及之后每增加 5% 需要公告并暂停两天
4	要约收购	收购方向上市公司股东发起要约，通过要约收购方式获得上市公司主要股份	预定收购股份比例不得低于 5%；收购价格不得低于前 6 个月内取得该种股票最高价格
5	大宗交易	收购方通过大宗交易方式收购上市公司主要股份	单笔申报数量不低于 30 万股，或者交易金额不低于 200 万元；成交价格在当日价格涨跌幅限制范围内；达到 5% 及之后每增加 5% 需要公告并暂停两天
6	定向发行	上市公司向收购方定向发行股份，收购方获得上市公司控制权	需要履行定向发行股份程序，免于单独聘请财务顾问
7	间接收购	收购方收购上市公司主要股东的控制权，间接获得上市公司的控制权	通常可以规避董事、监事、高级管理人员持股的限售期
8	行政划转	国有企业因为行政划转导致上市公司的控股股东发生变化	免于聘请财务顾问
9	司法裁定	因为执行法院裁定导致上市公司的控股股东发生变化	需要深入调查债务纠纷情况
10	其他方式	继承、赠与、减少股本等	继承免于聘请财务顾问，因上市公司减少股本导致的持股比例变动免于信息披露

3. 收购程序

（1）寻找上市公司并谈判

收购方需要根据自身资金实力和要求寻找合适的上市公司，并就收购价格、收购股份比例、可否迁址等相关事项进行谈判。

实践中，鉴于收购上市公司的复杂性，很多收购方会聘请中介机构协助担任买方顾问，协助其寻找合适的上市公司、谈判与制订收购方案。

（2）签署相关协议并进行信息披露

找到合适的上市公司并谈判达成一致后，买卖双方进入协议签署阶段。实践中，买卖双方通常会先签署《收购框架协议》并将上市公司股票停牌，之后再根据收购进展正式签署《收购协议》，并披露详式权益变动报告书或者收购报告书、财务顾问报告、法律意见书等法定的信息披露文件。

（3）证券交易所审核与同意

证券交易所会对收购相关公开披露的文件进行审核并问询（如需），收购方及财务顾问、律师需要对证券交易所的问询进行回复并修订详式权益变动报告书或者收购报告书、财务顾问报告、法律意见书等文件（如需），直至证券交易所同意该收购行为。

（4）实施收购

证券交易所同意该收购后，买卖双方对股份进行交割，之后历经上市公司董事、监事、高级管理人员更换，主营业务变更，迁址等一系列程序。

（5）持续督导

在上市公司收购行为完成后 12 个月内，收购人聘请的财务顾问应当在每季度前 3 日内就上一季度对上市公司影响较大的投资，购买或者出售资产，关联交易，主营业务调整，董事、监事、高级管理人员的更换，职工安置，收购人履行承诺等情况向证监局报告。

4. 过渡期

根据《上市公司收购管理办法》，以协议方式进行上市公司收购的，自签订收购协议起至相关股份完成过户的期间为上市公司收购过渡期（以下简称"过渡期"）。在过渡期内，收购人不得通过控股股东提议改选上市公司董事会，确有充分理由改选董事会的，来自收购人的董事不得超过董事会成员的 1/3；被收购公司不得为收购人及其关联方提供担保；被收购公司不得公开发行股份募集资金，不得进行重大购买、出售资产及重大投资行为或者与收购人及其关联方进行其他关联交易，但收购人为挽救陷入危机或者面临严重财务困难的上市公司的情形除外。

实践中，收购上市公司的过程中需要提前筹划人员调整、资产处置、业务调整等的时间，以满足相关法规的要求。

5. 信息披露（见表 8-9）

表 8-9　不同方式收购上市公司的信息披露

序号	收购方式	股份比例	影响程度	信息披露
1	协议收购、权利委托、竞价交易、大宗交易、定向发行、间接收购、行政划转、司法裁定、继承、赠与等	达到 5% 及之后每增加 5%，未达到 20%	未成为第一大股东或实际控制人	简式权益变动报告书。
			成为第一大股东或实际控制人	详式权益变动报告书。
		达到 20% 但未超过 30%	未成为第一大股东或实际控制人	详式权益变动报告书。
			成为第一大股东或实际控制人	详式权益变动报告书、财务顾问核查意见（行政划转与继承免后者）。
		达到 30% 继续增持	豁免要约	收购报告书、财务顾问报告、法律意见书。
			强制发起全面或部分要约	要约收购报告书、财务顾问报告、法律意见书。
2	减少股本	达到 5% 及之后每增加 5%	未成为第一大股东或实际控制人	免于信息披露。
		不限制	成为第一大股东或者实际控制人	详式权益变动报告书。
3	自愿要约	不得低于 5%	不限制	要约收购报告书、财务顾问报告、法律意见书。

如果收购上市公司持股比例达到 30%，豁免要约的操作方式与条件如表 8-10 所示。

表 8-10　豁免要约的操作方式与条件

序号	操作方式	条件
1	可以提出免于以要约方式增持股份的申请	本次股份转让是在同一实际控制人控制的不同主体之间进行，未导致上市公司的实际控制人发生变化。
		上市公司面临严重财务困难，收购人提出的挽救公司的重组方案取得该公司股东大会批准，且收购承诺 3 年内不转让其在该公司中所拥有的权益。
		中国证监会为适应证券市场发展变化和保护投资者合法权益的需要而认定的其他情形。

序号	操作方式	条件
2	可以提出免于发出要约的申请	经政府或者国有资产管理部门批准进行国有资产无偿划转、变更、合并，导致投资者在一个上市公司中拥有权益的股份占该公司已发行股份的比例超过30%。
		因上市公司按照股东大会批准的确定价格向特定股东回购股份而减少股本，导致投资者在该公司中拥有权益的股份超过该公司已发行股份的30%。
		中国证监会为适应证券市场发展变化和保护投资者合法权益的需要而认定的其他情形。
3	免于提交豁免申请	经上市公司股东大会非关联股东批准，投资者取得上市公司向其发行的新股，导致其在该公司拥有权益的股份超过该公司已发行股份的30%，投资者承诺3年内不转让本次向其发行的新股，且公司股东大会同意投资者免于发出要约。
		在一个上市公司中拥有权益的股份达到或者超过该公司已发行股份的30%的，自上述事实发生之日起一年后，每12个月内增持不超过该公司已发行的2%的股份。
4	免于提交豁免申请	在一个上市公司中拥有权益的股份达到或者超过该公司已发行股份的50%的，继续增加其在该公司拥有的权益不影响该公司的上市地位。
		证券公司、银行等金融机构在其经营范围内依法从事承销、贷款等业务导致其持有一个上市公司已发行股份超过30%，没有实际控制该公司的行为或者意图，并且提出在合理期限内向非关联方转让相关股份的解决方案。
		因继承导致在一个上市公司中拥有权益的股份超过该公司已发行股份的30%。
		因履行约定购回式证券交易协议购回上市公司股份导致投资者在一个上市公司中拥有权益的股份超过该公司已发行股份的30%，并且能够证明标的股份的表决权在协议期间未发生转移。
		因所持优先股表决权依法恢复导致投资者在一个上市公司中拥有权益的股份超过该公司已发行股份的30%。

6. 收购上市公司的中介机构及其职责（见表 8-11）

表 8-11 收购上市公司的中介机构及其职责

序号	中介机构	聘用主体	职责
1	买方顾问	收购方	协助寻找上市公司、谈判与制订收购方案

序号	中介机构	聘用主体	职责
2	财务顾问	收购方	协助起草收购报告书并出具财务顾问报告或者详式权益变动报告书并出具核查意见，组织反馈问题回复并取得批文，对收购人持续督导
3	法律顾问	收购方	负责出具收购报告书的法律意见书或者免于发出要约的法律意见书
4	审计机构	收购方（企业）	负责出具收购方（企业）审计报告
5	卖方顾问	上市公司大股东	协助寻找收购方、谈判与制订转让方案

注：实践中，收购方的财务顾问或法律顾问通常也可以同时担任买方顾问。

7.上市公司筛选

（1）板块与"壳费"

鉴于流动性、融资能力、套现能力、注入资产要求等的差异，通常情况下，收购方对于上市公司的青睐程度从高到低依次为主板、创业板、科创板、北交所，相应的"壳费"也通常从几十亿元到几亿元不等。

需要特别说明，所谓上市公司"壳"为相对的概念，并非仅有经营情况较差、市值较低的上市公司才能成为"壳"。在收购方实力足够强大和 / 或者标的资产足够优质的情况下，理论上所有上市公司都可以成为"壳"。

（2）是否被"风险警示"

风险警示板上市公司（ST 股、*ST 股）后续资本运作的操作空间比较低，因而相对正常上市公司的"壳费"也会大打折扣。

2024 年上半年，证监会发布了《关于严格执行退市制度的意见》，加大违规或绩差公司退市力度，同时明确将严格监管风险警示板上市公司并购重组，风险警示板上市公司的"壳费"受到更加严重的负面影响。

（3）主营业务及经营情况

很多情况下，收购方会期望保留上市公司的主营业务。特别是最近几年，收购方往往倾向于寻找与其现有主营业务或者资源禀赋匹配并有一定经营业绩的上市公司，或者上市公司能够独立维持其正常经营活动并有一定盈利能力。

（4）上市公司可否迁址

收购完成后，许多收购方会希望将上市公司迁至其所在地，以方便后续运营。

但通常情况下，上市公司难以迁址，特别在该上市公司所在地区的上市公司数量较为稀少的情况下。

如果收购方需要上市公司迁址，建议提前确认上市公司迁址的可行性并落实到位，否则可能因为各种原因而无法进行迁址。

实践中，笔者曾经遇到过一个迁址失败的案例：收购方为了确保上市公司顺利迁址而保留了5000万元交易尾款，但转让方最终未能促成上市公司迁址。

（5）拟转让的股份比例

收购方普遍期望以最小的代价获得上市公司的控制权。所以，理论上，在能够获得上市公司控制权的情况下，需要收购的股份比例越低，上市公司就越受青睐。

但如果上市公司实际控制人控制的股份比例非常低（比如10%左右），收购方会担心后续上市公司控制权的稳定性。此种情况下，收购方往往还需要筹划后续对上市公司增持股份的方案，并需要提前准备资金或者资产。

相反，如果上市公司原实际控制人控制的股份比例较高（比如高于30%），交易完成后，上市公司原实际控制人往往还会保留一定比例的股份。在这种情况下，因为直接影响到后续上市公司股价，上市公司原实际控制人会比较在意收购方的资金实力与资源背景以及后续计划注入资产的质量，从而会较为苛刻地筛选收购方。

综上所述，如果收购方本身资金实力有限，且缺乏优质的可注入资产，拟转让的股份比例位于20%—29.99%之间且为控制权的壳公司一般会比较受青睐。

如果收购方本身拥有强大的资金实力或者优质的可注入资产，则往往不会太在意上市公司拟转让的股份比例，其可选择与可接受的上市公司范围比较广。

（6）股份转让的时间

与前文新三板挂牌企业股份转让限制类似。实践中，许多上市公司的主要自然人股东，担任公司的董事、监事或高级管理人员。在这种情况下，通常只能先收购小部分股份并通过委托表决权的方式获得上市公司控制权，剩余股份待相关人员离职半年后再进行收购。

（7）收购方式

很多时候，收购方式对收购上市公司的成本、时间、风险等影响巨大，收购方需要提前了解各种收购方式的差异。

①协议转让

正常情况下，交易双方会采用协议方式进行上市公司股份交割，协议转让也是最易于操作的上市公司收购方式。

实践中，收购上市公司最经典的方式为"现金收购＋定向发行"两步走。

第一步：收购方通过现金交易直接获得上市公司不超过29.99%的股份，成为上市公司的主要股东甚至控股股东。

第二步：收购方通过货币资金或者非货币资产认购上市公司发行的股份（后者即上市公司发行股份购买资产），从而实现对上市公司的"股份增持"。如此操作，即便持股比例达到30%仍可以免于发起要约收购。

海尔集团通过旗下的青岛盈康医疗投资有限公司（以下简称"盈康医投"）收购星普医科（300143.SZ，已更名"盈康生命"）采用了"现金收购＋定向发行"两步走的收购方式。

2019 年 1 月，盈康医投与星普医科五位股东签订《股份转让协议》，以现金方式受让其持有的上市公司 29% 股份，并发布了详式权益变动报告书。

之后，盈康医投通过认购星普医科非公开发行股票的形式，将其对上市公司的持股比例提高至 39.69%，并发布了收购报告书。

②定向发行

如果收购方能够获得上市公司现有主要股东的认可，也可以直接通过认购上市公司非公开发行的股票获得上市公司的控制权。

收购方直接认购上市公司定向发行的股份，无须在上市公司现有股票价格的基础上溢价（通常还可以"打折"），没有"壳费"，获得上市公司控制权的成本更低。

中电信量子信息科技集团有限公司（以下简称"中电信量子集团"）就是通过认购上市公司定向发行股份（和表决权委托）的方式，收购了国盾量子（688027.SZ）。

2023 年 7 月，国盾量子原七名实际控制人的一致行动协议到期终止并决定不再续签，上市公司变更为无控股股东及无实际控制人。

2024 年 3 月，国盾量子发布《关于 2024 年度向特定对象发行 A 股股票预案》，中电信量子集团认购上市公司向特定对象发行的新股获得上市公司 24 112 311 股股份（占发行完成后上市公司总股本的 23.08%），并通过与中科大资产经营有限责任公司、彭承志分别达成一致行动安排，合计控制上市公司 43 212 311 股股份（占发行完成后上市公司总股本的 41.36%）对应的表决权。

此次收购后，中电信量子集团成为上市公司的控股股东，国务院国资委成为上市公司的实际控制人。

2024 年 11 月，国盾量子取得证监会《关于同意科大国盾量子技术股份有限公司向特定对象发行股票注册的批复》。

上述案例中，中电信量子集团的母公司为中国电信（601728.SH），实际控制人为国务院国资委，其背景获得上市公司现有主要股东的认可无可厚非。

实践中，收购方通常需要足够强大的资金实力和资源背景，才能通过直接认购上市公司定向发行的股票的方式获得上市公司的控制权。

③拍卖或者其他司法途径

实践中，上市公司被司法冻结的股份或者国有股东持有的股份，往往只能通过拍卖或者其他司法途径实现控制权转移。

通过拍卖或者其他司法途径获取被司法冻结的上市公司股份，成本通常会比较低，但收购方可能难以控制上市公司或者上市公司可能存在各种潜在风险。

浙江海歆能源有限责任公司（以下简称"浙江海歆"）通过拍卖获得庚星股份（600753.SH）控制权后，就发生了"入主"难的问题。

浙江海歆收购庚星股份并"入主"的时间脉络如表 8-12 所示。

表 8-12　浙江海歆收购庚星股份并"入主"的时间脉络

序号	时间	事件
1	2024 年 3 月	浙江海歆通过拍卖方式，以总价款 3.93 亿元获得庚星股份 24.10% 的股份，成为其控股股东。
2	2024 年 6 月中下旬	浙江海歆两次要求庚星股份召开临时股东大会改组董事会未果。上海证券交易所向庚星股份下发了《监管工作函》，要求庚星股份详细说明公司董事会拒绝将相关股东的临时提案提请股东大会审议的理由。
3	2024 年 7 月底	浙江海歆不得不绕开庚星股份董事会、监事会，自行召开临时股东大会改组董事会。

上述案例中，浙江海歆虽然以较低的成本获得了上市公司的控制权，并最终完成董事会改组，但实施过程比较曲折，也给上市公司带来了较大的负面影响。

如果收购方计划以拍卖或者其他司法途径收购被司法冻结的上市公司

股份，需要提前确定自己是否有足够的实力"入主"上市公司、合理控制收购风险并确保上市公司后续的正常经营。

青岛市市北区国有资产运营发展中心（以下简称"青岛市市北国资"）收购 *ST 凯撒（000796.SZ，已变更为凯撒旅业），是通过其他司法途径收购上市公司的典型案例。

青岛市市北国资收购 *ST 凯撒及后续事件的时间脉络如表 8-13 所示。

表 8-13　青岛市市北国资收购 *ST 凯撒及后续事件的时间脉络

序号	时间	事件
1	2023 年 12 月	海南省三亚中级人民法院出具《民事裁定书》批准《凯撒同盛发展股份有限公司及其六家子公司重整计划》，并终止该公司及其六家子公司的重整程序。最终，679 658 848 股转增股票从 *ST 凯撒破产企业财产处置专用账户过户至重整投资人、部分债权人指定的证券账户。转增股份完成过户后，公司控股股东变更为青岛环海湾文化旅游发展有限公司，实际控制人变更为青岛市市北国资。
2	2024 年 4 月	*ST 凯撒披露了 2023 年年报，公司 2023 年度营业收入为 5.82 亿元，归属于上市公司股东的扣除非经常性损益的净利润为 −3.50 亿元。
3	2024 年 6 月	*ST 凯撒申请撤销退市风险警示并继续实施其他风险警示，由 *ST 凯撒变为 ST 凯撒。
4	2024 年 8 月	ST 凯撒披露了 2024 年半年报，公司 2024 年上半年营业收入为 3.21 亿元，归属于上市公司股东的扣除非经常性损益的净利润为 −2 317.61 万元。
5	2024 年 9 月	中国证券监督管理委员会海南监管局向 ST 凯撒及相关责任人下发了《行政处罚决定书》。
6	2024 年 10 月	ST 凯撒撤销其他风险警示，证券简称变更为凯撒旅业。

上述案例中，青岛市市北国资以较低的成本获得了 *ST 凯撒的控制权，成功地完成了对上市公司的收购。

但 *ST 凯撒位于外地（海南省）且较难迁址，持续亏损并面临行政处罚，后续如何进行资本运作并改善其经营状况，以实现国有资产保值增值需要进一步筹划。

④要约收购

由于操作成本相对较高，国内资本市场通过要约收购方式（不以终止上市为目的）获得上市公司控制权的案例较少。

广东格兰仕家用电器制造有限公司（以下简称"格兰仕"）收购惠而浦（600983.SH）是要约收购的典型案例。

格兰仕收购惠而浦的时间脉络如表8-14所示。

表 8-14　格兰仕收购惠而浦的时间脉络

序号	时间	事件
1	2020 年 8 月	格兰仕向惠而浦发送《要约收购报告书摘要》，拟向其全体股东发出部分要约收购，收购 4.68 亿股（占比 61%），收购价格为 5.23 元 / 股，最高资金总额为 24.45 亿元。 同时，如果预受要约股份的数量少于 51%，则本次要约收购自始不生效，所有预受的股份将不被收购人接受，上市公司控股股东、实际控制人将不发生变更。
2	2021 年 3 月	惠而浦公告称，收到格兰仕出具的《要约收购报告书》，收购数量、价格及条件与《要约收购报告书摘要》一致。
3	2021 年 4 月	要约收购期限届满，3.92 亿股股份接受了要约，格兰仕持股比例达到 51.10%，成为惠而浦的控股股东。

上述案例中，格兰仕凭借强大的实力，通过部分要约的方式收购了上市公司，为其他上市公司要约收购提供了借鉴。

（8）上市公司资产情况

部分收购上市公司的案例中，作为一揽子交易的一部分，上市公司现有主要股东通常会要求收购方将上市公司现有资产收购或置换到上市公司之外，并免费赠与上市公司现有主要股东。该种情况下，上市公司的现有资产规模也需要提前考虑。

8. 证券交易所审核关注的重点

收购上市公司的问询问题通常不会单独公开披露。实践中，仅有少数案例因为各种原因公开披露了收购上市公司的问询问题。

根据公开披露的收购上市公司问询问题与笔者操作相关项目的经验，

证券交易所主要关注收购方的收购资格与资金实力、收购价格的合理性、收购程序合规性以及后续安排等问题。

公开披露收购上市公司问询问题的案例如下。

珠海格力集团有限公司（以下简称"格力集团"）要约收购长园集团（600525.SH）的过程中，因为格力集团注册资本为8亿元，本次要约收购所需资金总额为人民币52.46亿元，上交所要求格力集团披露其目前持有现金情况，后续资金安排是否须通过融资安排解决，并要求结合前期格力集团及一致行动人取得长园集团股份的价格，说明本次要约价格是否符合《上市公司收购管理办法》等相关规定。后来该要约收购宣布终止。

广州产业投资基金管理有限公司（以下简称"广州产投"）要约收购爱建集团（600643.SH）的过程中，因为爱建集团下属控股和参股公司分别持有信托和证券的金融牌照，上交所要求按照金融主管部门关于持牌公司股东变更及实际控制人变更的相关监管要求，核实本次以取得控制权为目的的要约收购，是否需要取得行业主管部门的事前或事后批准，并说明具体依据。

恒大地产（000502.SZ）收购廊坊发展（600149.SH）的过程中，因为廊坊发展2016年中期报告显示公司亏损，但恒大地产在前后三次权益变动报告书中称，公司增持廊坊发展的目的为充分把握京津冀一体化的政策契机，对上市公司未来发展前景看好，上交所要求详细说明恒大地产看好上市公司发展前景的理由，并说明是否有意通过股份增持获得廊坊发展的实际控制权，是否有意参与廊坊发展的经营管理。

通过分析证券交易所问询的问题，监管机构希望上市公司的收购人拥有足够的实力、资源和意愿推动上市公司健康发展与规范运作，而不是进行单纯资本运作、"倒壳"或者实施各种违法违规行为。

三、重大资产重组

（一）新三板挂牌企业重大资产重组

1. 重大资产重组的概念与认定标准

"新三板挂牌企业重大资产重组"是指新三板挂牌企业及其控股或者控制的公司在日常经营活动之外购买、出售资产或者通过其他方式进行资产交易，导致新三板挂牌企业的业务、资产发生重大变化的资产交易行为。

根据《非上市公众公司重大资产重组管理办法》，新三板挂牌企业及其控股或者控制的公司购买、出售资产，达到表8-15所示标准的，构成重大资产重组。

表 8-15　新三板挂牌企业重大资产重组认定标准

序号	资产交易行为	财务指标（二选一）
1	在日常经营活动之外购买、出售资产，包括出售土地、房产、机械设备等，但不包括购买与生产经营相关的土地、房产、机械设备等。	（1）购买、出售的资产总额占新三板挂牌企业最近一个会计年度经审计的合并财务会计报表期末资产总额的比例达到50%以上；
2	以认缴、实缴等方式与他人新设参股企业，或对已设立的企业增资或者减资，不含新设全资子公司或控股子公司、向全资子公司或控股子公司增资。	（2）购买、出售的资产净额占新三板挂牌企业最近一个会计年度经审计的合并财务会计报表期末净资产额的比例达到50%以上，且购买、出售的资产总额占新三板挂牌企业最近一个会计年度经审计的合并财务会计报表期末资产总额的比例达到30%以上。
3	受托经营、租赁其他企业资产或将经营性资产委托他人经营、租赁。	
4	接受附义务的资产赠与或者对外捐赠资产。	
5	中国证监会根据审慎监管原则认定的其他情形。	

新三板挂牌企业发行股份购买资产触及上述指标的，应当按照重大资产重组要求办理。新三板挂牌企业按照经中国证监会注册或经全国股转公司审核无异议的定向发行文件披露的募集资金用途，使用募集资金购买资产、对外投资的行为，不适用重大资产重组相关要求。

另外，关于重大资产重组认定标准相关指标的具体计算，需要参照以下规定。

（1）购买的资产为股权的，且购买股权导致新三板挂牌企业取得被投资企业控股权的，其资产总额以被投资企业的资产总额和成交金额二者中的较高者为准，资产净额以被投资企业的净资产额和成交金额二者中的较高者为准；出售股权导致新三板挂牌企业丧失被投资企业控股权的，其资产总额、资产净额分别以被投资企业的资产总额以及净资产额为准。

除前款规定的情形外，购买的资产为股权的，其资产总额、资产净额均以成交金额为准；出售的资产为股权的，其资产总额、资产净额均以该股权的账面价值为准。

（2）购买的资产为非股权资产的，其资产总额以该资产的账面值和成交金额二者中的较高者为准，资产净额以相关资产与负债账面值的差额和成交金额二者中的较高者为准；出售的资产为非股权资产的，其资产总额、资产净额分别以该资产的账面值、相关资产与负债账面值的差额为准；该非股权资产不涉及负债的，不适用本办法第二条第三款第（二）项规定的资产净额标准。

（3）新三板挂牌企业同时购买、出售资产的，应当分别计算购买、出售资产的相关比例，并以二者中比例较高者为准。

（4）新三板挂牌企业在12个月内连续对同一或者相关资产进行购买、出售的，以其累计数分别计算相应数额。已按照本办法的规定履行相应程序的资产交易行为，无须纳入累计计算的范围。

交易标的资产属于同一交易方所有或者控制，或者属于相同或者相近的业务范围，或者中国证监会认定的其他情形下，可以认定为同一或者相关资产。

2. 重大资产重组的条件（见表 8-16）

表 8-16　新三板重大资产重组的条件

序号	新三板重大资产重组的条件
1	重大资产重组所涉及的资产定价公允，不存在损害新三板挂牌企业和股东合法权益的情形。

序号	新三板重大资产重组的条件
2	重大资产重组所涉及的资产权属清晰，资产过户或者转移不存在法律障碍，相关债权债务处理合法；所购买的资产为权属清晰的经营性资产。
3	实施重大资产重组后有利于提高新三板挂牌企业资产质量和增强持续经营能力，不存在可能导致新三板挂牌企业重组后主要资产为现金或者无具体经营业务的情形。
4	实施重大资产重组后有利于新三板挂牌企业形成或者保持健全有效的法人治理结构。

3. 发行股份购买资产

（1）处理方式

新三板发行股票购买资产构成重大资产重组的，应当按照《非上市公众公司重大资产重组管理办法》和全国股转公司的相关规定办理。

关于发行股份购买资产的处理，新三板挂牌企业与上市公司存在差异。上市公司发行股份购买资产均需要按照重大资产重组要求办理；新三板挂牌企业发行股份购买资产则取决于标的资产的规模——达到标准按照重大资产重组要求办理，未达到标准则按照定向发行股票要求办理。

（2）股票锁定期

重大资产重组涉及发行股份的，特定对象以资产认购而取得的新三板挂牌企业股份，应当承诺自股份发行结束之日起6个月内不得转让；属于下列情形之一的，应当承诺12个月内不得转让：

①特定对象为新三板挂牌企业控股股东、实际控制人或者其控制的关联人；

②特定对象通过认购本次发行的股份取得新三板挂牌企业的实际控制权；

③特定对象取得本次发行的股份时，对其用于认购股份的资产持续拥有权益的时间不足12个月。

（3）配套募集资金

新三板挂牌企业发行股份购买资产的，可以同时募集配套资金。募集配套资金部分与购买资产部分发行的股份可以分别定价，视为两次发行，但应当逐一表决、分别审议。

募集配套资金行为应当符合公司股票定向发行的监管要求，且所配套资金比例不超过拟购买资产交易价格的100%。

所募资金可以用于支付本次重组交易中的现金对价，支付本次重组交易税费、人员安置费用等并购整合费用，投入标的资产在建项目建设，也可以用于补充公司和标的资产流动资金、偿还债务等合理用途，并适用公司股票定向发行募集资金的相关管理规定。

4. 重大资产重组操作流程

（1）寻找标的资产并谈判

新三板挂牌企业需要根据自身资金实力和要求寻找合适的标的资产，并就收购价格、收购股权比例、支付方式、业绩对赌等相关事项进行谈判。

（2）签署相关协议并进行信息披露

找到合适的标的资产并谈判达成一致后，新三板挂牌企业股票停牌（如需），之后召开董事会并披露重组预案后复盘。再之后，挂牌企业召开董事会披露重组报告书、独立财务顾问报告、法律意见书、标的资产审计报告、评估报告等文件并召开股东大会审议通过。

（3）监管审核

①新三板挂牌企业重大资产重组不涉及发行股份的，全国股转公司对重大资产重组报告书、独立财务顾问报告、法律意见书以及重组涉及的审计报告、资产评估报告等信息披露文件的完备性进行审查。发现信息披露文件存在完备性问题的，全国股转公司有权要求公司对存在问题的信息披露文件内容进行解释、说明和更正。

②新三板挂牌企业重大资产重组涉及发行股份的，公司应在股东大会决议后10个交易日内，委托独立财务顾问通过重组业务系统向全国股转公司报送申请文件，之后全国股转公司对申请文件进行审核并问询

（如需）。

新三板挂牌企业向特定对象发行股份购买资产后股东累计不超过200人的重大资产重组，中国证监会豁免注册，由全国股转公司自律管理。

新三板挂牌企业向特定对象发行股份购买资产后股东累计超过200人的重大资产重组，全国股转公司认为新三板挂牌企业符合重大资产重组实施要求和信息披露要求的，将审核意见、公众公司注册申请文件及相关审核资料报送中国证监会注册；认为新三板挂牌企业不符合重大资产重组实施要求和信息披露要求的，作出终止审核决定。中国证监会收到全国股转公司报送的审核意见、公司注册申请文件及相关审核资料后，基于全国股转公司的审核意见，依法履行注册程序。

上述过程中，独立财务顾问需要牵头对监管机构问询的问题进行回复并修订重组报告书、财务顾问报告等文件（如需），直至监管机构同意该重组行为。

（4）实施重组

监管机构同意新三板挂牌企业重大资产重组后，标的资产需要过户给新三板挂牌企业，之后新三板挂牌企业会向转让方支付现金和/或者发行股票等。

（5）持续督导

独立财务顾问应当按照中国证监会的相关规定，对实施重大资产重组的新三板挂牌企业履行持续督导职责。持续督导的期限自新三板挂牌企业完成本次重大资产重组之日起，不少于一个完整会计年度。

5. 重大资产重组的中介机构及其职责（见表8-17）

表8-17　新三板挂牌企业重大资产重组的中介机构及其职责

序号	中介机构	聘用主体	职责
1	买方顾问	挂牌企业	协助寻找标的资产、谈判与制订收购方案

续表

序号	中介机构	聘用主体	职责
2	独立财务顾问	挂牌企业	协助起草重组报告书并出具独立财务顾问报告，组织反馈问题回复并取得批文
3	法律顾问	挂牌企业	负责出具重大资产重组的法律意见书
4	审计机构	挂牌企业	负责出具标的资产的审计报告
5	资产评估机构	挂牌企业	负责出具标的资产的评估报告
6	卖方顾问	标的公司大股东	协助寻找收购方、谈判与制订转让方案

注：实践中，挂牌企业的独立财务顾问或法律顾问通常也可以同时担任买方顾问。

6.全国股转公司审核关注的重点

实践中，全国股转公司主要关注标的资产的持续经营能力、规范运作情况以及交易价格的公允性等问题。

以下新三板挂牌企业的重大资产重组可供参考。

（1）中控智联（430122.NQ）收购南京沃斯特能源有限公司（以下简称"南京沃斯特"）的过程中，全国股转公司要求中控智联结合重组后挂牌公司及子公司南京沃斯特经营情况、财务状况等，补充说明本次重组是否有利于提高挂牌公司资产质量和增强持续经营能力。

（2）瑞兴医药（835553.NQ）收购合肥华威药业有限公司（以下简称"华威药业"）的过程中，全国股转公司要求瑞兴医药结合报告期内财务数据和2023年四季度实现的财务数据，就华威药业2家子公司预测期内营业收入、营业收入增长率、毛利率等核心指标的取值合理性进行分析，并说明2家子公司折现率的计算过程，并结合可比公司论证取值合理性。

（3）知行股份（871655.NQ）收购眉山环天良知实业有限公司（以下简称"环天良知"）的过程中，全国股转公司要求知行股份说明环天良知租赁用地被收回的风险、影响及替代措施；环天良知是否涉及"高耗能""高排放"，最近24个月是否存在受到环保领域行政处罚的情况，是否构成重大违法行为，或者是否存在严重环境污染、严重损害社会公共利益的违法行为。

（二）上市公司重大资产重组

1. 重大资产重组的概念与认定标准

"上市公司重大资产重组"是指上市公司及其控股或者控制的公司在日常经营活动之外购买、出售资产或者通过其他方式进行资产交易达到规定的标准，导致上市公司的主营业务、资产、收入发生重大变化的资产交易行为。

根据《上市公司重大资产重组管理办法》，上市公司及其控股或者控制的公司购买、出售资产，达到表 8-18 所示标准的，构成重大资产重组。

表 8-18　上市公司重大资产重组认定标准

序号	资产交易行为	财务指标（三选一）
1	在日常经营活动之外购买、出售资产。	（1）购买、出售的资产总额占上市公司最近一个会计年度经审计的合并财务会计报告期末资产总额的比例达到 50% 以上；
2	与他人新设企业、对已设立的企业增资或者减资。	（2）购买、出售的资产在最近一个会计年度所产生的营业收入占上市公司同期经审计的合并财务会计报告营业收入的比例达到 50% 以上，且超过 5 000 万元人民币；
3	受托经营、租赁其他企业资产或者将经营性资产委托他人经营、租赁。	（3）购买、出售的资产净额占上市公司最近一个会计年度经审计的合并财务会计报告期末净资产额的比例达到 50% 以上，且超过 5 000 万元人民币。
4	接受附义务的资产赠与或者对外捐赠资产。	
5	中国证监会根据审慎监管原则认定的其他情形。	

上市公司发行股份购买资产应当按照重大资产重组要求办理。上市公司按照经中国证监会注册的证券发行申请所披露的募集资金用途，使用募集资金购买资产、对外投资的行为，不适用重大资产重组相关要求。

另外，关于重大资产重组认定标准相关指标的具体计算，需要参照以下规定。

（1）购买的资产为股权的，其资产总额以被投资企业的资产总额与该项投资所占股权比例的乘积和成交金额二者中的较高者为准，营业收入以被投资企业的营业收入与该项投资所占股权比例的乘积为准，资产净额以被投资企业的净资产额与该项投资所占股权比例的乘积和成交金额二者中的较高者为准；出售的资产为股权的，其资产总额、营业收入以及资产净额分别以被投资企业的资产总额、营业收入以及净资产额与该项投资所占股权比例的乘积为准。

购买股权导致上市公司取得被投资企业控股权的，其资产总额以被投资企业的资产总额和成交金额二者中的较高者为准，营业收入以被投资企业的营业收入为准，资产净额以被投资企业的净资产额和成交金额二者中的较高者为准；出售股权导致上市公司丧失被投资企业控股权的，其资产总额、营业收入以及资产净额分别以被投资企业的资产总额、营业收入以及净资产额为准。

（2）购买的资产为非股权资产的，其资产总额以该资产的账面值和成交金额二者中的较高者为准，资产净额以相关资产与负债的账面值差额和成交金额二者中的较高者为准；出售的资产为非股权资产的，其资产总额、资产净额分别以该资产的账面值、相关资产与负债账面值的差额为准；该非股权资产不涉及负债的，不适用资产净额标准。

（3）上市公司同时购买、出售资产的，应当分别计算购买、出售资产的相关比例，并以二者中比例较高者为准。

（4）上市公司在12个月内连续对同一或者相关资产进行购买、出售的，以其累计数分别计算相应数额。已按照本办法的规定编制并披露重大资产重组报告书的资产交易行为，无须纳入累计计算的范围。中国证监会对重大资产重组的累计期限和范围另有规定的，从其规定。

交易标的资产属于同一交易方所有或者控制，或者属于相同或者相近的业务范围，或者中国证监会认定的其他情形下，可以认定为同一或者相关资产。

2. 重大资产重组的条件（见表8-19）

表8-19　上市公司重大资产重组的条件

序号	类别	上市公司重大资产重组的条件
1	重大资产重组总体要求	符合国家产业政策和有关环境保护、土地管理、反垄断、外商投资、对外投资等法律和行政法规的规定。
2		不会导致上市公司不符合股票上市条件。
3		重大资产重组所涉及的资产定价公允，不存在损害上市公司和股东合法权益的情形。
4		重大资产重组所涉及的资产权属清晰，资产过户或者转移不存在法律障碍，相关债权债务处理合法。
5		有利于上市公司增强持续经营能力，不存在可能导致上市公司重组后主要资产为现金或者无具体经营业务的情形。
6	重大资产重组总体要求	有利于上市公司在业务、资产、财务、人员、机构等方面与实际控制人及其关联人保持独立，符合中国证监会关于上市公司独立性的相关规定。
7		有利于上市公司形成或者保持健全有效的法人治理结构。
8	发行股份购买资产特别要求	本次交易有利于提高上市公司资产质量、改善财务状况和增强持续经营能力，有利于上市公司减少关联交易、避免同业竞争、增强独立性。
9		上市公司最近一年及一期财务会计报告被会计师事务所出具无保留意见审计报告；被出具保留意见、否定意见或者无法表示意见的审计报告的，须经会计师事务所专项核查确认，该保留意见、否定意见或者无法表示意见所涉及事项的重大影响已经消除或者将通过本次交易予以消除。
10		上市公司及其现任董事、高级管理人员不存在因涉嫌犯罪正被司法机关立案侦查或涉嫌违法违规正被中国证监会立案调查的情形。但是，涉嫌犯罪或违法违规的行为已经终止满三年，交易方案有助于消除该行为可能造成的不良后果，且不影响对相关行为人追究责任的除外。
11		上市公司发行股份所购买的资产为权属清晰的经营性资产，并能在约定期限内办理完毕权属转移手续。
12		中国证监会规定的其他条件。
13		上市公司为促进行业的整合、转型升级，在其控制权不发生变更的情况下，可以向控股股东、实际控制人或者其控制的关联人之外的特定对象发行股份购买资产。所购买资产与现有主营业务没有显著协同效应的，应当充分说明本次交易后的经营发展战略和业务管理模式，以及业务转型升级可能面临的风险和应对措施。

续表

序号	类别	上市公司重大资产重组的条件
14	科创板特别要求	拟购买资产应当符合科创板定位，所属行业应当与科创板上市公司处于同行业或者上下游，且与科创板上市公司主营业务具有协同效应。
15	创业板特别要求	拟购买资产所属行业应当符合创业板定位，或者与上市公司处于同行业或者上下游。

3. 发行股份购买资产

（1）处理方式

上市公司发行股份购买资产应当符合《上市公司重大资产重组管理办法》的规定。

因此，不管标的资产规模如何，上市公司发行股份购买资产都需要按照重大资产重组相关要求进行办理。

（2）发行价格

上市公司发行股份的价格不得低于市场参考价的80%。市场参考价为本次发行股份购买资产的董事会决议公告日前20个交易日、60个交易日或者120个交易日的公司股票交易均价之一。本次发行股份购买资产的董事会决议应当说明市场参考价的选择依据。

前款所称交易均价的计算公式为：董事会决议公告日前若干个交易日公司股票交易均价＝决议公告日前若干个交易日公司股票交易总额／决议公告日前若干个交易日公司股票交易总量。

（3）股票锁定期

特定对象以资产认购而取得的上市公司股份，自股份发行结束之日起12个月内不得转让。属于下列情形之一的，36个月内不得转让：

①特定对象为上市公司控股股东、实际控制人或者其控制的关联人；

②特定对象通过认购本次发行的股份取得上市公司的实际控制权；

③特定对象取得本次发行的股份时，对其用于认购股份的资产持续拥有权益的时间不足12个月。

属于借壳上市的，上市公司原控股股东、原实际控制人及其控制的关联人，以及在交易过程中从该等主体直接或间接受让该上市公司股份的特定对象应当公开承诺，在本次交易完成后 36 个月内不转让其在该上市公司中拥有权益的股份；除收购人及其关联人以外的特定对象应当公开承诺，其以资产认购而取得的上市公司股份自股份发行结束之日起 24 个月内不得转让。

（4）配套募集资金

上市公司发行股份购买资产的，可以同时募集部分配套资金。

根据《监管规则适用指引——上市类第 1 号》《〈上市公司重大资产重组管理办法〉第十四条、第四十四条的适用意见——证券期货法律适用意见第 12 号》规定："上市公司发行股份购买资产同时募集配套资金，所配套资金比例不超过拟购买资产交易价格 100% 的，一并由并购重组审核委员会予以审核。"其中，"拟购买资产交易价格"指本次交易中以发行股份方式购买资产的交易价格，不包括交易对方在本次交易停牌前六个月内及停牌期间以现金增资入股标的资产部分对应的交易价格，但上市公司董事会首次就重大资产重组作出决议前该等现金增资部分已设定明确、合理资金用途的除外。

考虑到募集资金的配套性，所募资金可以用于支付本次并购交易中的现金对价，支付本次并购交易税费、人员安置费用等并购整合费用和投入标的资产在建项目建设，也可以用于补充上市公司和标的资产流动资金、偿还债务。募集配套资金用于补充公司流动资金、偿还债务的比例不应超过交易作价的 25%；或者不超过募集配套资金总额的 50%。

4. 重大资产重组操作流程

（1）寻找标的资产并谈判

上市公司需要根据自身资金实力和要求寻找合适的标的资产，并就收购价格、收购股权比例、支付方式、业绩对赌等相关事项进行谈判。

（2）签署相关协议并进行信息披露

找到合适的标的资产并谈判达成一致后，上市公司股票停牌（如需），之后召开董事会并披露重组预案后复盘。再之后，上市公司召开董事会披露重组报告书、独立财务顾问报告、法律意见书、标的资产审计报告、评估报告等文件并召开股东大会审议通过后提报证券交易所（如需）。

（3）监管审核

①上市公司重大资产重组不涉及发行股份的，根据中国证监会的规定聘请独立财务顾问和其他证券服务机构，按照《上市公司重大资产重组办法》和证券交易所的要求履行相关程序、披露相关信息。证券交易所通过问询、现场检查、现场督导、要求独立财务顾问和其他证券服务机构补充核查并披露专业意见等方式进行自律管理。

②上市公司重大资产重组涉及发行股份购买资产的，上市公司应当根据中国证监会的规定委托独立财务顾问，在作出决议后三个工作日内向证券交易所提出申请。证券交易所重组审核机构按照规定进行审核，出具审核报告，提出初步审核意见后，提交本所并购重组审核委员会审议，提出审议意见。

证券交易所认为符合相关条件和要求的，将审核意见、上市公司注册申请文件及相关审核资料报中国证监会注册；认为不符合相关条件和要求的，作出终止审核决定。

中国证监会收到证券交易所报送的审核意见等相关文件后，依照法定条件和程序，作出予以注册或者不予注册的决定。

上述过程中，独立财务顾问需要牵头对监管机构问询的问题进行回复并修订重组报告书、财务顾问报告等文件（如需），直至监管机构同意该重组行为。

（4）实施重组

监管机构同意该重组后，标的资产需要过户给上市公司，之后上市公司会向转让方（标的资产的股东或持有人）支付现金和 / 或者发行股票。

（5）持续督导

独立财务顾问应当按照中国证监会的相关规定，以及证券交易所的相关规则，对实施重大资产重组的上市公司履行持续督导职责。持续督导的期限自本次重大资产重组实施完毕之日起，应当不少于一个会计年度（非借壳上市）或三个会计年度（借壳上市）。持续督导期限届满后，仍存在尚未完结的督导事项的，独立财务顾问应当就相关事项继续履行持续督导职责。

5. 重大资产重组的中介机构及其职责（见表 8-20）

表 8-20　上市公司重大资产重组的中介机构及其职责

序号	中介机构	聘用主体	职责
1	买方顾问	上市公司	协助寻找标的资产、谈判与制订收购方案
2	独立财务顾问	上市公司	协助起草重组报告书并出具独立财务顾问报告，组织反馈问题回复并取得批文
3	法律顾问	上市公司	负责出具重大资产重组的法律意见书
4	审计机构	上市公司	负责出具标的资产的审计报告
5	资产评估机构	上市公司	负责出具标的资产的评估报告
6	卖方顾问	标的公司大股东	协助寻找收购方、谈判与制订转让方案

注：实践中，上市公司的独立财务顾问或法律顾问通常也可以同时担任买方顾问。

6. 证券交易所审核关注的重点

实践中，证券交易所主要关注标的公司的持续经营能力、规范运作情况以及交易价格的公允性等问题。

以下上市公司的重大资产重组上会否决原因可供参考。

（1）宁波联合（600051.SH）收购杭州盛元房地产开发有限公司60.82% 股权，因为"申请人未能充分说明并披露本次交易有利于提高上市公司资产质量、改善财务状况和增强持续盈利能力"而上会被否决。

（2）盈方微（000670.SZ）收购深圳市华信科科技有限公司49%的股权与World Style Technology Holdings Limited 49%的股权，因为"申请人未充分说明本次交易不存在损害上市公司股东合法权益的情形"而上会被否决。

（3）天兴仪表（000710.SZ，已更名为"贝瑞基因"）收购深圳市网印巨星机电设备有限公司，因为"标的资产2012年两次股权转让价格与本次交易价格之间存在巨大差异，缺乏合理解释。标的资产客户依赖大，应收账款占比高，未来毛利率预测缺乏合理解释"而上会被否决。

四、借壳挂牌与借壳上市

（一）借壳挂牌

1. 借壳挂牌的概念

截至本书成稿之日，尚未有官方文件明确新三板"借壳挂牌"的定义与条件。

如果参考借壳上市的概念对"借壳挂牌"进行定义，"借壳挂牌"是指新三板挂牌企业自控制权发生变更之日起，向获取新三板挂牌企业控制权的主体（收购人）及其关联人购买资产，导致新三板挂牌企业发生根本变化的重大资产重组。

通俗意义的"借壳挂牌"范围则广许多，涵盖了收购人获取新三板挂牌企业的控制权并注入自身资产或业务的所有情形。

实践中，获取新三板挂牌企业的控制权后，注入业务的情形远胜于注入资产，本书所称"借壳挂牌"是指其通俗意义的概念。

2. 借壳挂牌的目的

实践中，有些企业因为暂时无法满足新三板挂牌条件，而不得不采取借壳的方式尽快完成挂牌，以便享受新三板挂牌企业"分红免个人所得税"的政策，能够更好地进行公司或者产品宣传、更便捷地吸引投资者、更顺利地操作股权激励、更快速地"转板"至北交所上市等。

建议拟进行借壳挂牌的企业在启动之前，明确借壳挂牌的目的，并在充分了解借壳挂牌的操作流程与成本的基础上进行理智决策。

3. 借壳挂牌的方式与流程

（1）注入资产

①先买壳再注入资产

收购方通过支付现金的方式收购新三板挂牌企业（履行收购新三板挂牌企业的程序），之后再由新三板挂牌企业以发行股份和/或者支付现金的方式获取收购方的资产（通常需要履行新三板挂牌企业重大资产重组程序）。

②直接发行股份购买资产（俗称"直接借壳挂牌"）

新三板挂牌企业通过发行股份购买资产的方式收购标的资产，同时标的公司的实际控制人成为新三板挂牌企业的实际控制人。此种方式下，以新三板挂牌企业重大资产重组程序为主，同时履行收购新三板挂牌企业的程序。

因为新三板挂牌的门槛不高且审核的效率较高，直接借壳挂牌的必要性比较低，相关案例并不多见。

据笔者了解，国内资本市场最早直接借壳挂牌的案例为 2016 年福建南平南孚电池有限公司（以下简称"南孚电池"）借壳亚锦科技（830806.NQ）。

南孚电池借壳亚锦科技的时间脉络如表 8-21 所示。

表 8-21　南孚电池借壳亚锦科技的时间脉络

序号	时间	事件
1	2015 年 6 月	亚锦科技发布筹划重大资产重组暂停转让的公告。
2	2015 年 9 月	亚锦科技发布重大资产重组报告书、财务顾问报告、法律意见书、南孚电池审计报告与评估报告。

续表

序号	时间	事件
3	2016 年 1 月	亚锦科技发布了修订后重大资产重组报告书、财务顾问报告、法律意见书、南孚电池审计报告与评估报告。
4	2016 年 1 月	全国股转公司审查完毕后，亚锦科技恢复转让。
5	2016 年 2 月	亚锦科技通过发行股份收购南孚电池 60% 股权，发布了重组实施报告及独立财务顾问核查意见、法律意见书。

南孚电池借壳亚锦科技过程中，全国股转公司关注了标的资产权属是否清晰，是否经审计、评估程序，价值是否公允；亚锦科技发行股份购买资产相关程序是否完备、是否合法合规；本次发行股份购买资产利益相关方是否存在纠纷或潜在纠纷；南孚电池业务开展是否需取得主管部门审批，是否取得相应的资质、许可或特许经营权等问题。全国股转公司要求亚锦科技根据南孚电池的实际财务状况，结合资金市场、行业竞争情况、南孚电池自身运营管理情况等，分析并披露其后续募资、投资的可持续性，要求独立财务顾问对南孚电池的持续经营能力进一步分析并发表意见。

上述案例中，借壳挂牌的实际操作周期超过半年，且全国股转公司审核较为严格。

由此可见，直接借壳挂牌的操作周期与新三板挂牌的时间相当，甚至可能更长，建议企业启动借壳挂牌之前谨慎论证此类操作的必要性与可行性。

（2）注入业务

收购方通过支付现金的方式收购新三板挂牌企业，之后收购方修改挂牌企业的公司名称与经营范围，并将自身员工、客户资源等转入。

此种方式下，收购方仅需要履行新三板收购程序，但需要收购方能够获取的挂牌企业股份比例足够高（通常接近或达到100%），以防止后续"注入业务"的利益被剩余的小股东无偿分享并影响经营决策的效率。

化州裕新企业管理服务中心（有限合伙）（以下简称"裕新企管"）收购中冠智能（871986.NQ，已更名为"新晟橘红"）是收购挂牌企业并注入业务的典型案例。

裕新企管收购中冠智能并注入业务的时间脉络如表 8-22 所示。

表 8-22　裕新企管收购中冠智能并注入业务的时间脉络

序号	时间	事件
1	2023 年 4 月	裕新企管通过竞价交易、大宗交易方式，获得中冠智能 441 498 股，拥有权益比例从 0 变为 10%。
2	2023 年 5 月	裕新企管与中冠智能主要股东签订股份转让协议，拟通过协议转让方式收购中冠智能 4 193 418 股，持股比例达到 95%，成为中冠智能控股股东。
3	2023 年 6 月	中冠智能更名为新晟股份。
4	2023 年 8 月	新晟股份完成了董事、监事、高级管理人员的调整。
5	2023 年 9 月	新晟股份投资设立全资公司，主要从事食品销售、树木种植经营、中草药种植、坚果种植、农副产品销售、园林绿化工程施工等业务。
6	2023 年 11 月	新晟股份变更经营范围和主营业务。
7	2024 年 2 月	裕新企管拟收购股份完成过户，并通过竞价交易增持部分股份，最终持股比例达到 96.88%。
8	2024 年 6 月	新晟股份更名为新晟橘红。

上述案例中，裕新企管收购中冠智能并注入业务，规避了重大资产重组审核。同时，上述时间脉络存在一定异常之处——裕新企管获得挂牌企业主要股份之前，已经开始对挂牌企业进行重大调整。

以笔者操作类似项目的经验猜测，早在 2023 年 4 月甚至更早的时间，收购方已经支付了相当比例的款项并实际获得了挂牌企业的控制权。之后公开执行的一系列操作，是按照法规要求实施的程序与信息披露，也即上述时间脉络展示的过程。

4. 借壳挂牌的中介机构及职责（见表 8-23）

表 8-23　借壳挂牌的中介机构及其职责

序号	中介机构	聘用主体	职责
1	买卖顾问	收购方 / 转让方	协助寻找挂牌企业 / 标的资产、谈判与制订并购重组方案

续表

序号	中介机构	聘用主体	职责
2	财务顾问	收购方	协助起草收购报告书并出具财务顾问报告，组织反馈问题回复并取得批文，对收购方进行持续督导
3	法律顾问	收购方	负责出具收购报告书的法律意见书
4	审计机构	收购方（企业）	负责出具收购方（企业）的审计报告
5	独立财务顾问	挂牌企业	协助起草重组报告书并出具独立财务顾问报告，组织反馈问题回复并取得批文，对挂牌企业进行持续督导
6	法律顾问	挂牌企业	负责出具关于收购与重大资产重组相关的法律意见书
7	审计机构	挂牌企业	负责出具标的资产的审计报告
8	资产评估机构	挂牌企业	负责出具标的资产的评估报告

注：在发行股份购买资产（直接借壳挂牌）的情况下，收购方无须单独聘请财务顾问，而由新三板挂牌企业的独立财务顾问对新三板收购行为发表核查意见。

5. 全国股转公司审核关注的重点

借壳挂牌的过程中，全国股转公司通常会关注收购方的资格与实力、标的公司的持续经营能力和规范运作情况以及交易价格的公允性等问题。

直接借壳挂牌的案例较为稀少，最近几年，直接借壳挂牌的典型案例是 2023 年湖州欧思兰化妆品有限公司（以下简称"欧思兰"）借壳安特股份（871692.NQ）。

欧思兰主要从事化妆品生产和销售，公司处于前期建设阶段，尚未开展经营活动，本身不符合新三板挂牌条件。

由于欧思兰资产规模比较大，资产总额占安特股份最近一个会计年度经审计总资产的 65.36%，资产净额占最近一个会计年度经审计归属于挂牌公司股东的净资产的 87.81%，本次交易构成重大资产重组。同时，交易完成后，安特股份的实际控制人由夏胜成变成李继承、甘珊夫妇（欧思兰的实际控制人），本次交易属于比较典型的直接借壳挂牌行为。

全国股转公司在审核过程中关注了标的公司业务、交易对价、业务合规性、收购挂牌企业的合规性、化妆品生产许可证、信息披露文件等问题。

上述案例中，欧思兰虽然不符合挂牌条件，但其借壳安特股份最终顺利完成且操作过程中未被监管机构问询"是否符合挂牌条件"的问题。

参考该案例，不符合挂牌条件的企业存在利用直接借壳变相完成挂牌的操作空间，但建议提前论证操作借壳挂牌的必要性、成本与收益等。

（二）借壳上市

许多难以 IPO 上市的企业计划实施借壳上市，但实践中借壳上市的操作难度不亚 IPO 上市，甚至许多方面还要高于 IPO 上市。

1. 借壳上市的认定标准及现状

根据现行有效的《上市公司重大资产重组管理办法》，上市公司自控制权发生变更之日起 36 个月内，向收购人及其关联人购买资产，导致上市公司发生根本变化的（见表 8-24），购买的资产需要符合 IPO 相关要求。

表 8-24　借壳上市的认定标准

对象	项目	期间	比例
购买的资产	资产总额	最近一个会计年度经审计的合并财务会计报告。	100%
	资产净额		100%
	营业收入		100%
	发行股份	首次向收购人及其关联人购买资产的董事会决议前一个交易日的股份。	100%
虽未达到上述标准，但可能导致上市公司主营业务发生根本变化。			
中国证监会认定的可能导致上市公司发生根本变化的其他情形。			

实践中，计划借壳上市的企业，通常存在一定问题而很难 IPO 上市。按照上述要求，这些企业想要通过借壳上市审核或者设计方案规避借壳都存在一定难度。

2. 借壳上市的类别

实践中，借壳上市可以归纳为以下三种方式。

（1）直接借壳上市：上市公司收购人以换股的方式将标的资产注入

上市公司的同时取得上市公司控制权。

（2）买壳后借壳上市：上市公司收购人先以现金取得上市公司控制权，再择机注入自身相关资产。

（3）混合模式：上市公司收购人以现金和换股注入标的资产两种方式，最终取得上市公司控制权。

需要注意的是，现金收购上市公司往往仅能获得较小比例的股份（小于30%），所以借壳上市通常会注入资产（换取上市公司发行的股份）而非业务。

3. 借壳上市的条件（见表 8-25）

表 8-25　借壳上市的条件

序号	类别	借壳上市的条件
1	总体要求	借壳上市需要符合国家产业政策和法律法规、不会导致上市公司不符合股票上市条件、有利于增强上市公司持续盈利能力、保持上市公司独立性和法人治理结构。
2	对上市公司的要求	上市公司及其最近三年内的控股股东、实际控制人不存在因涉嫌犯罪正被司法机关立案侦查或涉嫌违法违规正被中国证监会立案调查的情形。但是，涉嫌犯罪或违法违规的行为已经终止满三年，交易方案能够消除该行为可能造成的不良后果，且不影响对相关行为人追究责任的除外。
3		上市公司及其控股股东、实际控制人最近 12 个月内未受到证券交易所公开谴责，不存在其他重大失信行为。
4		上市公司最近一年及一期财务会计报告被会计师事务所出具无保留意见审计报告；被出具保留意见、否定意见或者无法表示意见的审计报告的，须经会计师事务所专项核查确认，该保留意见、否定意见或者无法表示意见所涉及事项的重大影响已经消除或者将通过本次交易予以消除。
5	对标的资产的要求	标的资产对应的经营实体为股份有限公司或者有限责任公司。
6		标的资产符合《首次公开发行股票注册管理办法》或《北京证券交易所向不特定合格投资者公开发行股票注册管理办法》规定的发行条件、板块定位以及证券交易所规定的具体条件。
7		标的资产定价公允、权属清晰。
8		标的资产不属于金融、创业投资等特定行业。

序号	类别	借壳上市的条件
9	主板借壳上市特别要求	标的公司最近三年净利润均为正，且最近三年净利润累计不低于人民币 2 亿元，最近一年净利润不低于人民币 1 亿元，最近三年经营活动产生的现金流量净额累计不低于人民币 2 亿元或者营业收入累计不低于人民币 15 亿元。
10	科创板借壳上市特别要求	标的公司最近两年净利润均为正且累计不低于 5 000 万元；或者最近一年营业收入不低于 3 亿元，且最近三年经营活动产生的现金流量净额累计不低于 1 亿元。
11	创业板借壳上市特别要求	标的公司最近两年净利润均为正，累计净利润不低于人民币 1 亿元，且最近一年不低于 6 000 万元；或者最近一年净利润为正且营业收入不低于人民币 4 亿元；或者最近一年营业收入不低于人民币 3 亿元，且最近三年经营活动产生的现金流量净额累计不低于人民币 1 亿元。
12	北交所借壳上市特别要求	标的公司最近两年净利润均不低于 1 500 万元且加权平均净资产收益率平均不低于 8%；或者最近一年净利润不低于 2 500 万元且加权平均净资产收益率不低于 8%；或者最近两年营业收入平均不低于 1 亿元，且最近一年营业收入增长率不低于 30%，最近一年经营活动产生的现金流量净额为正。

4. 借壳上市的操作流程

（1）借壳上市的整体流程

通常情况下，直接借壳上市的整体流程如表 8-26 所示。

表 8-26　直接借壳上市的整体流程

序号	工作内容
1	收购人寻找合适的上市公司。
2	收购人与上市公司及其实际控制人磋商谈判、签署《合作框架协议》。
3	上市公司股票停牌。
4	上市公司召开董事会并披露重大资产重组相关文件。
5	上市公司召开股东大会审议重大资产重组。
6	通过重大资产重组（借壳上市）的审核。
7	收购人将标的资产过户给上市公司，上市公司向收购人发行股票或 / 和支付现金并配套募集资金（如需）。

续表

序号	工作内容
8	上市公司及标的资产保持规范运作，独立财务顾问对上市公司进行持续督导（不少于三个会计年度）。

买壳后借壳上市或者采用混合模式，会增加收购人向上市公司原股东支付现金的环节；导致上市公司控制权变更的，还需要单独履行收购上市公司的程序。

（2）借壳上市的审核流程（见表8-27）

表8-27　借壳上市的审核流程

序号	事项
1	上市公司聘请会计师事务所和评估机构分别对标的资产进行审计与评估，并出具审计报告与评估报告。
2	上市公司聘请独立财务顾问制作重大资产重组（借壳上市）申请文件，通过独立财务顾问内核程序后，向证券交易所提交申请文件。
3	证券交易所对重大资产重组（借壳上市）申请文件进行审核并反馈问题。
4	独立财务顾问组织各方对反馈问题进行回复，并修订申请文件。
5	证券交易所重组委过会后向证监会提交注册，证监会同意注册。

5. 借壳上市的中介机构及其职责（见表8-28）

表8-28　借壳上市的中介机构及其职责

序号	中介机构	聘用主体	职责
1	买卖顾问	收购方 / 转让方	协助寻找上市公司 / 标的公司、谈判与制订并购重组方案
2	财务顾问	收购方	协助起草收购报告书、出具财务顾问报告或者详式权益变动报告书并出具核查意见，组织反馈问题回复并取得批文，对收购人持续督导
3	法律顾问	收购方	负责出具收购报告书或免于发出要约的法律意见书
4	审计机构	收购方（企业）	负责出具收购方（企业）审计报告
5	独立财务顾问	上市公司	协助起草重组报告书并出具独立财务顾问报告，组织反馈问题回复并取得批文
6	法律顾问	上市公司	负责出具关于收购与重大资产重组的法律意见书

续表

序号	中介机构	聘用主体	职责
7	审计机构	上市公司	负责出具标的资产的审计报告
8	资产评估机构	上市公司	负责出具标的资产的评估报告

注：在发行股份购买资产（直接借壳上市）的情况下，收购方无须单独聘请财务顾问与法律顾问，而由上市公司的独立财务顾问与法律顾问对上市公司收购行为发表核查意见。

6. 证券交易所审核关注的重点

借壳上市过程中，证券交易所通常会关注收购方的资格、标的资产的持续经营能力和规范运作情况以及交易价格的公允性等问题。

2024年，四家借壳上市失败的案例分别为：（1）瓮福（集团）有限责任公司（以下简称"瓮福集团"）借壳中毅达（600610.SH）；（2）东营市赫邦化工有限公司（以下简称"赫邦化工"）借壳山东华鹏（603021. SH）；（3）康辉新材料科技有限公司（以下简称"康辉新材"）借壳大连热电（600719.SH）；（4）湖南中联重科智能高空作业机械有限公司（以下简称"中联高机"）借壳路畅科技（002813.SZ）。

证券交易所审核相关案例关注的典型问题如表8-29所示。

表8-29　借壳上市审核关注的典型问题

序号	案例	证券交易所审核关注的典型问题
1	瓮福集团借壳中毅达	瓮福集团无控股股东、实际控制人。贵州磷化(集团)有限责任公司(以下简称"磷化集团"）为贵州省国资委下属公司，贵州省国资委曾决议将其所持瓮福集团股权划转给磷化集团。磷化集团主要业务包括磷矿采选、磷复肥、精细磷化工、硫煤化工、氟碘化工等。与瓮福集团主营业务存在较大重合。 请公司披露：（1）磷化集团的股权结构及控制权情况，主营业务构成及主要产品，与瓮福集团主营业务的异同，存在竞争关系的业务及具体情况，包括涉及产品及相应的收入、毛利及占比，前述竞争情况是否影响瓮福集团的独立性，是否对瓮福集团构成重大不利影响；（2）结合前述情况及瓮福集团的控制权情况，说明是否存在通过认定瓮福集团无实际控制人规避重组上市对同业竞争的合规性要求。

续表

序号	案例	证券交易所审核关注的典型问题
2	赫邦化工借壳山东华鹏	根据申报材料：（1）本次交易构成重组上市；（2）标的公司业务模式成熟、下游行业稳定发展为标的公司产品提供了广阔的市场空间，工艺技术先进，注重产业链一体化发展，具有一定的行业代表性，经营业绩总体保持增长、规模较大，符合板块定位的要求；（3）标的公司产能约为20万吨，按照2022年的产量计算，标的公司2022年的国内市场占有率为0.6%。请公司说明：（1）表格列示主要烧碱企业的产能、产量，公司现有产能产量的排名及市场地位情况；（2）结合标的公司产能产量、市场占有率及市场排名分析标的公司是否属于规模较大和具有行业代表性的企业，以及标的公司是否符合主板定位。
3	康辉新材借壳大连热电	重组报告书披露：（1）拟出售资产交易对方洁净能源集团以现金购买上市公司全部债权债务，金额为65 219.87万元。洁净能源集团应在协议生效后30个工作日内支付交易对价；（2）本次交易中，如上市公司因拟出售资产的未决诉讼、房产瑕疵等遭受损失，由洁净能源集团以现金方式全额补偿。请公司说明：（1）结合洁净能源集团财务状况、本次交易资金来源及具体支付安排，分析其是否具有按期支付能力及对本次交易的影响；（2）结合前述情况及本次交易中洁净能源集团的相关承诺，分析洁净能源集团的履约能力，对其股份锁定期的影响。
4	中联高机借壳路畅科技	请上市公司补充披露：（1）结合标的资产所处市场竞争格局、行业政策变化、业务规模、报告期经营业绩情况、行业地位等情况，披露标的资产经营业绩稳定、规模较大、具有行业代表性的具体体现，标的资产是否符合主板定位；（2）结合最近三年主要董事、高级管理人员的具体变动情况及变动比例，披露上述变化的具体原因，是否对标的资产生产经营造成重大不利影响，是否符合《首次公开发行股票注册管理办法》第十二条的规定；（3）按照《监管规则适用指引——关于申请首发上市企业股东信息披露》规定披露标的资产股东信息，并提交专项核查报告；（4）中联高机的董事、高级管理人员及其关联方合计享有中联高机5.24%股份对应权益的具体计算口径及依据，是否符合《上市公司分拆规则（试行）》第五条的规定。

7. 借壳上市的现状

2020—2024年，上市公司"买壳"市场依旧火热，但成功注入自身资产实现借壳上市的数量却不断萎缩（见表8-30）；同时，以申报数量作为基数，借壳上市的实际成功率甚至低于IPO。借壳上市的市场出现了"量率"齐跌的态势。

表 8-30　2020—2024 年借壳上市的成功案例

序号	标的公司	上市公司	过会日期	前一年利润（万元）	借壳类型
1	新疆生产建设兵团第八师天山铝业股份有限公司	新界泵业（002532.SZ，已更名为"天山铝业"）	2020 年 5 月	150 100.23	混合模式
2	浙农集团股份有限公司	华通医药（002758.SZ，已更名为"浙农股份"）	2020 年 6 月	31 045.08	买壳借壳
3	郑州宇通重工有限公司	ST 宏盛（600817.SH，已更名为"宇通重工"）	2020 年 9 月	30 765.56	买壳借壳
4	上海中彦信息科技股份有限公司	ST 昌九（600228.SH，已更名为"返利科技"）	2020 年 12 月	13 619.24	直接借壳
5	上海外服（集团）有限公司	强生控股（600662.SH，已更名为"外服控股"）	2021 年 4 月	49 345.32	混合模式
6	润泽科技发展有限公司	普丽盛（300442.SZ，已更名为"润泽科技"）	2022 年 4 月	26 452.66	直接借壳
7	山东创新金属科技有限公司	华联综超（600361.SH，已更名为"创新新材"）	2022 年 9 月	86 867.71	直接借壳
8	中国葛洲坝集团易普力股份有限公司	南岭民爆（002096.SZ，已更名为"易普力"）	2022 年 12 月	49 161.99	直接借壳
9	中国交通建设股份有限公司下属设计类资产	祁连山（600720.SH，已更名为"中交设计"）	2023 年 9 月	165 242.77	直接借壳
平均				66 955.62	

注：上表中"前一年利润"是指借壳上市上会前公开披露的重大资产重组报告书中，标的资产最近一年归属于母公司股东的净利润。

从表 8-30 可以看出，最近几年借壳上市成功的公司平均利润高达66 955.62 万元，借壳上市的实际门槛远高于借壳上市的理论门槛与 IPO 上市的门槛。

为了保证借壳上市的成功率和"经济性"（标的资产规模越大，获得上市公司股份越多，从而被小股东"稀释"的利益越少），适合操作借壳上市的企业，通常为规模较大但其行业属性、规范要求等难以完全满足IPO 要求的企业。

8. "类借壳"

2016年9月，修订后的《上市公司重大资产重组管理办法》（被誉为"史上最严借壳上市新规"）发布后，规避借壳变得异常困难，并且随后不断推进的 IPO 注册制大幅压缩了借壳上市与规避借壳的市场需求。

但从2024年上半年开始，证监会全面收紧 IPO 上市，在这种背景下，"类借壳"重新变得"暗流涌动"。

根据法规要求，同时触发以下四项标准将会构成借壳上市从而需要参照 IPO 进行审核：（1）收购人获得上市公司控制权；（2）收购人获得控制权后36个月内注入资产；（3）注入上市公司的资产与收购人存在关联关系；（4）注入上市公司的资产达到法定标准。

因此，对应上述四项标准可以设计四类并购重组方案，分别规避上述认定标准，从而达到规避借壳上市的目的，但实践中四类方案各有其难度。

（1）收购人推迟获取上市公司控制权的时间（俗称"延迟收购"）

"延迟收购"的操作方式为收购人向上市公司注入资产的过程控制获取股份的数量（具体方式包括收购人保留标的公司部分股权、上市公司支付全部或部分现金对价等）和 / 或者上市公司原实际控制人增强其控制权（具体方式包括通过认购重组的配套募集资金增持股份、通过签署一致行动协议加强控制权等），后续收购人再通过协议转让、认购上市公司增发股份、签署一致行动协议等方式获得上市公司控制权。

此种操作方式下，注入资产的过程可能被监管机构质疑上市公司控制权的稳定性；后续收购人获得上市公司控制权的过程，可能被监管机构将前期注入资产和此次获得控制权认定为一揽子交易，从而导致交易的失败。

此外，此种操作方式下，收购方后续获取上市公司控制权存在不确定性；即使能够顺利获得上市公司控制权，也可能需要承担比较高的收购成本（前期注入资产后，上市公司股价往往会走高）。

深圳市梦网科技股份有限公司（已更名为"深圳市梦网科技发展有限

公司"，以下简称"梦网科技"）"类借壳"荣信股份（002123.SZ，已更名为"梦网科技"），是"延迟收购"的典型案例。

梦网科技"类借壳"荣信股份的时间脉络如表 8-31 所示。

表 8-31　梦网科技"类借壳"荣信股份的时间脉络

序号	时间	事件
1	2015 年 8 月	荣信股份采用发行股份及支付现金的方式购买梦网科技 100% 股权。 由于交易完成后荣信股份实际控制人左强、厉伟、崔京涛合计控制股份的比例将缩减到 16.81%，荣信股份减少了向梦网科技原实际控制人余文胜支付股份的比例（增加支付现金的比例），最终使得余文胜持有上市公司 14.81% 股份。 同时，为了维护荣信股份控制权的稳定性，荣信股份实际控制人左强、厉伟、崔京涛承诺未来 36 个月作为上市公司实际控制人地位不发生变化，余文胜也出具了《关于不谋求上市公司控制权地位的承诺函》。 另外，荣信股份在重组过程中未剥离的原电力电子设备制造业，拟在交易后实施双主业发展。
2	2016 年 6 月起	荣信股份不断出售电力电子设备制造相关资产。
3	2016 年 8 月	"荣信股份"变更为"梦网荣信"。
4	2017 年 2 月	在前述 2015 年关于上市公司实际控制人稳定性的承诺函未到期的情况下，梦网荣信在股东大会上审议通过了《关于公司实际控制人变更有关承诺事项及股东解除承诺的议案》，同时余文胜解除《关于不谋求上市公司控制权地位的承诺函》，荣信股份的实际控制人变更为余文胜。
5	2017 年 8 月	"梦网荣信"变更为"梦网集团"。
6	2020 年 12 月	"梦网集团"变更为"梦网科技"。

上述案例中，梦网科技最终"类借壳"荣信股份成功上市，但却"开了个坏头"。

此后，监管机构对于重组后上市公司实际控制人的持股比例较低，或者相对第二大股东没有明显优势的案例都高度疑虑，特别是上市公司实际控制人通过一致行动协议、委托表决权等方式确保控制权的情况。

（2）收购人获得上市公司控制权 36 个月后再注入资产（俗称"延迟重组"）

"延迟重组"的操作方式为收购人先通过协议转让、认购上市公司增发股份、签署一致行动协议等方式获得上市公司控制权，36 个月后再向上市公司注入资产（上市公司收购资产）。

此种方式操作周期比较长，收购人将承担比较大的财务成本，后续注入资产也可能获取的股份较少（控制权变更后，上市公司股价往往会走高）。

另外，此种情况对上市公司有比较高的要求，通常要求上市公司经营相对健康，至少能够维持正常经营活动，不存在退市风险。

广东大顶矿业股份有限公司（以下简称"大顶矿业"）"类借壳"广东明珠（600382.SH）是"延迟重组"的典型案例。

大顶矿业"类借壳"广东明珠的时间脉络如表 8-32 所示。

表 8-32　大顶矿业"类借壳"广东明珠的时间脉络

序号	时间	事件
1	2018 年 11 月	相关各方通过签署《一致行动协议之补充协议》的形式，将广东明珠实际控制人由张伟标先生一人变更为张坚力先生、张伟标先生二人。
2	2021 年 12 月	广东明珠启动重大资产重组，拟通过全资子公司广东明珠集团矿业有限公司现金收购大顶矿业（实际控制人为张坚力）的经营性资产包（营业收入超过上市公司 100%），并出售城运公司 92% 股权。 截至上述重组方案披露之日，广东明珠实际控制人变更已超过 36 个月，不构成最近三年内实际控制人发生变化；并且，本次交易不会导致上市公司控股股东及实际控制人发生变更，不构成重组上市。
3	2022 年 2 月	上述重大资产重组实施完成。

上述案例中，大顶矿业最终"类借壳"广东明珠成功上市。但该案例具有特殊性：张坚力先生一直为上市公司重要股东，之前因为与张伟标先生"意见一致"而认定张伟标先生为单一实际控制人；2018 年，各方通过《补充协议》将"意见一致"修改为"共同协商一致"，张坚力先生成为共同控制人之一。如此完成实际控制人变更相对比较自然，监管机构的认可度比较高，也就更认可张坚力先生后续注入资产未构成借壳上市。同时，张坚力先生无须承担获取上市公司控制权的高昂成本，增加了整体方案的可操作性。

（3）将第三方（非关联方）资产注入上市公司（俗称"三方交易"）

"三方交易"的操作方式为收购人获得上市公司控制权的同时或之后，

由第三方（收购人的非关联方）将其资产注入上市公司。

"三方交易"的典型操作模式有三种：①收购方通过协议转让获得上市公司控制权后，上市公司以现金或者发行股份方式向第三方收购资产；②上市公司向第三方发行股份购买资产的同时向收购人发行股份募集配套资金，收购人通过认购配套募集资金获得上市公司控制权；③上市公司向收购人定向发行股票并以募集资金（加自有资金）向第三方收购资产。

实践中，"三方交易"可能会被监管机构认定为故意规避借壳上市而导致失败。并且，此种方式对收购人和/或者上市公司的资金实力有比较高的要求——注入第三方资产往往会稀释收购人的股份和/或者占用上市公司的资金，收购人需要比较强的资金实力以取得和维持其对上市公司的控制权。

"三方交易"最典型的成功案例为三爱富（600636.SH，已更名为"国新文化"）2017年的股份转让与重大资产重组。

重大资产重组之前，三爱富控股股东上海华谊控股集团有限公司（以下简称"上海华谊"）通过公开征集受让方的方式，拟将其所持有的三爱富20%的股份转让给中国文化产业发展集团公司（以下简称"中国文发"）。该股份转让完成后，三爱富控股股东由上海华谊变更为中国文发，三爱富实际控制人由上海市国资委变更为国务院国资委。

三爱富的重大资产重组方案包括重大资产购买及出售两部分内容。

①重大资产购买

三爱富以支付现金方式购买广州市奥威亚电子科技有限公司（以下简称"奥威亚"）100%股权。

②重大资产出售

三爱富将部分氟化工相关的资产出售给上海华谊、上海三爱富新材料科技有限公司、常熟三爱富氟源新材料有限公司。

三爱富的重大资产重组与前述股份转让的交割先后顺序为重大资产购买交割、重大资产出售交割、股份转让交割。若重大资产购买、重大资产出售中任一事项未获得所需的批准或未成功实施，则该股份转让将不再实施。

上述案例中，三爱富的"三方交易"方案最终获得成功，为其他意图操作"类借壳"的企业树立了信心，但该案例借鉴意义较为有限。

①三爱富的实际控制人虽然发生了变更，但仅为地方国资委与国务院国资委之间的调整，监管机构对此接受度比较高。

②三爱富采用现金形式收购资产，无须进行重大资产重组申报，证券交易所仅对相关信息披露文件进行审核。

③三爱富仅剥离了部分原主业（氟化工）的资产，交易完成后从事"氟化工＋文化教育"双主业。

实践中，其他涉及"三方交易"的重大资产重组，除了2016年"史上最严借壳上市新规"发布前操作的通化金马（000766.SZ）等少数案例成功外，诸如南通锻压（300280.SZ，已更名为"紫天科技"）、申科股份（002633.SZ）、方大化工（000818.SZ）等在内的重大资产重组，均以失败告终。因此，建议计划操作"三方交易"的企业提前充分论证方案的可行性。

（4）控制注入资产的规模以免"导致上市公司发生根本变化"（俗称"规避重组"）

"规避重组"的具体操作方式为收购人获得上市公司控制权的同时或之后，注入自身相对规模比较小的资产——资产总额、资产净额、营业收入、发行股份等未达到上市公司的100%，同时也未造成上市公司主营业务发生根本变化或者被证监会认定发生根本变化。

此种方式对上市公司的要求比较高——上市公司通常与收购人的资产属于相同或者相关行业，且上市公司的规模相对比较大、经营比较健康。因此，收购人往往需要有强大的资金实力。

"规避重组"的典型案例包括泰和电路科技（惠州）有限公司（以下简称"泰和电路"）"类借壳"天津普林（002134.SZ）和湖南宝山有色金属矿业有限责任公司"类借壳"金贵银业（002716.SZ，已更名为"湖南白银"）。以下以泰和电路"类借壳"天津普林为例进行介绍。

泰和电路"类借壳"天津普林的时间脉络如表 8-33 所示。

表 8-33　泰和电路"类借壳"天津普林的时间脉络

序号	时间	事件
1	2020 年 12 月	TCL 科技（000100.SZ）受让天津普林控股股东天津市中环电子信息集团有限公司（以下简称"中环集团"）100% 股权并成为天津普林间接控股股东，天津普林的实际控制人由天津国资委变更为无实际控制人，TCL 科技为上市公司收购人。
2	2023 年 5 月	天津普林拟通过支付现金购买资产和增资的方式获得泰和电路 51% 的股权，其中部分交易的对手方为 TCL 科技的关联方——TCL 数码科技（深圳）有限责任公司（以下简称"TCL 数码"）。 天津普林收购 TCL 数码相关资产的上述财务指标均未超过上市公司控制权发生变更前一年度经审计财务指标的 100%。此外，天津普林与泰和电路的业务属于同一行业，本次交易完成后不会导致上市公司的主营业务发生根本变化，本次交易不构成重组上市。
3	2023 年 11 月	上述重大资产重组实施完成。

上述案例中，泰和电路最终"类借壳"天津普林实现了上市，但收购方资金实力强大且标的公司与上市公司属于同一行业，操作要求比较高。

基于上述"类借壳"的成功案例，上市公司以现金方式购买资产操作的"类借壳"，由于免于按照重大资产重组申报材料，通常更容易操作成功。

同时，收购方综合实力越强大、重组越有利于上市公司的持续经营与规范运作，越容易操作成功；否则再精妙的并购重组方案，也很难获得监管机构的认可。

五、分拆上市

（一）分拆上市的概念与适用范围

1. 分拆上市的概念

根据《上市公司分拆规则（试行）》，上市公司分拆，是指上市公司将部分业务或资产，以其直接或间接控制的子公司（以下简称"所属子公司"）的形式，在境内或境外证券市场首次公开发行股票并上市或者实现重组上市的行为。

2. 分拆上市的适用范围

《上市公司分拆规则（试行）》适用于A股上市公司分拆子公司（保持控制权）到主板、创业板、科创板、香港联交所、纽交所、纳斯达克等IPO上市或者借壳上市，但不适用于A股上市公司分拆子公司到北交所上市与新三板挂牌。

（二）分拆上市的条件（见表8-34）

表8-34　分拆上市的条件

序号	分拆需要满足的条件	上市公司不得分拆的情形	上市公司子公司不得分拆的情形
1	上市公司股票境内上市已满三年。	（1）资金、资产被控股股东、实际控制人及其关联方占用或者上市公司权益被控股股东、实际控制人及其关联方严重损害。 （2）上市公司或其控股股东、实际控制人最近36个月内受到过中国证券监督管理委员会（以下简称"中国证监会"）的行政处罚。 （3）上市公司或其控股股东、实际控制人最近12个月内受到过证券交易所的公开谴责。 （4）上市公司最近一年或一期财务会计报告被注册会计师出具保留意见、否定意见或者无法发表意见的审计报告。	（1）主要业务或资产是上市公司最近三个会计年度内发行股份及募集资金投向的，但子公司最近三个会计年度使用募集资金合计不超过子公司净资产10%的除外。 （2）主要业务或资产是上市公司最近三个会计年度内通过重大资产重组购买的。 （3）主要业务或资产是上市公司首次公开发行股票并上市时的主要业务或资产。 （4）主要从事金融业务的。 （5）子公司董事、高级管理人员及其关联方持有拟分拆所属子公司股份，合计超过该子公司分拆上市前总股本的30%，但董事、高级管理人员及其关联方通过该上市公司间接持有的除外。
2	上市公司最近三个会计年度连续盈利。		
3	上市公司最近三个会计年度扣除按权益享有的拟分拆所属子公司的净利润后，归属于上市公司股东的净利润累计不低于人民币6亿元。		

续表

序号	分拆需要满足的条件	上市公司不得分拆的情形	上市公司子公司不得分拆的情形
4	上市公司最近一个会计年度合并报表中按权益享有的拟分拆所属子公司的净利润不得超过归属于上市公司股东的净利润的50%；上市公司最近一个会计年度合并报表中按权益享有的拟分拆所属子公司的净资产不得超过归属于上市公司股东的净资产的30%。	（5）上市公司董事、高级管理人员及其关联持有拟分拆所属子公司股份，合计超过所属子公司分拆上市前总股本的10%，但董事、高级管理人员及其关联方通过该上市公司间接持有的除外。	前款第（1）项所称募集资金投向包括上市公司向子公司出资或者提供借款，并以子公司实际收到募集资金作为判断标准。上市公司向子公司提供借款的，子公司使用募集资金金额，可以按照每笔借款使用时间长短加权平均计算。
5	分拆上市有利于上市公司突出主业、增强独立性。		
6	分拆后，上市公司与拟分拆所属子公司均符合中国证监会、证券交易所关于同业竞争、关联交易的监管要求；分拆到境外上市的，上市公司与拟分拆所属子公司不存在同业竞争。		
7	分拆后，上市公司与拟分拆所属子公司的资产、财务、机构方面相互独立，高级管理人员、财务人员不存在交叉任职。		
8	分拆后，上市公司与拟分拆所属子公司在独立性方面不存在其他严重缺陷。		

（三）分拆上市操作流程

1. 上市公司充分论证分拆上市的可行性；

2. 上市公司制定分拆上市预案，聘请独立财务顾问、律师事务所等证券服务机构出具意见；

3. 上市公司召开董事会、股东大会审议分拆上市预案；

4. 拟分拆上市的子公司履行上市审核程序；

5.分拆上市当年剩余时间及其后一个完整会计年度，独立财务顾问持续督导上市公司维持独立上市地位。

（四）分拆上市的中介机构及其职责（见表8-35）

表8-35　分拆上市的中介机构及其职责

序号	中介机构	聘用主体	职责
1	独立财务顾问	上市公司	负责出具分拆上市的合规性核查意见
2	法律顾问	上市公司	负责出具分拆上市的法律意见书
3	保荐机构	子公司	协助起草招股说明书，出具发行保荐书、保荐工作报告、上市保荐书，完成IPO申报，组织反馈问题回复并取得批文
4	审计机构	子公司	负责进行财务尽职调查，指导财务规范并出具IPO审计报告
5	法律顾问	子公司	负责进行法律尽职调查，指导法律规范并出具IPO法律意见书
6	资产评估机构	子公司	负责出具标的资产的评估报告（上市前重组）与股改评估报告

（五）分拆上市审核关注的问题

上市审核部门主要关注分拆上市的合法合规性，是否有利于上市公司突出主业、增强独立性，是否符合同业竞争、关联交易的监管要求等问题。

海康威视（002415.SZ）分拆萤石网络（688475.SH）上市、科伦药业（002422.SZ）分拆川宁生物（301301.SZ）上市是分拆上市的典型案例。上市审核部门关注的典型问题如表8-36所示。

表8-36　分拆上市审核关注的典型问题

序号	案例	分拆上市审核关注的典型问题
1	海康威视分拆萤石网络	请发行人说明：（1）就本次分拆上市是否符合《上市公司分拆所属子公司境内上市试点若干规定》逐项发表意见；（2）发行人成立时及成立后，与海康威视之间关于主要资产、人员、技术、业务、往来款项等的具体拆分过程、拆分时间、拆分方式等。请发行人律师核查并发表明确意见。

序号	案例	分拆上市审核关注的典型问题
2	科伦药业分拆川宁生物	请发行人：（1）说明 2020 年控股股东科伦药业及其一致行动人转让发行人相关股权的筹划与实施过程，相关股权转让是否满足分拆上市条件，转让是否真实，相关定价是否公允，转让程序是否存在瑕疵，是否存在对赌、特殊合同条款或其他情形可能导致本次股权转让无效，致使发行人不满足分拆条件的情形；（2）科伦药业根据《上市公司分拆所属子公司境内上市试点若干规定》的相关要求履行分拆的信息披露和决策程序情况，是否合法合规；（3）结合前述情况说明发行人是否满足《上市公司分拆所属子公司境内上市试点若干规定》规定的分拆条件，本次分拆是否有利于上市公司突出主业、增强独立性，是否符合同业竞争、关联交易的监管要求，且资产、财务、机构方面相互独立，高级管理人员、财务人员不存在交叉任职，独立性方面不存在其他严重缺陷。

在推进全面注册制的背景下，分拆上市曾经掀起过一波高潮。但随着 IPO 上市全面从严监管，分拆上市也变得比较困难，大量已经启动的分拆上市宣布终止。

建议计划操作分拆上市的上市公司，提前向监管部门咨询分拆上市的最新政策并在此基础上审慎论证操作的可行性。

第三节　国有资产相关要求

一、国有资产管理的主要法规及其作用（见表 8-37）

表 8-37　国有资产管理的主要法规及其作用

序号	法规名称	主要作用
1	《中华人民共和国企业国有资产法》	规范国有资产的管理和使用
2	《企业国有资产监督管理暂行条例》	加强国有资产监督管理
3	《企业国有产权转让管理暂行办法》	规范企业国有产权转让行为
4	《中央企业投资监督管理暂行办法》	规范央企对外投资与并购
5	《关于企业国有产权转让有关事项的通知》	进一步规范企业国有产权转让行为
6	《企业国有产权向管理层转让暂行规定》	规范管理层收购国有企业
7	《国有企业清产核资办法》	规范国有企业清产核资工作

续表

序号	法规名称	主要作用
8	《国有企业清产核资经济鉴证工作规则》	规范国有企业清产核资经济鉴证行为
9	《企业国有资产评估管理暂行办法》	规范企业国有资产评估行为
10	《关于加强企业国有资产评估管理工作有关问题的通知》	进一步规范企业国有资产评估管理工作

二、受让主体要求

（一）一般要求

国有资产的受让方一般应当具备下列条件：1.具有良好的财务状况和支付能力；2.具有良好的商业信用；3.受让方为自然人的，应当具有完全民事行为能力；4.国家法律、行政法规规定的其他条件。

（二）管理层收购要求

大型国有及国有控股企业及所属从事该大型企业主营业务的重要全资或控股企业的国有产权和上市公司的国有股权不向管理层转让。

中小型国有及国有控股企业国有产权向管理层转让的，管理层存在下列情形的，不得受让标的企业的国有产权：1.经审计认定对企业经营业绩下降负有直接责任的；2.故意转移、隐匿资产，或者在转让过程中通过关联交易影响标的企业净资产的；3.向中介机构提供虚假资料，导致审计、评估结果失真，或者与有关方面串通，压低资产评估结果以及国有产权转让价格的；4.违反有关规定，参与国有产权转让方案的制订以及与此相关的清产核资、财务审计、资产评估、底价确定、中介机构委托等重大事项的；5.无法提供受让资金来源相关证明的。

（三）外商受让企业国有产权

如果受让方为外商，应当符合《外商投资产业指导目录》及相关规定。

三、操作程序

（一）国有企业对外收购

中央企业应当依据其发展战略和规划编制年度投资（包括产权收购）计划，并在规定时间内向国务院国有资产监督管理委员会（以下简称"国务院国资委"）报送。国务院国资委对中央企业投资活动实行分类监督管理：1. 按照国务院国资委有关规定建立规范董事会的国有独资公司，国务院国资委依据企业年度投资计划对投资项目实行备案管理；2. 未建立规范董事会的国有独资企业、国有独资公司，国务院国资委依据企业年度投资计划对主业投资项目实行备案管理，对非主业投资项目实行审核，在 20 个工作日内作出审核决定；3. 国有控股公司，应按照本办法的规定向国务院国资委报送企业年度投资计划；4. 其他类型的企业，参照国有控股公司执行。企业的主要投资活动应当纳入年度投资计划。

其他国有企业对外收购依据各地国有企业对外投资相关规定执行，通常需要履行企业内部决策程序，并根据交易金额确定是否报当地国有资产管理部门。

（二）国有资产转让

国有资产转让首先应该制订企业国有产权转让可行性方案，方案按照转让方内部决策程序进行审议，并形成书面决议。涉及职工合法权益的，应当听取转让标的企业职工代表大会的意见，对职工安置等事项应当经职工代表大会讨论通过。

转让方内部决策同意后，履行外部审议程序。国有资产监督管理机构决定所出资企业的国有产权转让，其中，转让企业国有产权致使国家不再拥有控股地位的，应当报本级人民政府批准。所出资企业决定其子企业的国有产权转让，其中，重要子企业的重大国有产权转让事项，应当报同级国有资产监督管理机构会签财政部门后批准。

企业国有产权转让事项经批准或者决定后，转让方应当组织转让标的企业按照有关规定开展清产核资。

在清产核资和审计的基础上，转让方应当委托具有相关资质的资产评估机构依照国家有关规定进行资产评估。

最后，国有资产转让方公开披露有关企业国有产权转让信息，广泛征集受让方，并通过合法的方式完成交易。

以下中国南车（601766.SH）与中国北车（601299.SH）合并为中国中车（601766.SH）的时间脉络（见表8-38），展现了国有资产收购与转让的整体审批程序。

表 8-38　中国南车与中国北车合并为中国中车的时间脉络

序号	时间	事件
1	2015 年 1 月 20 日	合并获得中国南车第三届董事会第八次会议、中国北车第二届董事会第三十八次会议审议通过；合并涉及的职工安置方案获得中国南车第二届职工代表大会第四次全体会议、中国北车二届三次职工代表大会审议通过。
2	2015 年 3 月 3 日	合并获得国务院国资委的批准。
3	2015 年 3 月 9 日	合并获得中国南车 2015 年第一次临时股东大会、中国北车 2015 年第一次临时股东大会审议通过。
4	2015 年 4 月 3 日	合并通过商务部反垄断审查。
5	2015 年 4 月 27 日	合并经过中国证监会的核准。
6	2015 年 5 月 28 日	合并实施完成。

四、清产核资

企业清产核资包括账务清理、资产清查、价值重估、损溢认定、资金核实和完善制度等内容。

承办企业清产核资经济鉴证业务的中介机构，必须具备以下条件：1.依法成立，具有经济鉴证或者财务审计业务执业资格；2.3 年内未因违法、违规执业受到有关监管机构处罚，机构内部执业质量控制管理制度健全；3.中介机构的资质条件与委托企业规模相适应。

承办企业清产核资经济鉴证业务的中介机构专业工作人员应当具备以下条件：1.项目负责人应当为具有有效执业资格的注册会计师、注册评估师、律师等；2.相关工作人员应当具有相应的专业技能，并且熟悉国家清产核资操作程序和资金核实政策规定。

五、资产评估

根据相关规定，国有企业以非货币资产对外投资、合并、分立、破产、解散、收购非国有单位的资产，非上市公司国有股东股权比例变动，国有产权转让、资产转让、置换等都需要进行资产评估。

资产评估机构应当具备下列基本条件：1.遵守国家有关法律、法规、规章以及企业国有资产评估的政策规定，严格履行法定职责，近3年内没有违法、违规记录；2.具有与评估对象相适应的资质条件；3.具有与评估对象相适应的专业人员和专业特长；4.与企业负责人无经济利益关系；5.未向同一经济行为提供审计业务服务。

同时，涉及企业价值的资产评估项目，以持续经营为前提进行评估时，原则上要求采用两种以上方法进行评估，并在评估报告中列示，依据实际状况充分、全面分析后，确定其中一个评估结果作为评估报告使用结果。同时，对企业进行价值评估，企业应当提供与经济行为相对应的评估基准日审计报告。

六、交易方式

经公开征集产生两个以上受让方时，转让方应当与产权交易机构协商，根据标的资产的具体情况采取拍卖或者招投标方式组织实施产权交易。

经公开征集只产生一个受让方或者按照有关规定经国有资产监督管理机构批准的，可以采取协议转让的方式。

关于国有资产的转让方式，可以参考青岛小鸟看看科技有限公司（以下简称"小鸟看看"）国有股东退出的案例。

2021年12月，虚拟现实一体机龙头企业小鸟看看的国有股东，将其持有的9.13%的股权转让给字节跳动有限公司（已更名为"抖音有限公司"）的子公司北京星云创迹科技有限公司（以下简称"星云创迹"）。

由于转让方为三家国有企业，此次股权转让通过山东省产权交易中心进行了挂牌，星云创迹最终成功"摘牌"。

此次股权转让前，星云创迹持有小鸟看看90.87%股权；此次股权转让后，星云创迹实现对小鸟看看的全资控股。

企业国有产权转让合同应当包括下列主要内容：1.转让与受让双方的名称与住所；2.转让标的企业国有产权的基本情况；3.转让标的企业涉及的职工安置方案；4.转让标的企业涉及的债权、债务处理方案；5.转让方式、转让价格、价款支付时间和方式及付款条件；6.产权交割事项；7.转让涉及的有关税费负担；8.合同争议的解决方式；9.合同各方的违约责任；10.合同变更和解除的条件；11.转让和受让双方认为必要的其他条款。转让企业国有产权导致转让方不再拥有控股地位的，在签订产权转让合同时，转让方应当与受让方协商提出企业重组方案，包括在同等条件下对转让标的企业职工的优先安置方案。

企业国有产权转让的全部价款，受让方应当按照产权转让合同的约定支付。转让价款原则上应当一次付清。如金额较大、一次付清确有困难的，可以采取分期付款的方式。采取分期付款方式的，受让方首期付款不得低于总价款的30%，并在合同生效之日起5个工作日内支付；其余款项应当提供合法的担保，并应当按同期银行贷款利率向转让方支付延期付款期间利息，付款期限不得超过1年。

2009—2010年，国有股东退出厦门鹭意，是国有资产对外转让的典型案例。

厦门鹭意原来的股权结构为福建化纤化工厂［国有企业，以下简称"化纤厂"，该企业于 2007 年更名为福建纺织化纤集团有限公司（以下简称"化纤集团"）〕持股 45%、香港联和发展有限公司（以下简称"联和发展"）持股 50%（全部股权属于化纤厂）、福建省九州集团公司（以下简称"九州集团"）持股 5%。国有股东实际持有的厦门鹭意 95% 股权，拟全部对外转让。

国有股东退出厦门鹭意的时间脉络如表 8-39 所示。

表 8-39　国有股东退出厦门鹭意的时间脉络

序号	时间	事件
		（一）厦门鹭意及其股东的决策程序
1	2009年8月10日	厦门鹭意召开董事会，同意化纤集团和联和发展转让其所持有的厦门鹭意的股权。
2	2009年9月18日	联和发展召开董事会和股东会，同意全权委托化纤集团办理挂牌转让联和发展所持厦门鹭意 50% 股权并代收转让款事宜。
3	2009年10月29日	九州集团分别向联和发展、化纤集团出具复函，同意联和发展出让其名下厦门鹭意 50% 股权，同意化纤集团出让其名下厦门鹭意 45% 股权，同意联和发展全权委托化纤集团办理挂牌转让联和发展所持厦门鹭意 50% 股权，九州集团放弃优先购买权。
4	2009年11月24日	化纤集团董事会出具《关于厦门鹭意彩色母粒有限公司股权转让审议意见》，同意转让所持厦门鹭意股权。
5	2009年12月21日	化纤集团控股股东福建省轻纺（控股）有限责任公司出具《关于同意出让厦门鹭意彩色母粒有限公司股权的批复》，经研究并向福建省国资委报备，同意化纤集团将直接和间接持有的厦门鹭意 95% 股权对外转让。
6	2010年3月19日	厦门鹭意作出《关于同意厦门鹭意彩色母粒有限公司股权转让》的决议，同意股东化纤集团、联和发展转让其持有的厦门鹭意的股权。
		（二）审计、评估及清产核资程序
1	2009年1月12日	厦门市中威联合会计师事务所出具《审计报告》，截至 2008 年年底，厦门鹭意资产总额为 17 581 679.04 元，负债总额为 8 493 342.75 元，净资产（所有者权益）为 9 088 336.29 元。
2	2009年4月30日	福建华兴会计师事务所有限公司出具了《清产核资专项审计报告》，确认截至 2008 年年底，厦门鹭意资产总额为 17 581 679.04 元，负债总额为 8 493 342.75 元，净资产（所有者权益）为 9 088 336.29 元。

续表

序号	时间	事件
3	2009年5月27日	福建中兴资产评估房地产土地估价有限责任公司出具《福建纺织化纤集团有限公司股东全部权益价值评估报告书》，截至2008年年底，厦门鹭意的总资产评估价值为1 998.36万元，负债评估价值为820.32万元，净资产评估价值为1 178.04万元。
4	2009年7月23日	福建省国资委出具《关于福建纺织化纤集团有限公司清产核资结果的批复》，清产核资的范围包括厦门鹭意的资产、负债和所有者权益。
5	2009年7月30日	福建省轻纺（控股）有限责任公司出具《关于福建纺织化纤集团有限公司清产核资结果的批复》，清产核资的范围包括厦门鹭意的资产、负债和所有者权益。
6	2009年11月5日	化纤集团填报《国有资产评估项目备案表》，就前述清产核资的《福建纺织化纤集团有限公司股东全部权益价值评估报告书》向国有资产监督管理机构申请备案，并于2009年11月19日通过评估备案。
		（三）股权转让及外部审批程序
1	2009年12月30日	化纤集团与福建省产权交易中心签署《股权转让委托代理协议》，委托福建省产权交易中心办理厦门鹭意95%的国有股权转让，标的资产挂牌价为1 119.20万元。
2	2009年12月31日	福建省产权交易中心将上述国有产权转让公告刊登在《福建日报》上，公开征集受让方。
3	2010年3月5日	福建省产权交易中心出具《成交确认书》，确认陈东红以1 674.20万元的价格取得厦门鹭意95%股权的购买权。同日，化纤集团、联和发展分别与陈东红签署《股权转让合同书》。
4	2010年4月8日	厦门市外商投资局出具《关于同意厦门鹭意彩色母粒有限公司股权转让的批复》，同意化纤集团、联和发展分别将其所持公司45%、50%的股权转让给陈东红。
5	2010年7月9日	厦门中威敬贤会计师事务所有限公司出具《验资报告》，截至2010年4月8日，厦门鹭意变更后的注册资本为人民币2 446.40万元，股权受让方与出让方已办理股权交割手续。

　　上述案例中，国有股东退出厦门鹭意历经内部决策、审计、评估、清产核资、进场交易、股权转让以及外部审批程序等，完整呈现出国有资产对外转让的全过程，其他国有资产对外转让可以此为借鉴。

第四节 涉外并购相关要求

一、外资并购国内企业

（一）境内主要法规及其作用（见表8-40）

表8-40 境内主要法规及其作用

序号	法规名称	主要作用
1	《中华人民共和国反垄断法》	预防和制止垄断行为
2	《中华人民共和国外商投资法》	促进与规范外商投资
3	《中华人民共和国外商投资法实施条例》	细化外商投资管理
4	《鼓励外商投资产业目录》	明确鼓励外商投资产业
5	《外商投资准入特别管理措施（负面清单）》	明确外商投资负面清单
6	《关于外国投资者并购境内企业的规定》	规范外资并购境内企业
7	《外国投资者对上市公司战略投资管理办法》	规范外资投资A股上市公司
8	《关于境内居民企业通过特殊目的公司境外投融资及返程投资外汇管理有关问题的通知》	规范返程投资外汇管理
9	《关于企业国有产权转让有关事项的通知》	规范外商受让国有资产
10	《关于建立外国投资者并购境内企业安全审查制度的须知》	规范外资并购境内企业安全审查
11	《实施外国投资者并购境内企业安全审查制度的规定》	规范外资并购境内企业安全审查
12	《外商投资安全审查办法》	规范外商投资安全审查

（二）外商投资负面清单（见表8-41）

表8-41 外商投资负面清单

序号	特别管理措施
	1.农、林、牧、渔业
（1）	小麦新品种选育和种子生产的中方股比不低于34%、玉米新品种选育和种子生产须由中方控股。
（2）	禁止投资中国稀有和特有的珍贵优良品种的研发、养殖、种植以及相关繁殖材料的生产（包括种植业、畜牧业、水产业的优良基因）。
（3）	禁止投资农作物、种畜禽、水产苗种转基因品种选育及其转基因种子（苗）生产。

序号	特别管理措施
（4）	禁止投资中国管辖海域及内陆水域水产品捕捞。
	2.采矿业
（5）	禁止投资稀土、放射性矿产、钨勘查、开采及选矿。
	3.电力、热力、燃气及水生产和供应业
（6）	核电站的建设、经营须由中方控股。
	4.批发和零售业
（7）	禁止投资烟叶、卷烟、复烤烟叶及其他烟草制品的批发、零售。
	5.交通运输、仓储和邮政业
（8）	国内水上运输公司须由中方控股。
（9）	公共航空运输公司须由中方控股，且一家外商及其关联企业投资比例不得超过25%，法定代表人须由中国籍公民担任。通用航空公司的法定代表人须由中国籍公民担任，其中农、林、渔业通用航空公司限于合资，其他通用航空公司限于中方控股。
（10）	民用机场的建设、经营须由中方相对控股。外方不得参与建设、运营机场塔台。
（11）	禁止投资邮政公司、信件的国内快递业务。
	6.信息传输、软件和信息技术服务业
（12）	电信公司：限于中国入世承诺开放的电信业务，增值电信业务的外资股比不超过50%（电子商务、国内多方通信、存储转发类、呼叫中心除外），基础电信业务须由中方控股。
（13）	禁止投资互联网新闻信息服务、网络出版服务、网络视听节目服务、互联网文化经营（音乐除外）、互联网公众发布信息服务（上述服务中，中国入世承诺中已开放的内容除外）。
	7.租赁和商务服务业
（14）	禁止投资中国法律事务（提供有关中国法律环境影响的信息除外），不得成为国内律师事务所合伙人。
（15）	市场调查限于合资，其中广播电视收听、收视调查须由中方控股。
（16）	禁止投资社会调查。
	8.科学研究和技术服务业
（17）	禁止投资人体干细胞、基因诊断与治疗技术开发和应用。

续表

序号	特别管理措施
（18）	禁止投资人文社会科学研究机构。
（19）	禁止投资大地测量、海洋测绘、测绘航空摄影、地面移动测量、行政区域界线测绘，地形图、世界政区地图、全国政区地图、省级及以下政区地图、全国性教学地图、地方性教学地图、真三维地图和导航电子地图编制，区域性的地质填图、矿产地质、地球物理、地球化学、水文地质、环境地质、地质灾害、遥感地质等调查（矿业权人在其矿业权范围内开展工作不受此特别管理措施限制）。
9.教育	
（20）	学前、普通高中和高等教育机构限于中外合作办学，须由中方主导（校长或者主要行政负责人应当具有中国国籍，理事会、董事会或者联合管理委员会的中方组成人员不得少于1/2）。
（21）	禁止投资义务教育机构、宗教教育机构。
10.卫生和社会工作	
（22）	医疗机构限于合资。
11.文化、体育和娱乐业	
（23）	禁止投资新闻机构（包括但不限于通讯社）。
（24）	禁止投资图书、报纸、期刊、音像制品和电子出版物的编辑、出版、制作业务。
（25）	禁止投资各级广播电台（站）、电视台（站）、广播电视频道（率）、广播电视传输覆盖网（包括发射台、转播台、广播电视卫星、卫星上行站、卫星收转站、微波站、监测台及有线广播电视传输覆盖网等），禁止从事广播电视视频点播业务和卫星电视广播地面接收设施安装服务。
（26）	禁止投资广播电视节目制作经营（含引进业务）公司。
（27）	禁止投资电影制作公司、发行公司、院线公司以及电影引进业务。
（28）	禁止投资文物拍卖的拍卖公司、文物商店和国有文物博物馆。
（29）	禁止投资文艺表演团体。

（三）反垄断审查

外国投资者并购境内企业达到《国务院关于经营者集中申报标准的规定》规定的申报标准的，应当事先向商务部申报，未申报不得实施交易。

《国务院关于经营者集中申报标准的规定》规定的申报标准为：1. 参与集中的所有经营者上一会计年度在全球范围内的营业额合计超过 120 亿元人民币，并且其中至少两个经营者上一会计年度在中国境内的营业额均超过 8 亿元人民币；2. 参与集中的所有经营者上一会计年度在中国境内的营业额合计超过 40 亿元人民币，并且其中至少两个经营者上一会计年度在中国境内的营业额均超过 8 亿元人民币。

当年，备受关注的可口可乐并购汇源果汁，因为未能通过国家商务部反垄断审查而失败，成为《中华人民共和国反垄断法》实施以来首个未获通过的案例。

根据相关公告，商务部确认双方集中（合并）将产生如下不利影响。

1. 集中完成后，可口可乐有能力将其在碳酸软饮料市场上的支配地位传导到果汁饮料市场，对现有果汁饮料企业产生排除、限制竞争效果，进而损害饮料消费者的合法权益。

2. 品牌是影响饮料市场有效竞争的关键因素，集中完成后，可口可乐通过控制"美汁源"和"汇源"两个知名果汁品牌，对果汁市场控制力将明显增强，加之其在碳酸饮料市场已有的支配地位以及相应的传导效应，集中将使潜在竞争对手进入果汁饮料市场的障碍明显提高。

3. 集中挤压了国内中小型果汁企业生存空间，抑制了国内企业在果汁饮料市场参与竞争和自主创新的能力，给中国果汁饮料市场有效竞争格局造成不良影响，不利于中国果汁行业的持续健康发展。

上述案例中，商务部认定可口可乐收购汇源果汁具有排除、限制竞争效果，将对中国果汁饮料市场有效竞争和果汁产业健康发展产生不利影响，最终禁止此项并购，为其他大型并购重组提供了宝贵的经验。

（四）安全审查

并购安全审查的范围：外国投资者并购境内军工及军工配套企业，重点、敏感军事设施周边企业，以及关系国防安全的其他单位；外国投资者并购境内关系国家安全的重要农产品、重要能源和资源、重要基础设施、重要运输服务、关键技术、重大装备制造等企业，且实际控制权可能被外国投资者取得。

外国投资者并购境内企业，由投资者向商务部提出申请。对属于安全审查范围内的并购交易，商务部应在 5 个工作日内提请安全审查部际联席会议进行审查。安全审查部际联席会议在国务院领导下，由国家发展改革委、商务部牵头，根据外资并购所涉及的行业和领域，会同相关部门开展并购安全审查。

当年凯雷集团计划并购徐工集团工程机械有限公司（以下简称"徐工机械"），最终因为安全审查未通过而宣告失败。

2015 年 10 月，徐州工程机械集团有限公司（以下简称"徐工集团"）与凯雷徐工机械实业有限公司［以下简称"凯雷徐工"，凯雷亚洲投资基金（隶属全球知名私募股权投资基金凯雷集团）之子公司］签署了《股权买卖及股本认购协议》及《合资合同》，凯雷徐工将通过股权转让与增资的方式获得徐工机械 85% 股权。

2016 年 2 月，国家发展改革委核准了上述并购方案。但时任三一重工（600031.SH）执行总裁的向文波质疑上述交易涉嫌贱卖国有资产，并提出三一重工对徐工机械的并购方案。之后的一个月内，向文波连续发布数十条博客力阻凯雷集团收购徐工机械，指责该笔交易可能损害国家经济安全，引起广泛的舆论关注。

在该背景下，国务院发布《国务院关于加快振兴装备制造业的若干意见》（目前已失效），明确指出装备制造业是为国民经济发展和国防建设提供技术装备的基础性产业，已成为我国经济发展的重要支柱产业；商务部颁布《关于外国投资者并购境内企业的规定》，加强对外国投资者来华投资与并购的管理。

上述一系列重要事件的发生使得上述交易的审批一直未有结果，凯雷集团数次调整交易方案也未能获得审批通过。

2008 年 7 月，徐工集团与凯雷集团共同宣布双方签署相关协议有效期已过，双方决定不再就此项投资进行合作。

上述案例中，凯雷集团因为安全审查与巨大的舆论压力而并购徐工机械失败。

通过可口可乐并购汇源果汁和凯雷集团并购徐工机械的失败的案例，可以看出外资并购国内大型知名企业的难度。

外资并购中国企业之前需要慎重考虑中国反垄断审查与安全审查风险，以及可能面临的舆论压力。

二、境内企业跨境并购

通常情况下，境内企业跨境并购在境内需要通过发改委、商务部、外汇管理局的审批（涉及国有企业、上市公司、经营者集中的还分别需要国资委、证监会与证券交易所、反垄断部门审批），在境外则主要需要满足东道国（标的公司所在国家）市场准入、市场竞争和国家安全等相关要求。

（一）境内监管

2016 年之前，国内大量企业开展境外并购，颇有"买遍全世界"之势，带来巨大的境外投资风险。2016 年年底，国家开始收紧境外投资，并发布或修订了《关于进一步引导和规范境外投资方向的指导意见》《企业境外投资管理办法》等系列规定，许多境外并购被叫停。

1. 主要法规及其作用（见表 8-42）

表 8-42 境内关于跨境并购的主要法规及其作用

序号	法规名称	主要作用
1	《关于进一步引导和规范境外投资方向的指导意见》	引导和规范境外投资方向
2	《企业境外投资管理办法》	规范境外投资行为

序号	法规名称	主要作用
3	《境外投资管理办法》	促进和规范境外投资
4	《企业境外并购事项前期报告制度》	明确境外并购事项前期报告
5	《中华人民共和国外汇管理条例》	规范外汇管理
6	《境内机构境外直接投资外汇管理规定》	规范境外直接投资外汇管理
7	《国家外汇管理局关于进一步简化和改进直接投资外汇管理政策的通知》	规范直接投资外汇管理业务
8	《境外国有资产产权登记管理暂行办法》	规范境外国有资产管理
9	《境外国有资产产权登记管理暂行办法实施细则》	细化境外国有资产管理

2. 境外投资方向要求（见表8-43）

表8-43　境外投资方向要求

序号	投资方向要求	具体项目
1	鼓励开展的境外投资	（1）重点推进有利于"一带一路"建设和周边基础设施互联互通的基础设施境外投资。 （2）稳步开展带动优势产能、优质装备和技术标准输出的境外投资。 （3）加强与境外高新技术和先进制造业企业的投资合作，鼓励在境外设立研发中心。 （4）在审慎评估经济效益的基础上稳妥参与境外油气、矿产等能源资源勘探和开发。 （5）着力扩大农业对外合作，开展农、林、牧、副、渔等领域互利共赢的投资合作。 （6）有序推进商贸、文化、物流等服务领域境外投资，支持符合条件的金融机构在境外建立分支机构和服务网络，依法合规开展业务。
2	限制开展的境外投资	（1）赴与我国未建交、发生战乱或者我国缔结的双多边条约或协议规定需要限制的敏感国家和地区开展境外投资。 （2）房地产、酒店、影城、娱乐业、体育俱乐部等境外投资。 （3）在境外设立无具体实业项目的股权投资基金或投资平台。 （4）使用不符合投资目的国技术标准要求的落后生产设备开展境外投资。 （5）不符合投资目的国环保、能耗、安全标准的境外投资。
3	禁止开展的境外投资	（1）涉及未经国家批准的军事工业核心技术和产品输出的境外投资。 （2）运用我国禁止出口的技术、工艺、产品的境外投资。 （3）赌博业、色情业等境外投资。 （4）我国缔结或参加的国际条约规定禁止的境外投资。 （5）其他危害或可能危害国家利益和国家安全的境外投资。

3. 监管部门

（1）发改委

投资主体开展境外投资，应当履行境外投资项目（以下简称"项目"）核准、备案等手续，报告有关信息，配合监督检查。

实行核准管理的范围是投资主体直接或通过其控制的境外企业开展的敏感类项目，核准机关是国家发展改革委。敏感类项目包括：①涉及敏感国家和地区的项目；②涉及敏感行业的项目。称敏感国家和地区包括：①与我国未建交的国家和地区；②发生战争、内乱的国家和地区；③根据我国缔结或参加的国际条约、协定等，需要限制企业对其投资的国家和地区；④其他敏感国家和地区。敏感行业包括：①武器装备的研制生产维修；②跨境水资源开发利用；③新闻传媒；④根据我国法律法规和有关调控政策，需要限制企业境外投资的行业。

实行备案管理的范围是投资主体直接开展的非敏感类项目，也即涉及投资主体直接投入资产、权益或提供融资、担保的非敏感类项目。实行备案管理的项目中，投资主体是中央管理企业（含中央管理金融企业、国务院或国务院所属机构直接管理的企业，下同）的，备案机关是国家发展改革委；投资主体是地方企业，且中方投资额 3 亿美元及以上的，备案机关是国家发展改革委；投资主体是地方企业，且中方投资额 3 亿美元以下的，备案机关是投资主体注册地的省级政府发展改革部门。非敏感类项目，是指不涉及敏感国家和地区且不涉及敏感行业的项目。

核准文件、备案通知书有效期 2 年。确需延长有效期的，投资主体应当在有效期届满的 30 个工作日前向出具该项目核准文件或备案通知书的机关提出延长有效期的申请。

（2）商务部

商务部和省级商务主管部门按照企业境外投资的不同情形，分别实行备案和核准管理。企业境外投资涉及敏感国家和地区、敏感行业的，实行核准管理。实行核准管理的国家是指与中华人民共和国未建交的国家、受联合国制裁的国家。必要时，商务部可另行公布其他实行核准管理的国家和地区的名单。实行核准管理的行业是指涉及出口中华人民共和国限制出口的产品和技术的行业、影响一国和地区以上利益的行业。企业其他情形的境外投资，实行备案管理。

商务部和省级商务主管部门通过"境外投资管理系统"对企业境外投资进行管理，并向获得备案或核准的企业颁发"企业境外投资证书"。

自领取"企业境外投资证书"之日起 2 年内，企业未在境外开展投资的，"企业境外投资证书"自动失效。如需再开展境外投资，应当重新办理备案或申请核准。

（3）外汇管理局

国家外汇管理局及其分支机构（以下简称"外汇局"）对境内机构境外直接投资的外汇收支、外汇登记实施监督管理。

境内机构境外直接投资获得境外直接投资主管部门核准后，持下列材料到所在地外汇局办理境外直接投资外汇登记：①书面申请并填写"境外直接投资外汇登记申请表"；②外汇资金来源情况的说明材料；③境内机构有效的营业执照或注册登记证明及组织机构代码证；④境外直接投资主管部门对该项投资的核准文件或证书；⑤如果发生前期费用汇出的，提供相关说明文件及汇出凭证；⑥外汇局要求的其他材料。外汇局审核上述材料无误后，在相关业务系统中登记有关情况，并向境内机构颁发境外直接投资外汇登记证。境内机构应凭其办理境外直接投资项下的外汇收支业务。

境内机构应凭境外直接投资主管部门的核准文件和境外直接投资外汇登记证，在外汇指定银行办理境外直接投资资金汇出手续。外汇指定银行进行真实性审核后为其办理。外汇指定银行为境内机构办理境外直接投资资金汇出的累计金额，不得超过该境内机构事先已经外汇局在相关业务系统中登记的境外直接投资外汇资金总额。

根据公开信息，万达集团、风神股份（600469.SH）、保龄宝（002286.SZ）等公司都曾经因为境内监管而导致跨境并购失败。

1. 2017 年 3 月，万达集团终止收购美国"金球奖"制作公司迪克·克拉克制作公司（Dick Clark Productions）。

2. 2018 年 1 月，风神股份终止收购意大利的 Prometeon Tyre Group S.r.l.（以下简称"PTG"）90% 股权，原因为"尚未获得商务部、发改委关于风神股份收购 PTG90% 股权的境外投资备案"。

3. 2019 年 4 月，保龄宝终止收购位于香港的中国再生医学（08158.HK）11.37% 股份，原因为"一直未能取得有权机关（发改委、商务部等）的批准文件"。

基于上述案例的教训，境内企业启动跨境并购之前，需要参照《关于进一步引导和规范境外投资方向的指导意见》严格把握境外投资方向，并根据国家对于跨境并购的最新指导意见与态度，提前对跨境并购进行合理筹划。

（二）东道国监管

在跨境并购前期决策阶段，境内企业就需要了解东道国对于外商投资的鼓励和限制性政策、当地的反垄断与安全审查制度以及实践执行情况等。

各国规定不尽相同，美国关于外商投资的总体要求如下。

1. 市场准入方面，美国对外商投资涉及公共利益和公共服务的行业（如航空、通信、能源、渔业、水电等部门），设有一定的限制。该等限制一般以外商权益比例限制、牌照要求或监管机构事先审查的机制来实现。例如，外国投资者在航空公司的持股比例不得高于 25%，且航空公司应当由美国公民实际控制；外国投资者在美国收购银行或其他贷款服务机构，也需要接受联邦或州监管机构的审查；外国政府或政府代表无法在美国取得广播和电视运营商许可证等。

2. 反垄断审查方面，美国有《谢尔曼反托拉斯法》《克莱顿反托拉斯法》

《美国联邦贸易委员会法》《哈特－斯科特－罗迪诺法》《2023年合并指南》等，美国司法部（DOJ）反垄断局、美国联邦贸易委员会（FTC）负责反垄断审查。FTC负责的领域包括但不限于制药业、石油和天然气行业、计算机硬件和许多零售食品行业等；DOJ主要负责的领域包括通信业、电子业、金融业和钢铁业等重点行业。如合并交易达到法定申报要求，合并相关方应依法向两家执法机构提供拟合并交易的相关信息，并根据审查结果决定是否推进并购事宜。

3. 安全审查方面，美国有《外国投资和国家安全法》《国家安全指引》《外商投资风险审查现代化法》等，外国投资委员会（CFIUS）负责安全审查。外国投资者取得从事TID（关键技术、关键基础设施、敏感个人数据）业务的美国企业的实质性权益（25%或以上投票权），且政府实体在该外国投资者中拥有实质性权益（49%或以上投票权）的需要进行强制申报，其余为自愿申报。对于一项受管辖的交易，如交易方并不确定该项交易是否会触发CFIUS审查，则可以选择先向CFIUS提交较为简短的申报文件进行简明申报，CFIUS将在30日内进行审查并作出决定，如批准交易、要求交易方提交正式申报或通知交易方未能完成审查。通过简明申报程序，交易方对于CFIUS审查不确定性的担忧可以在较短时间内消除，特别是一些对于CFIUS而言属于低风险的交易项目，可以快速推进项目的后续进程。但如交易方判断该项交易已经触发了强制申报义务，或简明申报后CFIUS要求交易方进行正式申报，则该项交易将会进入为期数月的审查程序。鉴于近年来中美关系持续紧张，美国在CFIUS审查方面也比较关注重点行业的"中国影响"，比如收集大量敏感个人数据的社交媒体、电商平台、金融等，以及可能涉及关键技术的半导体、人工智能、生物技术等，因CFIUS审查导致交易受阻的案例也屡见不鲜。

实践中，大量境内企业并购美国或者其他国家的企业，因为未能获得美国的外国投资委员会批准而宣告失败。

1. 2018年1月，蚂蚁金服并购美国的 MoneyGram International（速汇金国际，主营国际快速汇款），因为未获得美国 CFIUS 批准而终止。

2. 2021年12月，北京智路资产管理有限公司并购韩国 MagnaChip Semiconductor（MX.N，主营半导体设计及生产），因为无法获得美国 CFIUS 批准而终止。

3. 2022年9月，凯莱英（002821.SZ）收购美国 Snapdragon Chemistry（主营医药合同定制研发），由于监管原因而终止。

上述失败案例充分展现出 CFIUS 的影响力。建议中国企业与美国企业或者受美国影响的其他国家的企业进行并购重组前，充分关注和防范 CFIUS 审查风险。

整体而言，境内企业跨境并购处于较为尴尬的境地——我国禁止收购境外"垃圾资产"，外国政府则通常限制"优质资产"出售，导致境外并购的选择面较窄。

启动跨境并购之前，收购方有必要深入了解我国与"东道国"的相关政策与监管动态，并在此基础上慎重决策。

第九章
并购重组风险控制

第一节　权属纠纷风险

标的资产"权属清晰"是实施并购重组的基础。如果标的资产存在权属纠纷，将很难完成资产过户或者转移，或者完成后可能会因为权属纠纷造成重大损失。

企业并购重组过程中，标的公司比较常见的权属纠纷风险包括：

一、股权存在代持或者其他权利瑕疵；

二、股东的出资存在瑕疵；

三、主要财产存在权利瑕疵；

四、重大债权债务存在风险；

五、存在重大诉讼、仲裁或处罚风险；

六、存在对外担保或者其他潜在负债风险；

七、存在环保、安全生产、产品质量等合规风险；

八、存在劳动用工风险。

鉴于标的资产"权属清晰"的重要性，上市公司重大资产重组过程中，监管机构非常关注标的资产的权属纠纷风险，并因此上会否决了许多项目。

一、中卫国脉（600640.SH，已更名为"国脉文化"）收购通茂酒店控股有限公司，因为"标的资产有明显的违章建筑，资产存在瑕疵"而上会被否决。

二、新南洋（600661.SH，已更名为"昂立教育"）收购上海昂立教育科技有限公司，因为"标的资产有数量较大的资产不符合《上市公司重大资产重组管理办法》第四十二条第三项'上市公司发行股份所购买的资产，应当为权属清晰的经营性资产'的规定"而第一次上会被否决。

三、鸿利光电（300219.SZ，已更名为"鸿利汇智"）收购深圳市斯迈得光电子有限公司，因为"标的资产股权变更及其披露不清晰"而上会被否决。

充分的法律尽职调查是规避权属纠纷风险的前提条件。除此之外，双方还应该在收购协议中约定权属纠纷风险的划分时点、"兜底"措施与赔偿条款等。

此外，权属纠纷风险还需要充分考虑标的公司行业的发展与监管政策的变化。

音乐版权的从严监管是导致阿里巴巴收购虾米音乐失败的主要原因。

虾米音乐于2008年正式上线，由用户上传自己喜欢的音乐音频并编辑主题歌单，很快成为音乐发烧友的秘密花园。

用户在虾米音乐平台上在线试听曲库免费，但下载高音质音乐则需要付费——该商业模式从音乐人和版权方的角度来看就是"用盗版音乐挣钱"。

当音乐人和版权方向虾米音乐维权并要求版权分账时，虾米音乐的低付费率则根本无力负担音乐版权费用。虾米音乐就这样在优质音乐内容分享与商业模式无法被验证的夹缝中苦苦摸索了四五年的时间，最终被阿里巴巴收购。

阿里巴巴收购虾米音乐及后续失败的时间脉络如表9-1所示。

表 9-1　阿里巴巴收购虾米音乐及后续失败的时间脉络

序号	时间	事件
1	2012 年年中	虾米音乐与阿里巴巴达成合并意向。
2	2012 年下半年	阿里巴巴建议虾米音乐尽快购买音乐版权，但虾米音乐未采取果断行动。
3	2013 年1 月	阿里巴巴正式对外宣布收购虾米音乐，并组建了"音乐事业部"。
4	2013 年开始	中国在线音乐市场在版权问题上发生了巨大的转折，各大平台纷纷开始抢购音乐版权，大幅提高了音乐版权的价格与购买独家音乐版权的难度。
5	2015 年7 月	国家版权局发布"最严版权令"，要求平台下架未经授权的音乐作品。虾米音乐不得不大量下架缺乏版权的音乐，大幅降低了用户体验并导致用户的大量流失。
6	2021 年2 月	虾米音乐正式停止服务。

上述案例中，虾米音乐最终失败的原因或许还有许多，但版权问题显然是最重要的原因之一。

"权属问题无小事"，并购重组过程中，收购方与中介机构需要高度重视标的公司的权属风险。

第二节　业绩包装风险

如果提高标的公司的业绩，转让方可以更好地对接收购方、达成交易并获得更高的交易价格。所以理论上，所有的标的公司都存在业绩包装的冲动。

实践中，标的公司常见的业绩包装手段包括：

一、通过利益交换、向经销商压货等非市场化的手段增加销售收入；

二、通过潜在关联方虚增收入或者虚减成本；

三、通过操纵关联交易价格虚增利润；

四、通过控制存货结转虚减成本；

五、通过少计提减值准备、少计提折旧摊销费用、少确认股份支付费用等财务手段虚增利润。

"业绩对赌"并非规避标的公司业绩包装风险的"万能药"，充分的尽职调查才是杜绝财务造假的"良方"——不止要对标的公司进行详细的财务尽职调查，还需要对标的公司进行充分的业务尽职调查，并在此基础上判断标的公司业绩的真实性、合理性、持续性。

中安消技术有限公司（以下简称"中安消"）借壳飞乐股份（600654.SH，已更名为"中安科"）是标的公司业绩包装与中介机构尽职调查失败的典型案例。

中安消借壳飞乐股份及后续爆雷的时间脉络如表9-2所示。

表9-2　中安消借壳飞乐股份及后续爆雷的时间脉络

序号	时间	事件
1	2013年4月	中安消借壳飞乐股份的重大资产重组启动。
2	2013年7月	飞乐股份披露重大资产重组预案。
3	2014年6月	飞乐股份披露重大资产重组报告书。
4	2014年8月	完成重大资产重组申报。
5	2014年12月	证监会核准重大资产重组、借壳上市实施完成。
6	2019年5月	证监会处罚中安消、中安科及相关责任主体。
7	2022年9月	证监会处罚独立财务顾问及项目责任人。
8	2024年10月	中安科起诉独立财务顾问索赔15亿元。

中安消借壳飞乐股份原申报期为2011—2013年，在重大资产重组审核过程中将2014年上半年也纳入了申报期。

2013年11月，中安消与黔西南州政府签订《黔西南教育信息化工程项目建设战略合作框架协议》（以下简称《框架协议》），项目总金额4.5亿元。据此，中安消出具了《关于"班班通"项目业绩预测情况说明》（以下简称"业绩预测说明")和《盈利预测报告》。

根据《框架协议》，中安消需要与黔西南州各县（市）人民政府、义龙新区管委会自行签订项目建设合同和还款协议。根据黔西南州政府出具的说明，该《框架协议》仅为合作框架协议，具体实施需通过公开招标程序确定承建单位。

2013年12月至2014年12月，黔西南州下辖9个县（市、区）中5个启动了"班班通"项目招标，中安消参与了其中2个县的项目投标且均未中标。

最后，证监会认定独立财务顾问未勤勉尽责。

一、未对"班班通"项目予以必要的关注

案涉"班班通"项目的框架协议金额达4.5亿元，其中有3.42亿元计入2014年预测营业收入，占资产评估时所依据的中安消本部（不包含子公司）在手合同及意向合同总额约4.7亿元的70%，占中安消本部（不包含子公司）2014年度预测营业收入约5.3亿元的65%，占中安消2014年度预测营业收入约13.2亿元的26%。

鉴于"班班通"项目对于中安消未来收益预测及资产评估具有重大影响，独立财务顾问应当将其作为审慎核查的对象予以重点关注。然而独立财务顾问仅关注公司整体盈利的可实现情况，并未对"班班通"等具体项目予以充分关注。

二、未对"班班通"项目中标情况和实际进展情况予以审慎核查

"班班通"项目系政府项目，依法应当进行招投标程序，有关框架协议中也明确约定由各区县与中安消签订具体合同，因此该项目收入实现具有重大不确定性。独立财务顾问内核部门和证监会第一次反馈意见，对于"班班通"项目中标合同签订情况、进展情况和盈利预测可实现性都予以关注并请独立财务顾问核查和发表明确意见，项目组仍未进行必要的核查和验证。事实上，自黔西南州各市县开始启动招投标后，中安消仅参与两

个县样板工程建设的投标且后续均未中标。独立财务顾问出具《独立财务顾问报告》时，除了获取中安消提供的框架协议、当地有关政策性文件和样板工程开工文件之外，并无充分证据表明独立财务顾问对该重点项目的中标情况和实际进展情况予以审慎核查。

上述案例中，标的公司业绩包装手段比较拙劣，但独立财务顾问未对标的公司重大项目审慎核查，亦未持续关注其实际进展情况，最终导致尽职调查的失败。

国内大量的媒体、监管部门都高度重视 IPO 财务造假，其实上市公司重大资产重组也是财务造假的重灾区。

成功的并购重组尽职调查需要充分了解标的公司行业背景、商业模式，充分把握标的公司业务开展情况并持续跟进，否则尽职调查失败在所难免。

第三节　税务风险

一、标的公司的税务风险

实践中，标的公司常见的税务风险包括：

（一）通过个人账户收款，以此少计收入与少交增值税、企业所得税等；

（二）通过账内列支与生产经营无关的支出从而少交企业所得税；

（三）通过提前结转成本从而推迟缴纳企业所得税；

（四）通过账外支付或者通过费用报销个人工资薪酬从而少交个人所得税；

（五）以股东借款的形式进行实质性分红从而少交个人所得税；

（六）通过虚假出口骗取出口退税；

（七）通过虚假材料获得高新技术企业资格从而少交企业所得税；

（八）通过虚假交易减少或推迟缴纳土地增值税、契税、印花税等。

想要规避标的公司税务风险，充分的尽职调查是前提条件。除此之外，交易双方还应该在收购协议中约定纳税义务的划分时点、"兜底"措施与赔偿条款。

作为重大资产重组的标的公司，爆发税务风险的典型为格尔木藏格钾肥有限公司（以下简称"藏格钾肥"）。

2016 年，藏格钾肥借壳金谷源（000408.SZ，已更名为"藏格矿业"）完成上市。

2024 年 3 月，藏格钾肥收到青海省税务局稽查局税务处理决定书，青海省税务局稽查局对藏格钾肥 2004—2014 年期间增值税及企业所得税情况进行了检查，依法追征 2004—2014 年少缴的企业所得税、增值税、城市维护建设税、教育费附加、地方教育附加费，依法追征 2011—2014 年少缴的价格调节基金，补缴各项税费 55 579 301.72 元，滞纳金 132 380 081.03 元，合计 187 959 382.75 元。

根据《重组相关方关于重大资产重组相关承诺事项的公告》中或有事项的承诺，上述补缴税款及滞纳金应由转让方青海藏格投资有限公司、肖永明承担。

上述案例中，并购重组的标的公司因为并购前的税务问题被要求补缴将近 1.88 亿元的税费与滞纳金，因为有转让方的"兜底"承诺，收购方才避免了巨额损失。

上述案例为我们提供了宝贵的经验，并购重组过程中，标的公司的税务风险值得收购方与中介机构高度警惕与深入调查。

二、交易的税务风险

（一）个人所得税

根据《中华人民共和国个人所得税法》，转让方为自然人的，其作为纳税义务人需要按照转让所得缴纳 20% 的个人所得税，同时收购方为扣缴义务人。

收购方或者转让方应于交易款项支付次月 15 日前依法纳税，否则就可能被税务局追缴税款和滞纳金并罚款。

蓝鼎控股（000971.SH，已退市）收购吉林省高升科技有限公司（以下简称"高升科技"）因为收购方未扣缴税款，转让方也未及时缴纳税款产生了涉税风险。

2015 年，蓝鼎控股向于平、翁远、许磊、董艳和赵春花等 5 名自然人股东收购了高升科技，交易总作价 15 亿元（包括发行股份支付 9 亿元、现金支付 6 亿元），但当时蓝鼎控股未扣缴前述 5 名自然人股东的个人所得税。

直至 2019 年 8 月，前述 5 名自然人股东除已缴纳个人所得税 11 634 万元外，尚欠个人所得税 17 991 万元，印花税 75 万元未缴纳（均不包含滞纳金、罚款等），且经相关税务机构采取各种措施追缴仍未缴纳。

后续，在上市公司的督促下，前述 5 名自然人股东逐步缴纳了税款，上市公司的涉税风险才解除。

上述案例中，标的资产的转让方为自然人，收购方是个人所得税的扣缴义务人。根据《中华人民共和国税收征收管理法》第六十九条规定："扣缴义务人应扣未扣、应收而不收税款的，由税务机关向纳税人追缴税款，对扣缴义务人处应扣未扣、应收未收税款 50% 以上三倍以下的罚款。"

上市公司作为当时重大资产重组的个人所得税的扣缴义务人，如果转让方未能缴纳个人所得税，税务机关可以对上市公司进行罚款。

建议收购方高度重视并购重组的纳税及代扣代缴义务，在支付交易价款时扣除对方应该缴纳的个人所得税，并代为向当地税务局缴纳，以规避税务风险。

（二）企业所得税

根据《财政部 国家税务总局关于企业重组业务企业所得税处理若干问题的通知》（财税〔2009〕59 号）和《财政部 国家税务总局关于促进

企业重组有关企业所得税处理问题的通知》（财税〔2014〕109号），企业重组同时符合五项条件（详见第七章第二节相关内容），适用特殊性税务处理规定。

实践中，五项条件中收购股权比例、支付方式、重组后持有股权及稳定经营的时间等四项条件都相对明确，可以通过设计并购重组方案予以满足。但并购重组"具有合理的商业目的，且不以减少、免除或者推迟缴纳税款为主要目的"能否获得税务机关的认可具有重大不确定性。

笔者曾经操作过一个并购重组，税务机关未能认可并购重组方案"具有合理的商业目的"，最终不得不更改并购重组方案，才得以顺利实施。

（三）土地增值税

根据《财政部 税务总局关于继续实施企业改制重组有关土地增值税政策的公告》（财政部 税务总局公告2023年第51号），可以筹划"以转让股权的形式转让土地"，从而避免产生土地增值税纳税义务。

但实践中，上述操作方式能否获得税务局的认可存在不确定性。部分地方税务局曾经就辖区内"以转让股权的形式转让土地"的案例向国家税务总局请示，国家税务总局复函要求按土地增值税的规定征税（见表9-3）。

表9-3　国家税务总局对部分地区的复函

序号	地方税务局	复函名称	复函内容
1	广西壮族自治区地方税务局	关于以转让股权名义转让房地产行为征收土地增值税问题的批复（国税函〔2000〕687号）	鉴于深圳市能源集团有限公司和深圳能源投资股份有限公司一次性共同转让深圳能源（钦州）实业有限公司100%的股权，且这些以股权形式表现的资产主要是土地使用权、地上建筑物及附着物，经研究，对此应按土地增值税的规定征税。

续表

序号	地方税务局	复函名称	复函内容
2	桂林市地方税务局	关于土地增值税相关政策问题的批复（国税函〔2009〕387号）	鉴于广西玉柴营销有限公司在2007年10月30日将房地产作价入股后，于2007年12月6日、18日办理了房地产过户手续，同月25日即将股权进行了转让，且股权转让金额等同于房地产的评估值。因此，我局认为这一行为实质上是房地产交易行为，应按规定征收土地增值税。
3	天津市地方税务局	关于天津泰达恒生转让土地使用权土地增值税征缴问题的批复（国税函〔2011〕415号）	经研究，同意你局关于"北京国泰恒生投资有限公司利用股权转让方式让渡土地使用权，实质是房地产交易行为"的认定，应依照《土地增值税暂行条例》的规定，征收土地增值税。

上述国家税务总局的复函不具有普遍意义的代表性，但"以转让股权的形式转让土地"确实有必要警惕相关税务风险。

许多并购重组过程中牵涉的税务问题往往比较复杂，其中部分问题可能税法规定并不明确或者实际执行情况与税法规定存在一定偏差。

建议操作并购重组的相关各方，在设计并购重组方案时充分了解相关税务政策，并提前与当地税务局进行沟通确认。

第四节　涉密风险

一、泄露核心技术或商业机密的风险

由于举证与维权困难，"假并购，真窃密"的情况时有发生。实践中，许多企业因为并购重组泄露核心技术或商业机密而导致重大损失。

Olaplex Holdings Inc.（OLPX.O，以下简称"Olaplex"）是因为并购重组而泄密的典型。

Olaplex成立于2014年，是美国一家专门研发染发修复产品的公司。该公司当年推出的明星产品Olaplex Bond Multiplier No.1能对因漂染受损发质进行重生修复，被誉为"液体黄金"，并畅销全球80多个国家数十万个美发沙龙，成为整个护发产品市场中增长速度第三快的品牌。

2015 年，法国化妆品巨头欧莱雅曾有意并购 Olaplex，但该并购意向最终流产。在谈判过程中，欧莱雅集团窃取了 Bond Multiplier 专利配方，随之推出一款与 Olaplex Bond Multiplier No.1 相似的竞品 Smartbond，抢占了 Olaplex 的市场。

2016 年开始，Olaplex 起诉欧莱雅。经过五年的漫长诉讼，直到 2021 年，美国特拉华州一个联邦陪审团作出裁断，认定欧莱雅因窃取 Olaplex 的商业机密、违反合同并侵犯了两件护发系统的专利，需要向 Olaplex 支付 9 130 万美元（约合人民币 6.44 亿元）损害赔偿。

上述案例中，Olaplex 因为并购重组泄密导致重大损失，之后经过漫长的索赔周期才获得了赔偿，为并购重组敲响了保密的警钟。

并购重组过程中，交易各方可以考虑采用以下措施做好保密工作。

（一）签订保密协议（或者在其他相关协议中约定保密条款），明确各方的信息保密义务和违约责任。

（二）在不影响尽职调查和交易推进的前提下，将对外提供的资料进行"脱敏"处理。

（三）向对方提供资料时制作交接目录并由对方签收确认；若在尽调后未达成收购协议的，应当按照交接目录回收已提供的文件和材料。

（四）涉及核心技术或商业机密的文件或材料，各方应当审慎决定是否提供给对方。

（五）如果因为影响交易达成必须提供核心技术或商业机密的文件或材料，可以允许对方现场查阅，但不得拍照、复印和摘录。

另外，并购重组交易各方还需要注意核心人才被对方"挖墙脚"的风险。很多科技企业的并购价值主要是其核心人才，而"挖人"的成本通常大幅低于收购公司的成本。"并购不成，人被挖走"的情况在实践中并不鲜见。

二、侵犯核心技术或商业机密的风险

"侵犯核心技术或商业机密"是与"泄露核心技术或商业机密"相对应的风险。并购重组过程中，交易各方可能会有意或者无意地获取到对方或者第三方的核心技术或商业机密，从而带来潜在风险。

Uber Technologies, Inc.（Uber.N，以下简称"优步"）收购 Ottomotto，是因为并购被起诉商业机密侵权的典型案例。

优步收购 Ottomotto 及后续纠纷的时间脉络如表 9-4 所示。

表 9-4　优步收购 Ottomotto 及后续纠纷的时间脉络

序号	时间	事件
1	2016 年年初	自动驾驶技术工程师 Anthony Levandowski 离开谷歌子公司 Waymo 并创办 Ottomotto，主要从事无人驾驶卡车业务。
2	2016 年 8 月	优步作价约 6.8 亿美元收购 OttoMotto，以换取 OttoMotto 的技术和团队。之后 Anthony Levandowski 进入优步并任职副总裁，全面掌管优步自动驾驶业务。
3	2017 年 2 月	Waymo 起诉优步窃取商业机密，声称 Anthony Levandowski 在离职创办 OttoMotto 前，下载了 1.4 万个高度机密的 Waymo 文件，并进一步指责 Anthony Levandowski 使用窃取的文件开发优步的自动驾驶汽车。
4	2017 年 5 月	优步解雇了 Anthony Levandowski。
5	2018 年 2 月	优步向 Waymo 支付了 2.45 亿美元达成和解。

上述案例提醒我们，并购重组不止要注意泄密风险，还要注意侵犯核心技术或商业机密的风险，并采取必要措施予以规避。

（一）启动并购重组之前，各方需要注意通过书面文件明确并购重组的目的，避免后续出现纠纷时，被误认为并购重组是为了窃取竞争对手的机密。

（二）并购重组过程中，对于对方提供的涉及核心技术或商业机密的文件或材料，获取资料的一方需要控制人员范围、传播路径和全过程的风险管控。

（三）各方需要做好全面尽职调查，了解对方创始人和核心人员的背景，充分识别潜在侵犯核心技术或商业机密的风险。

三、内幕交易风险

"内幕交易"是指证券、期货交易内幕信息的知情人员或者非法获取证券、期货交易内幕信息的人员，在涉及证券的发行，证券、期货交易或者其他对证券、期货交易价格有重大影响的信息尚未公开前，买入或者卖出该证券，或者从事与该内幕信息有关的期货交易，或者泄露该信息，或者明示、暗示他人从事上述交易活动。

上市公司重大资产重组通常会显著拉升股价，提前入股可能会盈利丰厚，这也导致上市公司重大资产重组往往成为内幕交易的重灾区。

2024 年 10 月，盈方微（000670.SZ）宣布终止重大资产重组，原因为"本次重组相关方的相关人员因涉嫌泄露内幕信息被中国证券监督管理委员会出具《立案告知书》"。

根据《中华人民共和国刑法》，内幕交易情节严重的，处五年以下有期徒刑或者拘役，并处或者单处违法所得一倍以上五倍以下罚金；情节特别严重的，处五年以上十年以下有期徒刑，并处违法所得一倍以上五倍以下罚金。单位犯前款罪的，对单位判处罚金，并对其直接负责的主管人员和其他直接责任人员，处五年以下有期徒刑或者拘役。

中华人民共和国最高人民检察院（以下简称"最高检"）曾经公布过一例上市公司重大资产重组过程中因内幕交易判刑的典型案例。

根据最高检公告，被告人王某，系国某节能服务有限公司（以下简称"国某公司"）财务部主任；被告人李某，系王某前夫。

2016 年 2 月 25 日，重庆涪某电力实业股份有限公司（以下简称"涪某公司"）发布有关其与国某公司重大资产重组的《重大资产购买暨关联交易草案》，内幕信息敏感期为 2015 年 10 月 26 日至 2016 年 2 月 25 日，王某系内幕信息知情人。

国某公司筹划上市期间，王某、李某于 2015 年 5 月 13 日离婚，但二人仍以夫妻名义共同生活。在内幕信息敏感期内，李某两次买入涪某公司股票，累计成交金额 412 万元，之后陆续卖出全部股票并累计亏损 9 万余元。

重庆证监局于 2017 年 8 月 24 日对李某作出罚款 15 万元的行政处罚决定。

同时经公安部交办，北京市公安局侦查终结后向北京市人民检察院第二分院移送起诉。最终王某、李某均被认定犯内幕交易罪，各判处有期徒刑五年。

上述案例提醒我们，涉及上市公司的并购重组需要特别注意内幕交易风险，在前期筹划阶段尽量控制内幕知情人的范围，并做好相关人员的普法与警示工作。

同时，建议推进上市公司并购重组过程中，在非证券交易日进行实质谈判，交易双方达成意向后，上市公司立即申请股票停牌或者公开披露并购重组相关信息。

第五节　反收购风险

一、反收购策略

实践中，收购特别是恶意收购有可能会面临标的公司的反收购风险，常见的反收购策略包括"毒丸计划""白衣骑士"等。

（一）毒丸计划

当公司遭遇恶意收购，为了保住控股权，可以通过低价增发新股、高价回购股份、大额举债等手段提高收购方的收购成本，从而阻止收购方对公司的收购。

"毒丸计划"通常有五种典型的操作方式（见表 9-5）。

表 9-5　"毒丸计划"五种典型的操作方式

序号	类别	五种典型的操作方式
1	优先股毒丸	目标公司向普通股股东发放可转换优先股，当目标企业被恶意收购后，优先股可以转化为普通股，从而稀释收购方的股权。
2	弹出毒丸	目标公司向现有股东低价增发股份，稀释收购方的股权比例，从而提高收购方的收购成本。
3	弹入毒丸	目标公司以较高的溢价回购现有股东的股权，提高收购方的收购成本，并使目标公司财务状况恶化。
4	负债毒丸	目标公司大额举债，约定在目标公司被收购时债权人可以要求立即兑付，或者允许债权人自行决定债权赎回期、债转股等。
5	人员毒丸	也称"黄金降落伞""金色降落伞"，目标公司核心高管签署一致行动人协议，在发生不公平收购时，进行全体辞职并获得一次性巨额赔偿金。

实践中，上述"毒丸计划"还可以通过员工持股计划、购股权等进行"变形"，并且各种"毒丸计划"可以根据不同的情况组合运用。

2005 年，盛大（SNDA.O，已退市）对新浪（SINA.O，已退市）发起恶意收购，新浪采用"毒丸计划"并取得了成功。

2005 年，盛大欲通过收购新浪进行多元化，以改变主要依赖于网络游戏的单一业务模式，因此通过二级市场不断增持新浪的股份。截至 2005 年 2 月 10 日，盛大与控股股东合计持有新浪的股份达到 19.5%。

为阻止盛大收购，2005 年 2 月 22 日，新浪发表声明宣布，其董事会已采纳了"股东购股权计划"：1. 当盛大持股达到 20% 时，新浪将自动发行新股认购权证；2. 除盛大及关联方外，已经持有新浪股票的股东将按照 1:1 的比例获得认股权证；3. 原股东可用认股权证发行时股票价格的半价来行权，获得新股票。

新浪的"股东购股权计划"效果显著，后续盛大逐步减持了新浪的股票。

上述案例中，新浪当时采用了"弹出毒丸"，大幅提高了盛大的收购成本，最终取得反收购的成功。

（二）白衣骑士

当公司遭到恶意收购时，管理层可以寻找"友好"的第三方对公司进行收购，该"友好"的第三方被称为"白衣骑士"。

2015—2017年宝能系（深圳钜盛华股份有限公司及其一致行动人）试图收购万科A（000002.SZ）的"宝万之争"，最终万科引入"白衣骑士"反收购成功。

"宝万之争"的时间脉络如表9-6所示。

表9-6　"宝万之争"的时间脉络

序号	时间	事件
1	2014年之前	万科股权较为分散，第一大股东华润股份有限公司（以下简称"华润"）持股14.91%，其余股东都在5%以下。
2	2015年1月开始	宝能系不断通过二级市场增持万科股票，持股达到22.45%，超过华润成为第一大股东。
3	2015年12月	万科以筹划重大资产重组的名义申请股票停牌，对宝能系正式启动反击。
4	2016年6月	万科召开董事会审议通过重大资产重组预案——以发行股份的方式购买深圳市地铁集团有限公司（以下简称"深圳地铁"）持有的深圳地铁前海国际发展有限公司（以下简称"前海国际"）100%股权（初步交易价格为456.13亿元）。重组实施后，深圳地铁将持股20.65%，超过宝能系（稀释后为19.27%）和华润（稀释后为12.10%）成为万科第一大股东。针对该重大资产重组预案，华润委派的三位董事均投了反对票。之后，宝能系继续增持万科股票至25%，同时，中国恒大集团也开始增持万科股票并最终达到14.07%。其间，证监会、保监会先后出手——对保险公司举牌上市公司进行公开指责、下发监管函、停止业务等。
5	2016年12月	因为"部分主要股东公开表示对本次交易方案存在不同意见"，万科发布公告终止了重大资产重组。
6	2017年1月、6月	万科分别发布公告称华润、中国恒大集团拟将其持有的万科股份全部转让给深圳地铁。上述股权转让完成后，深圳地铁持股达到29.38%，成为万科第一大股东。
7	2017年6月	深圳地铁成为万科第一大股东后的首次股东大会审议通过了董事会换届提案。王石辞去董事长职务并由郁亮接任，新一届的万科董事会成员全部来自万科管理层和深圳地铁，宝能系未获得董事会席位，收购以失败告终。之后，宝能系逐步减持万科股票至全部退出。

上述案例中，万科在监管机构与舆论助力下，最终引入"白衣骑士"反收购成功。

虽然"宝万之争"已经过去数年，如今回顾起来依然令人唏嘘不已——其间各种博弈与策略被充分展现，值得我们深入学习与借鉴。

二、打破反收购策略

启动收购前，收购方需要对目标公司的态度、相关的监管政策以及对方可能采取的反收购措施进行充分的调查，并做好应对方案。

特斯拉创始人埃隆·马斯克（以下简称"马斯克"）收购推特（TWTR. N）时，曾经遭到推特董事会的阻击，但最终凭借强大是实力收购成功。

马斯克收购推特的时间脉络如表 9-7 所示。

表 9-7　马斯克收购推特的时间脉络

序号	时间	事件
1	2022 年开始	马斯克不断通过二级市场增持推特股份，并成为单一第一大股东。
2	2022 年 4 月 13 日	马斯克提出以 54.2 美元 / 股价格现金收购推特并将其私有化，交易总金额达到近 440 亿美元。
3	2022 年 4 月 15 日	推特董事会通过"毒丸计划"——2023 年 4 月 14 日前，一旦马斯克持股比例达到或超过 15%，推特将大量发行新股，允许现有股东以大幅折让价格增持公司股票。
4	2022 年 4 月 15 日之后	马斯克并未放弃，为此筹集了 465 亿美元的资金。随后二级市场的股价大幅下跌使得推特董事会的态度出现松动。
5	2022 年 4 月 25 日	推特董事会宣布接受马斯克将其私有化的提议，马斯克以每股 54.2 美元的价格进行收购。
6	2022 年 10 月	马斯克完成了对推特的收购。

上述案例中，虽然前期遭遇推特董事会的抵制，马斯克最终还是凭借强大的实力完成了对推特的收购。

马斯克收购推特以及前文海信网能收购科林电气的案例表明，在做好充分调查和制订收购方案的基础上，强大的实力往往是打破反收购策略最简单有效的手段。

第六节　审批风险

一、内部审批风险

并购重组往往对交易双方都属于重大事项，通常情况下需要交易双方董事会和股东（大）会的审批，存在一定的不确定性。

上市公司并购重组，被股东大会否决的典型案例如下。

（一）2016 年，格力电器（000651.SZ）计划收购珠海银隆新能源有限公司（以下简称"珠海银隆"，已更名为"格力钛新能源股份有限公司"），被股东大会否决。后来直至 2021 年珠海银隆陷入经营困境，格力电器才通过司法拍卖获得其控股权。

（二）2018 年，ST 富通（000836.SZ）计划收购富通光纤光缆（成都）有限公司，被股东大会否决。

（三）2021 年，大有能源（600403.SZ）计划收购河南能源化工集团重型装备有限公司，被股东大会否决。

（四）2022 年，顺控发展（003039.SZ）计划收购中机科技发展（茂名）有限公司 60% 股权，被股东大会否决。

（五）2024 年，上海机电（600835.SH）计划收购上海集优铭宇机械科技有限公司，被股东大会否决。

上述被否决的并购重组，其中许多涉及关联交易。根据《上市公司重大资产重组管理办法》，上市公司重大资产重组事宜与公司股东或者其关联人存在关联关系的，股东大会就重大资产重组事项进行表决时，关联股东应当回避表决。

因此，当并购重组牵涉关联交易时，收购方不只需要考虑其主要股东的意向，还要考虑非关联股东对并购重组的认可度。

二、反垄断审批风险

反垄断不仅需要考虑收购方、标的公司所在国家或地区的相关规定，还要考虑双方业务所在国家或地区的监管要求。

因为未能通过中国的反垄断审查而宣告失败的三个并购案例如下。

（一）2017 年，伊利股份（600887.SH）收购中国圣牧有机奶业有限公司宣告终止。

（二）2018 年，美国高通公司（Qualcomm）收购荷兰恩智浦半导体公司（NXP Semiconductors）宣告失败。

（三）2021 年，美国应用材料公司（Applied Materials）收购日本同行国际电气公司（Kokusai Electric）宣告失败。

三、资本市场审批风险

如果交易双方涉及新三板挂牌企业或者上市公司，许多并购重组需要全国股转公司、证券交易所或者证监会审核同意，存在较大不确定性。

2024 年 1 月，宁夏建材（600449.SH）收购中建材信息技术股份有限公司（以下简称"中建信息"）、出售水泥相关资产，因为"上市公司未充分说明中建信息应收账款回款不存在重大不确定性的依据，未充分说明并披露本次交易有利于提高上市公司资产质量、改善财务状况和增强持续经营能力"上会被否决。

四、国资审批风险

如果交易双方涉及国有企业，并购重组通常需要获得国有资产管理部门的审批，也存在较大的不确定性。

2019 年，陕西省水务集团有限公司拟收购乾景园林（603778.SH，已更名为"国晟科技"），该交易后来因为未能获得陕西省国资委的审批而终止。

五、涉外并购审批风险

涉外并购通常需要获得收购方境内相关政府部门的审批，同时还需要获得东道国的审批，具有较大的不确定性，需要提前做好尽职调查与筹划工作。

永辉超市（601933.SH）、凯文教育（002659.SZ）与德龙激光（688170.SH）等公司都曾经因为未获得审批导致涉外并购失败。

（一）2019年，（第一大股东为境外法人的）永辉超市收到了国家发改委的《外商投资安全审查终止通知》，其计划要约收购中百集团（000759.SZ）的交易被"叫停"。

（二）2019年，凯文教育终止收购美国瑞德大学下属的威斯敏斯特合唱音乐学院、威斯敏斯特音乐学校和威斯敏斯特继续教育学院的有关资产，原因是未能获得"新泽西州总检察长批准、教育部颁布的许可证以及新泽西州最高法院批准"等。

（三）2024年，德龙激光终止收购德国康宁激光有限公司，原因是未能获得"中国（包括但不限于发展与改革委员会、商务部门、外汇管理局等政府部门）、美国及德国相关政府机构审批或备案"。

鉴于各种审批的较大不确定性，并购重组启动前，相关各方需要充分考虑审批风险，掌握相关规定并提前与有权机构进行沟通。

第七节　高溢价风险

并购价值可以通过公式"并购价值 = 协同效应 - 并购溢价"来衡量。其中，并购溢价是交易价格高出标的公司资产价值的部分，反映出收购方对标的公司未来增长潜力和协同效应的期望。

研究表明，并购溢价和并购失败之间存在着正相关关系。如果并购溢价远大于协同效应可能带来的收益，相关各方将对并购动机持负面怀疑态度，并可能导致并购活动的失败或效果不佳。

汤臣倍健（300146.SZ）收购澳大利亚的Life-Space Group Pty., Ltd.（以下简称"LSG"）是高溢价并购而爆雷的典型案例。

本次交易选取市场法结果作为评估结论，LSG100%股权作价35.62亿元。据此，汤臣倍健因为合并LSG形成34.61亿元的商誉和可辨认无形资产。

按照上述作价，此次交易的静态市盈率远高于A股。为了分析定价合理性，汤臣倍健按照收购当年（2018年财年）LSG盈利预测数（约1.19亿元）重新计算了交易市盈率，并进行对比如表9-8所示。

表9-8　汤臣倍健收购LSG的交易市盈率对比分析

证券代码	证券简称	2017年度／市盈率
300146.SZ	汤臣倍健	28.82
002626.SZ	金达威	24.34
600530.SH	交大昂立	35.83
算数平均		29.66
中位数		28.82
LSG（2017年度）		56.22
LSG（2018财年预测数）		29.92

并且，本次交易未设置盈利补偿机制。这些都为汤臣倍健的商誉与可辨认无形资产爆雷埋下了祸根。

收购完成次年（2019年），LSG不止未能完成盈利预测，还出现了亏损。汤臣倍健对因为合并LSG形成的商誉进行减值测试，计提商誉减值准备10.09亿元，计提无形资产减值准备5.62亿元并转销递延所得税负债1.69亿元，导致公司自上市以来首次出现亏损。

上述案例中，汤臣倍健因为对LSG未来经营和双方后续的协同效应过于乐观，最终导致巨额的商誉爆雷，并拖累了上市公司的业绩。

收购方需要清晰判断并购价值，在追求协同效应的同时，权衡因为支付并购溢价所带来的成本。想要实现并购价值的最大化，需要收购方精心策划和执行并购活动，确保能够获得预期的协同效应，同时合理控制溢价，避免因过高溢价而导致财务压力增大，影响企业的长远发展。

第八节　整合风险

并购重组有着"买卖容易，整合困难"的特征，很多并购重组因为整合问题而宣告失败，有些并购重组甚至因为整合失败而损失数百亿美元。

并购重组之后，需要完成文化、人员、机构、资产、财务、业务等全方位整合，方能实现并购重组的目标。

海尔并购美国通用家电，是中国商界颇为成功的海外并购典范。海尔在并购通用家电后围绕以"人的价值最大化"为核心的理念进行整合，对其他致力于全球化的企业有着重要的启示意义。

一般企业在跨国并购后通常的做法是，派遣管理人员直接到被并购公司进行管控。海尔则将决策权、用人权、分配权三权下放，由通用家电自主管理，鼓励员工创新，同时利用海尔的全球资源为通用家电充分赋能。

2016年海尔刚刚并购通用家电之时，海尔集团创始人张瑞敏先生在交割沟通会上，与员工进行了关于"我们共同的领导是用户"的对话，从此建立了一切要以用户为中心的共同底层逻辑。

之后通用家电快速启动转型，转型之路总体分为三个阶段（见表9-9）。

表 9-9　通用家电转型的三个阶段

阶段	时间	转型事项
转型启动期	2017—2019 年	2017 年年初，通用家电迅速启动"人单合一"转型——在组织上，从线性组织转型为自主经营的小微经营体（以下简称"小微"）；在机制上，从宽带薪酬变为根据为用户创造的价值进行增值分享的机制，为用户提供更高端的家电体验。 成立小微后，洗衣机小微仅升级了一个产品平台，提高了生产效率，半年后就实现扭亏为盈。2017 年年中，洗衣机、厨电、冰箱、洗碗机产业小微相继成立，同时新涌现出热水器和 PTAC 两个业务小微。 通用家电初步转型即取得良好效果——2017 年，通用家电创出其过去十年最好的业绩；2018 年，通用家电成为美国增长最快的家电公司。
转型加速期	2019—2022 年	在该阶段，通用家电的组织边界从小微拓展为链群，整合全球资源开发颠覆性的产品，创单链群和体验链群共同为用户创造场景体验。 以洗衣机链群和青岛海尔洗衣机团队研发的洗衣机为例。该款行业首创的超清新大滚筒洗衣机，解决了用户抗菌消毒的洗衣痛点，2019 年上市即引爆，之后五年累计销售数百万台。在大滚筒的基础上，洗衣机链群 2020 年又推出两小时洗烘干的 Combo 热泵洗干一体机，并再次获得市场热捧，通用家电洗衣机的份额大幅增长。 2022 年，通用家电成为美国第一大家电公司。
迭代升级期	2022 年之后	在该阶段，通用家电进行生态转型，立志成为美国第一的"家生态"公司，组织边界被打破，更多生态方和通用家电一起创造用户的生态价值。 开放创新方面，通用家电的 First　Build 作为全领域、多资源、多方联动的创新平台，成功开发近百款新产品或功能，创造了数亿美元的市场价值，被《华尔街日报》誉为"开放创新中最雄心勃勃的尝试之一"。 拉近用户距离方面，通用家电的 SmartHQ 和 BodeWell，从线上和线下，打破组织界限，整合众多生态资源，零距离满足用户需求。

上述案例中，海尔并购通用家电后，对企业文化、人的价值、用户需求均高度尊重，并合理地注入自己的经营理念，双方实现良好融合，最终成功帮助通用家电完成"蝶变"，成为美国第一大家电公司。

成功的并购重组整合，需要基于对被收购方的充分了解和尊重——先制订整合计划，再成立整合领导小组、进行有效沟通、制订员工安置计划等，最终完成职能与部门整合以及建立新的企业文化等。

第九节 失控风险

被收购方失控是比整合不力更大的风险所在——整合失败通常无法实现预期的协同效应，但被收购公司失控则可能使得投资款完全成为损失。

安控科技（300370.SZ）收购宁波市东望智能系统工程有限公司（以下简称"东望智能"）是被收购公司失控的典型案例。

安控科技收购东望智能及后续失控的时间脉络如表9-10所示。

表 9-10 安控科技收购东望智能及后续失控的时间脉络

序号	时间	事件
1	2017年7月	安控科技以现金 37 354.10 万元收购东望智能 70% 股权。宁波梅山保税港区广翰投资管理合伙企业（有限合伙）（以下简称"广翰投资"）与宁波梅山保税港区德皓投资管理合伙企业（有限合伙）（以下简称"德皓投资"）（作为交易对手方和东望智能剩余 30% 持股的股东）承诺，东望智能在 2017 年度、2018 年度实现的扣除非经常性损益后的净利润分别不低于 5 100 万元、6 500 万元。 收购完成后，东望智能原管理团队继续留任，安控科技为了支持东望智能的发展为其银行贷款提供担保。
2	2019年11月	因为东望智能 2018 年未能完成业绩承诺，安控科技更换东望智能总经理并成立了新的管理团队，但原管理团队拒绝移交公司证照、印章、财务账册、档案文件等资料，也拒绝配合年报审计工作，安控科技对东望智能失去控制。之后，安控科技起诉东望智能原管理团队移交公司证照、印章、财务账册、档案文件等胜诉，但对方拒绝执行；起诉广翰投资、德皓投资履行业绩补偿胜诉，但一直难以执行。
3	2020年3月	东望智能因为无法正常开展业务、无法清偿到期债务成为失信被执行人；同时，还因为银行贷款担保的连带责任导致安控科技成为失信被执行人。
4	2021年6月	债权人以东望智能无法清偿到期债务，且明显缺乏清偿能力为由，向鄞州法院申请对东望智能进行破产清算。
5	2022年1月	广翰投资、德皓投资向鄞州法院申请对东望智能进行重整。
6	2022年11月	东望智能重整完毕，股权全部由重整投资方或其指定方持有，安控科技不再持有任何股权，3 亿多元投资款"归零"。

其他曾经对被收购公司失控的上市公司还有 ST 中嘉（000889.SZ）、

恒宝股份（002104.SZ）、科华生物（002022.SZ）、ST围海（002586.SZ）等，失去控制的通常表现为上市公司委派的人员无法进入子公司履职、子公司关键印章和营业执照缺失、子公司拒绝提供财务资料及拒绝配合审计工作等。

上述被收购公司失控案例为我们提供了"血淋淋"的教训，防范被收购公司失控是所有收购方都需要认真考虑的重大课题。

充分的尽职调查、良好的方案设计和并购后的人员调整与强化管控是防止出现被收购公司失控风险的基础。

另外，收购方还可以考虑通过"小步慢走"的方式逐渐获得标的公司的控制权，并在这个过程中逐步了解、参与并最终掌控标的公司。

第十节　行业风险

企业的成长与行业的发展紧密相关，并购重组过程中需要充分考虑标的公司可能面临的行业监管、行业发展、行业竞争、行业替代等行业风险。

百度收购91无线是国内互联网行业并购中，因为行业风险而失败的典型案例。

2013年，在移动互联网风起云涌的年代，百度以19亿美元收购91无线——当时市场上最大的第三方应用分发平台，拥有91助手和安卓市场两大分发渠道。

随后，百度91平台集成91助手、安卓市场、91移动开放平台、91熊猫桌面、安卓桌面、91门户、安卓网等强势产品为内容端口的完整移动互联应用产品群，成为国内最大、最具影响力的智能手机服务平台。

但之后手机厂商纷纷打造自己的应用分发平台，第三方应用分发平台的表现开始由盛而衰，发展空间不断被挤压。在此背景下，百度对91无线逐渐萌生退意。

2017 年 10 月，百度将收购 91 无线后为其打造的办公场所——福州研发中心停止运营，91 无线彻底退出历史舞台。

上述案例中，91 无线当年的风光和之后的没落都主要是因为行业变化。

百度收购 91 无线的案例告诉我们，很多时候"时势造英雄也能毁英雄"。操作并购重组，需要充分了解标的公司所处的行业，把握其行业发展趋势和潜在风险。

第十一节　经营风险

社会节奏不断加快，市场情况瞬息万变，任何公司的发展都难以一帆风顺。

并购重组完成后，如果标的公司的发展不及预期甚至亏损，自身经营发生困难，还可能因此拖累收购方，影响收购方的盈利能力、运营能力，甚至影响收购方的正常经营发展；如果收购方为公众公司，还可能影响收购方的股票价格和资本市场形象，并可能面临监管机构的处罚——标的公司实现利润未达到预测金额 50% 的，中国证监会可以对公众公司及相关责任人员采取监管谈话、出具警示函、责令定期报告等监管措施。

并购重组失利对 *ST 美都（600175.SH，已退市）影响则更大，该公司很大程度上是因为被收购公司业绩不及预期，而最终导致退市。

*ST 美都以能源、房地产开发经营为主业，同时涉足贸易业、酒店服务业等领域。

2016 年年底开始，*ST 美都为了实现业务转型，大规模开展并购。2016 年 11 月、2017 年 9 月和 2017 年 10 月，*ST 美都分别公告称以 3.97 亿元、2.4 亿元和 29.06 亿元收购或增资入股获得上海德朗能动力电池有限公司 49.597% 股权、浙江美都海创锂电科技有限公司 60% 股权和山东瑞福锂业有限公司 98.51% 股权。

然而，上述企业均未完成业绩承诺，结果 *ST 美都 2018—2019 年连续两年出现巨额亏损，并最终于 2020 年 8 月退市。

上述案例中，虽然 *ST 美都最终退市也有其自身经营不善的原因，但收购的三家公司全部经营不及预期，未能完成业绩承诺，加速了其退市的进程。

鉴于持续经营能力的重要性，重大资产重组审核部门应高度关注标的公司的经营风险与持续经营能力。

实践中，持续经营能力存疑是重大资产重组失败的主要原因，大量重大资产重组项目因为该问题而上会被否决（见表 9–11）。

表 9–11　因为持续经营能力存疑而上会被否决的重大资产重组

序号	重大资产重组案例	上会否决原因
1	上海莱士（002252.SZ）收购郑州邦和生物药业有限公司	标的公司 2013 年年底取得 GMP 认证存在不确定性，如不能取得，将影响标的资产的正常经营。
2	中钨高新（000657.SZ）收购自贡硬质合金有限责任公司 80% 股权和株洲硬质合金集团有限公司	2012 年标的资产盈利能力大幅下降，盈利能力存在很大不确定性。
3	金材股份（002002.SZ，已退市）收购内蒙古乌海化工股份有限公司	标的资产所属的 PVC 行业产能过剩、高耗能，标的资产持续盈利能力存在重大不确定性。
4	湖南发展（000722.SZ）收购湖南发展集团九华城市建设投资有限公司	标的资产成立时间短，两个重要合同均签订于 2011 年 10 月，缺乏独立经营记录，缺少过往业绩记录，独立经营能力存在重大不确定性。
5	深天马 A（000050.SZ）收购上海天马微电子有限公司	标的公司可持续盈利能力仍存在重大不确定性。
6	运盛实业（600767.SH，已退市）收购天津九胜投资发展有限公司	本次重组拟注入标的资产两年及一期均亏损，未来持续经营能力存在重大不确定性。

重大资产重组过程中，收购方需要高度重视标的公司的经营风险和持续经营能力，并提前充分地进行尽职调查。

第十二节　流动性风险

实践中，很多收购方通过占用正常运营资金或者通过大额举债方式进行收购。

在这种情况下，收购方在并购重组后，可能由于过重的债务负担，致使其面临资金紧张、支付困难的流动性风险。

近年来，因为大规模并购而引发巨大债务风险的典型，非海航集团莫属。

海航集团扩张与收缩的时间脉络如表 9-12 所示。

表 9-12　海航集团扩张与收缩的时间脉络

序号	时间	事件
1	2005 年开始	海航集团正式踏入国际舞台，开始在全球范围并购重组，举债并购是其扩张的主要方式。
2	2015—2017 年	极致的财务杠杆成就了海航的快速扩张。2015 年海航的总资产达到 5 000 亿元左右，到 2017 年达到 1.2 万亿元左右，成为国内第二大民营企业。 巅峰时期，海航集团仅用两年时间就花掉 5 600 亿元，而大量资金支出背后，是高额利息成本。
3	2019 年开始	海航集团的资产负债率高达 72%，达到债务危机的临界点。海航集团无力继续为其庞大的债务"输血"，现金流断裂。
4	2021 年 1 月	债务危机爆发后，海航集团只能通过出售核心资产艰难维持，最终被债权人向海南省高级人民法院申请破产重整。
5	2022 年 4 月	中信信托成立"海航集团破产重整专项服务信托"，受托管理资产规模约 7 000 亿元。

截至本书成稿之日，海航集团的破产重整还未结束。但无论如何，如今的海航集团已与当年叱咤风云的海航集团"天差地别"。

上述案例中，因为忽视了流动性风险，海航集团"从高空跌落"只用了两三年时间，为我们提供了非常惨痛的教训。

在实施并购重组之前，收购方需要充分了解自身资金实力和融资渠道并合理筹划被收购公司的规模、收购的股权比例、支付方式以及合理的融资方式，保证并购重组后充足的现金流量，以免出现并购效果不理想而引发债务危机。

第十章
并购重组常见问题

第一节　与收购方相关的问题

一、收购方的性质及利弊

目前市场上主要的收购方包括国有企业（含央企）、上市公司、产业相关方、并购基金等，不同收购方的利弊存在较大差异（见表10-1）。

表 10-1　不同收购方的利弊差异

序号	收购方性质	利	弊
1	国有企业	通常资金实力雄厚，可能拥有政府资源	决策效率较低，操作周期较长，后续可能影响标的公司的决策效率
2	上市公司	通常实力雄厚	需要符合资本市场相关要求，操作周期可能较长
3	产业相关方	具有产业资源，更有利于公司长远发展	可能因为泄露商业秘密对公司造成重大不利影响
4	并购基金	通常实力雄厚	后续很可能被"二次出售"
5	其他第三方	通常操作比较灵活	可能资金实力或者资源有限

二、收购方的要求

（一）收购方的常规要求

收购方通常会要求标的公司经营合法合规并具有持续经营能力。在此基础上，国有企业收购方更强调标的公司的收入和资产规模以及盈利稳定性；上市公司与并购基金收购方更强调标的公司的科技含量和成长性；产业相关的收购方则更关注双方可能产生的协同效应等。

（二）收购方的迁址要求

部分收购方期望标的公司迁址，特别是当收购方为地方国有企业时。实践中，如果标的公司为上市公司、新三板挂牌企业、重资产行业，或者存在其他政策或法规限制等情形，标的公司迁址可能存在较大难度。

（三）收购方的"返投"要求

部分收购方会要求标的公司在收购方所在或其指定地区投资设立新的公司，特别是当收购方对标的资产增资的情况下。转让方需要考虑自身的资金实力、收购方所在或其指定地区产业链、资源与政策等情况，提前论证"返投"的可行性。

（四）收购方的承诺要求

并购重组过程中，针对转让方或者标的公司存在的各类显性与潜在问题或风险，收购方通常需要转让方或标的公司相应作出承诺——包括持有标的公司股权的权属清晰、对标的公司之前有关债务的"兜底"、对标的公司瑕疵资质证照的规范办理、对后续标的公司与收购方独立性的保障措施、对后续自身从事有关业务的限制、对标的公司正在实施项目的积极推进等。

世纪华通（002602.SZ）收购盛跃网络科技（上海）有限公司（以下简称"盛跃网络"）的过程中，要求转让方做出了大量承诺。

盛跃网络拥有原美国纳斯达克上市公司 Shanda Games Limited（盛大游戏有限公司）的网络游戏业务（主要经营性资产和核心经营团队），此次收购构成盛大游戏变相回归 A 股上市。

并购重组过程中，收购方要求转让方做出的主要承诺如下。

1. 承诺人真实、合法持有标的公司的股权，拥有合法的完全所有权和处置权。其中，承诺人持有的盛跃网络的注册资本已全部缴足，承诺人所持盛跃网络的股权之上不存在委托持股、代持的情形，亦不存在其他任何质押、查封、冻结或其他限制或禁止转让的情形，且不涉及诉讼、仲裁、司法强制执行等重大争议或妨碍权属转移的其他情况，也不存在任何潜在纠纷。

2. 本次交易完成后，承诺人及其控制的企业与上市公司及其控股子公司不存在自营、与他人共同经营、为他人经营或以其他任何方式直接或间接从事与上市公司及其控股子公司相同、相似或构成实质竞争业务的情形。

3. 本次交易完成后，承诺人将不以直接或间接的方式从事、参与对上市公司及其控股子公司经营业务构成潜在的直接或间接竞争的业务；保证将采取合法及有效措施，促使承诺人控制的其他企业不从事、参与与上市公司及其控股子公司的经营运作构竞争的任何业务。

4. 承诺人及承诺人控制的其他企业将尽量减少或避免与上市公司及其控股子公司之间的关联交易。对于确有必要且无法避免的关联交易，承诺人保证关联交易按照公平、公允和等价有偿的原则进行，依法与上市公司或其控股子公司签署相关交易协议，履行合法程序，按照公司章程、有关法律法规和《深圳证券交易所股票上市规则》等有关规定履行信息披露义务和办理有关报批程序，保证不通过关联交易损害上市公司及其他股东的合法权益。

5. 本次交易完成后，承诺人保证不影响上市公司的独立性，保证本次交易完成后上市公司在人员、资产、财务、机构和业务等方面的独立性。

上述案例中，转让方按照收购方的要求出具了股权权属清晰、避免同业竞争、限制关联交易以及保持独立性等承诺。

实践中，转让方需要结合自身或者标的公司的情况，提前评估出具并购重组相关承诺的可行性、潜在影响及后续履行承诺的可行性。

三、收购目的与后续支持

许多并购重组的转让方选择收购方，主要是基于收购方发展战略，对标的公司的定位，后续可能提供的资源、资金、客户、技术、人才等支持。

但收购方的发展战略、对标的公司的定位是否适合标的公司需要谨慎论证；收购方的支持与标的公司的匹配程度，以及后续落地的可行性等需要认真评估，并提前设计方案予以保障。

大润发当年被阿里巴巴收购时，曾经被寄予厚望，但后续发展却未能尽如人意。

2017年、2020年，阿里巴巴先后投资500余亿港元控股高鑫零售（06808.HK，大润发之母公司）。收购之初，该笔交易被各界寄予带动中国零售业向"新零售"转型升级的厚望。

收购完成后，阿里巴巴对高鑫零售高度重视，将副总裁、零售通事业部总经理林小海派驻高鑫零售，林小海在2021年5月成为高鑫零售CEO。

上任之后，林小海对高鑫零售进行大刀阔斧的改革——其立足高鑫零售的实体定位，将高鑫零售与阿里巴巴业务进行深度融合，并对线下大润发门店进行调整，布局大润发Super、小润发、M会员商店等新模式，主打多元化与细分市场。

在供应链方面，林小海借助阿里巴巴的数字化优势打通大润发线上线下零售渠道，布局大润发的生鲜赛道，围绕基础设施、标准化、数字化等多方面，搭建起高效、全链路、可视化的生鲜供应链，实现大润发的生鲜自营化。

林小海曾公开表示，其将致力于把大润发打造成为消费者的线下体验中心和在线物流履约中心。

不过，阿里巴巴的改造并未让高鑫零售"重回巅峰"。2017—2022财年，高鑫零售营业收入不断下滑。2022财年，高鑫零售净亏损8.26亿元，成为其2011年上市以来首次亏损。尽管高鑫零售在2023财年实现扭亏为盈，但在 2024 财年又净亏损 16.68 亿元，酿成其上市以来最大规模的亏损。

业内人士认为，阿里巴巴的入局客观上为高鑫零售供应链数字化转型带来一定帮助。不过，在消费供应链加速变革的关键时期，高鑫零售仅局限于阿里的"新零售"生态中，缺乏充分的自主性，错失了优化自身供应链体系、开展数字化转型和管理变革的机遇。

下滑的业绩也让高鑫零售遭遇换帅。2024 年 3 月，林小海辞任高鑫零售 CEO，沈辉成为高鑫零售新的执行董事兼 CEO。沈辉表示，大润发正在快速行动，回归零售本质，回到大润发建立的初心和立根之本，重塑价格力心智，重回营业收入增长。

2024 年 10 月，高鑫零售公告称，收到有意要约人发出的接触函，市场普遍猜测阿里巴巴正计划将高鑫零售出售。

大润发被阿里巴巴收购及后续运营的简要时间脉络总结如表 10-2 所示。

表 10-2　大润发被阿里巴巴收购及后续运营的简要时间脉络

序号	时间	事件
1	2017 年 11 月	阿里巴巴投资入股高鑫零售。
2	2020 年 10 月	阿里巴巴增资控股高鑫零售。
3	2021 年 5 月	阿里巴巴委派林小海成为高鑫零售 CEO。
4	2017—2024 年	高鑫零售经营不断恶化。
5	2024 年 3 月	高鑫零售更换 CEO。
6	2024 年 10 月	高鑫零售的"二次出售"被提上日程。

上述案例中，大润发选择了"高大上"的阿里巴巴，本想能够快速完成"新零售"的转型升级，最终却不断亏损。

企业合并非常复杂，那些当初看起来"情投意合"的交易，即便合并后双方也都很努力，但最后也可能"一地鸡毛"。"选择大于努力"同样适用于并购重组，选择适合自己的收购方才是正道。

第二节　与转让方相关的问题

一、转让方的性质差异与基本情况（见表 10-3）

表 10-3　转让方的性质差异与基本情况

序号	转让方性质	基本情况
1	国有企业	需要履行国有资产转让程序，可能操作周期比较长
2	上市公司	需要履行上市公司资产转让程序，可能操作周期比较长
3	外资企业	需要履行涉外收购程序，周期较长且存在不确定性
4	普通民企	操作效率比较高，但资产规范程度可能较低

二、转让方的要求

（一）转让方的常规要求

大部分转让方对收购方有行业属性、资金实力、背景资源、后续安排与支持等的要求，以期望标的公司后续能够更好地发展壮大。

2011 年，上海市国资委通过公开征集收购方的方式，转让上海家化（集团）有限公司（以下简称"上海家化集团"）时发布的严格要求，充分体现了收购方对转让方的高要求。

1. 交易条件

（1）产权交易价款在签订产权交易合同后 5 个工作日内支付 30%，在本次转让取得国务院国资委批文后 5 个工作日内支付 50%，剩余价款在产权交易合同签订后一年内付清（余款应提供合法担保，并按同期银行贷款利率支付延期付款期间利息）。

（2）同意接受上海家化（集团）有限公司整体改制职工安置方案，承诺受让后标的公司将继续履行职工安置方案，妥善安置职工，并保持原管理团队和职工队伍的基本稳定。

（3）认同上海家化（集团）有限公司多元化时尚产业发展战略，对受让后的标的公司有明确的发展规划，并承诺受让后标的公司将继续使用和发展集团旗下的所有家化品牌，并着力提升相关品牌在国际上的知名度。

（4）本次股权转让完成后，受让方持有上海家化（集团）有限公司实际控制权 5 年内不得转让，且上海家化联合股份有限公司实际控制人 5 年内不得发生变更。

（5）承诺本次股权转让完成后上海家化（集团）有限公司和上海家化联合股份有限公司总部及注册地仍在上海。

（6）意向受让人应在资格确认后 3 个工作日内向上海联合产权交易所指定账户汇入 5 亿元人民币作为交易保证金或提供等额银行保函。

（7）法律、行政法规对国有企业改制要求的其他条件。

2. 受让方资格

（1）受让方为依据《公司法》设立的企业，受让方或其控股母公司的总资产规模不低于 500 亿元（人民币）；

（2）具有良好的财务状况和支付能力，有良好的商业信用；

（3）具有支持上海家化（集团）有限公司业务发展的相应资源；

（4）受让方及其关联企业与上海家化联合股份有限公司主营业务不存在同业竞争关系；

（5）本项目不接受联合受让；

（6）符合中国证监会《上市公司收购管理办法》对收购人的相关规定；

（7）国家法律、行政法规规定的其他条件。

上述案例中，最终中国平安（601318.SH）在众多竞争者中胜出，成功接手了上海家化集团，并间接控制了上海家化（600315.SH）。

收购方在选择标的资产时，需要提前考虑是否能够满足转让方的要求——包括显性要求与隐性要求。

（二）转让方的套现需求

并购重组过程中，很多转让方有套现需求——部分创始人为了提前"落袋为安"、部分财务投资者为了回收本金或者尽快"离场"等。

实践中，转让方的套现比例一般介于 10%—50% 之间，相关案例如表 10-4 所示。

表 10-4　并购重组不同套现比例的案例

序号	并购重组案例	支付方式
1	万邦达（300055.SZ）收购昊天节能装备有限责任公司	标的资产作价 68 100 万元，其中现金支付 10%，发行股份支付 90%
2	新强联（300850.SZ）收购洛阳圣久锻件有限公司 51.15% 股权	标的资产作价 97 175.50 万元，其中现金支付 25%，发行股份支付 75%
3	德马科技（688360.SH）收购江苏莫安迪科技有限公司	标的资产作价 55 147.41 万元，其中现金支付 50%，发行股份支付 50%

从收购方的角度，转让方的套现可能意味着其对标的公司未来发展的信心不足，或者加大后续履行对赌责任的难度等。因而，收购方可以考虑，在一定程度上压低套现股东持有股权的估值。

富瀚微（300613.SZ）收购眸芯科技（上海）有限公司（以下简称"眸芯科技"）49% 股权的过程中，压低了套现股东持有股权的估值。

根据评估报告，眸芯科技 100% 股权作价 124 000 万元，其中以现金支付的海风投资有限公司持股作价较低，其持有眸芯科技 29.52% 股权，作价 2.9 亿元，对应眸芯科技整体估值 9 823.85 万元。

第三节　与标的公司相关的问题

一、标的公司的性质

如果标的公司为有限责任公司，需要提前了解其财务规范程度和公司章程的特别约定，在仅收购部分股权的情况下，还需要考虑其他股东的优先购买权问题。

*ST 银亿（000981.SZ，已更名为"山子高科"）曾经因为标的公司其他股东的优先购买权而导致收购失败。

2022 年，*ST 银亿终止收购小灵狗出行科技有限公司（以下简称"小灵狗出行"）5.2020% 的股权。

根据 *ST 银亿发布的公告，此次收购终止原因为"根据小灵狗出行的公司章程第二十六条'经股东同意转让的股权，在同等条件下，其他股东有优先购买权'之规定，目前小灵狗出行的其他股东已对本次股权转让事项提出异议"。

如果标的公司为新三板挂牌企业或者上市公司，需要考虑资本市场相关要求，具体详见第八章第二节相关内容；如果标的公司为非新三板挂牌或上市股份有限公司股份，需要考虑其股份转让限制及后续相对比较高的公司治理要求。

实践中，如果并购重组的标的公司为股份有限公司，交易双方往往会约定在股权交割前将标的公司变更为有限责任公司。

（一）军信股份（301109.SZ）收购湖南仁和环境股份有限公司过程中约定"在本次交易获得中国证监会注册前，标的公司应完成由股份有限公司整体变更为有限责任公司的工商变更登记手续，如监管机构对上述变更时间有其他要求的，乙方应按监管机构的要求提前办理上述变更手续"。

（二）辽宁能源（600758.SH）收购辽宁清洁能源集团股份有限公司过程中约定"本协议生效之日起 90 日内为标的资产交割期，各方确认在交割期内完成标的资产交割事宜及本协议项下股份发行事宜，并履行完毕标的公司由股份有限公司整体变更为有限责任公司、标的资产的过户登记、本次交易之新增股份登记等手续"。

二、标的公司财务规范情况

并购重组过程中，收购方需要对标的公司的财务情况进行详尽的尽职调查，了解其财务规范状况与未来规范的可行性，以确定能否满足收购方的要求。

实践中，比较典型的财务规范障碍为商务费用。如果标的公司存在较高比例的商务费用，需要结合其行业属性、业务模式、利润空间、产业上下游等筹划标的公司后续达到收购方要求的可行性。如果无法达到收购方要求或者虽然能够达到但对标的公司的业务发展影响较大或者成本较高，则很难推进并购重组。

如果收购方为新三板挂牌企业、上市公司或两类公司的下属企业，标的公司的财务需要比较规范，且能够由符合《证券法》规定的会计师事务所对标的公司最近两年一期的财务数据进行审计并出具审计报告。

以下两个重大资产重组，因为标的公司财务规范问题而"折戟"。

（一）2014年，长海股份（300196.SZ）收购常州天马集团有限公司68.48%股权，因为"本次重组标的资产部分事项会计处理不恰当，导致相关财务信息披露不准确"而上会被否决。

（二）2019年，浙江省建设投资集团股份有限公司借壳多喜爱（002761.SZ，已更名为"浙江建投"），因为"标的资产内部控制存在较大缺陷，会计基础薄弱"而第一次上会被否决。

标的公司最近两年一期的财务核算需要相对规范或者可以按照企业会计准则进行规范，以满足收购方与监管机构（如需）的要求，否则需要根据标的公司的财务规范进度推迟一定期限后方可继续推进并购重组。

第四节　与中介机构相关的问题

一、中介费用

并购重组过程中的中介费用与标的公司所处的行业、业务规模与竞争优势、交易金额、交易方式、中介机构角色等相关。

实践中，卖方顾问费通常为交易金额的 3% 左右，还可以约定"阶梯收费"或超额奖励机制等；买方顾问费则通常较低，有些买方甚至无法支付顾问费。

法定的财务顾问、独立财务顾问、审计机构、法律顾问、评估机构等收费与标的资产规模、项目类型与操作难度等相关，通常从几十万元到上千万元不等。

另外，公众公司发行股份购买资产的过程中可以配套募集资金，独立财务顾问可以同时担任保荐机构与主承销商，并按照募集资金的一定比例（通常为 2% 左右）收取股票承销费用——此项费用通常大幅超过独立财务顾问费。

以下两个重大资产重组同时募集配套资金，中介机构因此获得了可观的费用。

（一）华宏科技（002645.SZ）发行股份及支付现金收购江苏威尔曼科技有限公司并配套募集资金的过程中，中介费用包括证券承销费等费用 1 000 万元以及上网发行费、信息披露费、会计师费、律师费等与发行权益性证券直接相关的费用合计 1 111.78 万元。

（二）捷捷微电（300623.SZ）发行股份及支付现金收购捷捷微电（南通）科技有限公司 30.24% 股权并配套募集资金的过程中，交易的相关费用包括独立财务顾问、审计机构、法律顾问、评估机构等相关中介机构费用以及信息披露费用、材料制作费用等，预计金额合计为 3 000 万元。

二、中介机构的发展理念

成功的并购重组需要解决多方的经济问题，既考验中介机构的专业能力，也考验中介机构的沟通协调能力与资源调动能力。并购重组过程中，中介机构需要保持开放的心态，与各方合作共赢，坚持诚信执业，并提供专业的服务，逐步树立自己的口碑，做大做强。通常情况下，在并购重组过程中起到实际作用并伴随着项目推进不断成长的中介机构往往会走得比较长远。

并购重组的买方或者卖方顾问看起来门槛不高，但想要做好具有相当难度。买方或者卖方顾问会接收到大量并购重组信息，如何"抵制诱惑"保持冷静和理智，筛选出自己擅长与可控的"买卖"是所有中介机构都需要面对的课题。

2015 年前后，笔者曾经收集数百条并购重组的卖方信息与买方信息，在未签署顾问协议与开展尽职调查的情况下，单纯地进行并购重组信息撮合，结果一年的时间未能促成任何交易。

后来，笔者大幅缩减并购重组的项目数量，基本仅操作签署顾问协议与完成尽职调查的项目，并购重组项目的操作成功率大幅提升。

实践中，能够操作成功的项目基本都是确定性的业务——事前直接对接到卖方或买方了解实际情况、明确具体诉求，并且能够签署顾问协议。仅承担信息传递角色、依靠信息不对称获取收益的中介机构，生存空间往往只能被不断压缩。

另外，从长远发展的角度，如果条件允许，建议中介机构逐步转向侧重某个或几个特定行业，最终成为产业整合者；或者专注特定的领域"做专"，实现规模效应，如此才能获得可持续发展。

三、中介机构的业务机会

并购重组市场上，收购方通常相对比较积极，缺少优质的标的公司是限制并购重组市场规模的主要因素。

（一）标的公司（与转让方）

2024 年上半年以来，经济下行压力加大，同时 A 股的 IPO 与借壳上市门槛大幅提高。在这种背景下，许多优质的公司开始接受并购重组，或者至少把"被并购"作为备选方案之一。

潜在的标的公司包括 IPO 撤材料的企业、终止上市辅导的企业、难以 IPO 的新三板挂牌企业、引入 PE 且对赌到期的企业、创始人年龄较大但"二代"难以接班的企业、亟须资金支持但融资困难的企业、需要产业资源支持的企业以及因为债务压力大而寻求资产整合的企业、计划卖壳的新三板挂牌企业或者上市公司等。

（二）收购方

目前，并购重组市场的主要收购方包括国有企业（含央企）、上市公司、产业相关方、并购基金等。

国有企业并购的主要目的是做大规模，通常会要求标的公司的管理层继续留任并具体经营；上市公司并购的主要目的是保壳、做大做强、提高市值等，标的公司的管理层通常需要留任并作为对赌方；产业相关方并购的主要目的是进行产业整合，通常会逐步对标的公司管理层进行调整，最终全面掌控标的公司，以便与其现有产业进行深度的产业协同；并购基金往往围绕特定行业或者特定公司开展并购，很多后续还会对标的公司"二次出售"。

第五节　与并购实施相关的问题

一、并购重组相关渠道

实施并购重组的前提是通过一定渠道接触到潜在交易方。实践中，并购重组的渠道通常可以简要归纳为以下三类。

（一）金融与中介机构

银行、投资机构、证券公司、会计师事务所、律师事务所、评估机构等往往都有大量的企业资源，并且通常具有一定的专业能力，可以成为买卖双方有效的桥梁。

（二）政府机构

证监局、金融局、科技局、工信局、发改局、税务局等政府机构通常都会接触辖区内大量的企业，收购方确定标的公司或者转让方确定收购方后，通常可以请上述政府机构协助对接。

（三）行业资源

收购方或者转让方可以通过行业内的人脉资源或者行业协会等组织，寻找合适的标的资产或者收购方。

二、并购重组各方的工作分工

为了确保并购重组顺利推进，并购重组方案需要对标的资产、转让方、收购方、中介机构等做好工作分工，并明确办理时限。

皓宸医疗（002622.SZ）收购杭州驭缘网络科技有限公司的过程中，通过《股权收购框架协议》对后续工作安排进行了初步约定。

（一）转让方同意全力配合受让方对目标公司开展全面的尽职调查工作，转让方将向受让方及时提供真实、准确、完整的文件资料。

（二）转让方应保证目标公司业务、资产的完整性与独立性，并避免与目标公司今后产生同业竞争。

（三）双方同意，将根据收购方的尽职调查结果，适时正式启动本次交易，并签署正式的股权转让协议。

上述案例中，仅对尽职调查、标的公司完整性与独立性以及后续安排等并购重组推进工作进行了简要约定。

实践中，并购重组的工作分工更加复杂——尽职调查前通常初步约定工作分工；尽职调查完成后详细安排后续工作及责任人员与办理期限。

三、并购重组的操作时间

并购重组的操作时间与买卖双方的关系、标的公司的规模与规范程度、收购方的资金实力与审批流程、中介机构的资源与专业能力等相关，短则一两个月可能完成，长则可能需要耗费数年。上市公司重大资产重组，通常操作周期为一年左右。

2022—2023 年，宝丽迪（300905.SZ）通过发行股份及支付现金方式收购厦门鹭意的简要时间脉络如表 10-5 所示。

表 10-5　宝丽迪收购厦门鹭意的简要时间脉络

序号	时间	事件
1	2022 年 5 月	上市公司股票停牌，之后披露重组预案、股票复牌。
2	2022 年 8 月	上市公司披露重组报告书等相关文件。
3	2022 年 9 月	重大资产重组相关文件申报深交所。
4	2023 年 3 月	重大资产重组过会并获得证监会注册。
5	2023 年 5 月	重大资产重组实施完成。

启动并购重组前，相关各方需要确定整体操作周期和大概时间节点，并在此基础上筹划后续工作安排。

四、并购重组的操作手段

通常情况下，收购方与标的公司需要向对方展示自身实力、竞争优势与发展潜力以及后续双方潜在的协同效应等，并在合理的范围内满足对方的诉求，以求顺利达成交易。

但实践中，也有很多同行业公司通过激烈竞争与"围追堵截"促成交易的情况。

携程收购去哪儿网是"以战求和"的典型案例。

去哪儿网成立时携程已在 OTA（在线旅游代理）领域"一统江湖"。去哪儿网凭借"在线旅游搜索引擎结合 TTS（文语转换）技术"与"狼性文化"迅猛发展，不断缩小与携程的差距。

携程与去哪儿网竞争与合并的时间脉络如表 10-6 所示。

表 10-6　携程与去哪儿网竞争与合并的时间脉络

序号	时间	事件
1	2010 年	OTA 细分化与社交化加深，不仅艺龙、同程等代理商的力量变得强大，市场上又出现途牛、马蜂窝等旅游社交平台，价格战已不可避免。
2	2011 年	面对激烈市场竞争，为了获得更多现金流和流量助力，去哪儿网引入百度 3.06 亿美元战略投资，并将控股权让渡给百度。
3	2013—2015 年	2013 年，去哪儿网的机票订数追平携程，并在谋求酒店业务的赶超。当年 11 月，去哪儿网在纳斯达克上市。 在该背景下，携程拿出 10 亿美元跟进价格战，去哪儿网、艺龙、同程商旅等对手被迫跟进，亏损额都急剧提高。激烈的竞争导致去哪儿网 2014 年亏损达到 18.45 亿元、2015 年前三季度亏损达到 22.5 亿元，并拖累了作为控股股东的百度。 同时，携程收购了一大批移动创业公司，并向途牛、同程等公司大额注资，最后只剩下去哪儿网一个棘手的敌人。 收购去哪儿网前，携程还出资 4 亿美元获得艺龙 37.6% 的股份，成为其第一大股东，以免其影响携程对去哪儿网的收购。
4	2015 年	携程 CEO 梁建章与联合 CEO 孙洁飞抵北京，与百度创始人李彦宏展开最后的谈判。最终，携程通过给予百度 25% 的股份换取百度持有的去哪儿网 51.9% 股权（对应 45% 的投票权），从而绕过去哪儿网达成了并购。

上述案例中，携程通过激烈的竞争使去哪儿网的业绩不断恶化，并影响其大股东的决策，最终"强行"完成了收购。

商场如战场，合理的并购策略才能够高效地帮助企业完成并购，实现并购重组的战略目的。

五、并购重组的谈判策略

从某种意义上讲，谈判是展现并购重组的决策、尽职调查、方案等效果的过程。如果并购重组的决策经过慎重考虑，尽职调查被充分完成，方案设计考虑周全，且没有额外的竞争对手，谈判过程往往会比较轻松，甚至只是"走过场"。

但也有许多并购重组需要通过谈判来达成关键条款，此时就需要提前充分了解各方的基本情况和诉求、准备可行的方案及替代方案、把握恰当的时机、运用好谈判技巧等，如此才能最终顺利实现谈判目标。

百事可乐与可口可乐竞购魁克（Quaker Oats），是展现并购谈判策略的典型案例。

2000 年 12 月，百事可乐在同可口可乐的竞购中胜出，以 134 亿美元收购魁克，从而将魁克旗下的美国运动饮料的领头羊"佳得乐"收归旗下。

此次并购过程中，可口可乐本来因为报价更高而占据上风，但其交易方案过于简单；反观百事可乐，交易方案同时包括了换股＋承债（百事可乐将承担魁克 7.61 亿美元的债务）的方式，并约定了"分手费"和对奎克的利益保护措施（如果百事可乐的股票在达成交易前的一个月内有任意 10 天的价格跌破 40 美元/股，魁克可以寻找其他买家）等。

（一）可口可乐谈判失败原因

一方面，可口可乐的 CEO 达夫特在与魁克的谈判过程中，仅想通过高报价在与百事可乐的争夺中取胜，结果将自己逼向了被动。

另一方面，在与董事会成员"谈判"中，达夫特仅重点考虑市场占用率，未认真考虑成本收益、风险等董事会成员更关心的问题，最终未能在价格上说服董事会。

（二）百事可乐谈判成功原因

百事可乐的并购方案考虑更加全面，随着竞争对手的放弃，百事可乐占据了主动。在与魁克新一轮的谈判中，百事可乐坚持与原先类似的条件。当时魁克承担着巨额的债务，急需大公司支持。百事可乐准确把握了魁克的危机，坚持原先条件并不断施压，最终获得了成功。

（三）魁克谈判成功原因

在百事可乐与可口可乐竞购时，魁克同时与两方谈判，迫使百事可乐与可口可乐不断提高报价，并为自己预留后路。之后，在可口可乐退缩时，果断抓住百事可乐，最终成功达成了交易。

上述案例中，百事可乐采取了更合理的谈判策略并最终获得了成功。

并购重组谈判是一项非常复杂的工作，但成功的关键往往不在于谈判技巧，而在于提前对双方核心诉求的了解和考虑，以及在此基础上形成的各方共赢的方案。

六、并购重组的成功要领

实践中，操作逻辑是否清晰很大程度上决定了并购重组的成败。最终操作成功的并购重组基本都是买卖双方要求明确、时机适宜、条件具体、诉求合理、决心坚定、操作得当、整合得力的项目。

成功的并购重组往往离不开理性的决策、充分的尽职调查、专业的方案设计、恰当的整合、严格的保密、高效的实施等事项。

浙江吉利控股集团有限公司（以下简称"吉利集团"）收购沃尔沃汽车公司（以下简称"沃尔沃"），充分体现了并购重组成功要领的全面应用。

（一）明确战略，抓住机遇

作为国产品牌，吉利集团需要战略转型，而沃尔沃因为原创能力、安全基因、车内空气质量技术控制及环保技术等与吉利集团的发展战略相契合。

根据公开信息，吉利集团在 2007 年就将收购沃尔沃正式提上日程——2007 年开始，吉利集团董事长李书福通过多种渠道与沃尔沃控股股东福特汽车公司（以下简称"福特汽车"）接触，对方均表示拒绝出售。但吉利集团始终没有放弃，直到 2008 年全球经济危机蔓延才出现转机；而直到 2009 年 1 月，李书福才有机会前往福特汽车总部与福特汽车董事长比尔·福特和 CEO 阿兰·穆拉利洽谈，并获得了对方的认可。

后来吉利集团历经了艰苦的审批、谈判、融资等环节，为了长远发展，吉利集团都锲而不舍地坚持了下来。

（二）交易方案，统筹兼顾

关于交易方案，各方经历了艰苦的谈判，最终交易方案的关键内容如下。

1. 吉利集团收购沃尔沃 100% 股权，交易作价 18 亿美元，其中 2 亿美元以卖方票据形式支付，16 亿美元以现金形式支付。

2. 交易完成后，福特汽车将继续在不同时期为沃尔沃提供动力系统、冲压件和其他汽车零部件；福特汽车承诺在过渡期为沃尔沃提供工程支持、信息技术、通用部件和其他选定业务，以确保分离过程的顺利进行；允许沃尔沃将福特汽车使用的部分知识产权转授给包括吉利集团在内的第三方。

3. 交易完成后，沃尔沃保留目前的工厂、研发中心、工会协议和经销商网络，沃尔沃将由独立的管理团队领导，总部仍然设在瑞典哥德堡。

（三）融资方式，多点开花

鉴于吉利集团本身资金实力有限，融资一直是其为收购沃尔沃而努力的关键点之一。

由于融资金额巨大，吉利集团的融资过程非常坎坷，李书福"把身家性命赌上"才勉强获得足够资金。

最终吉利集团除了动用 40 余亿元人民币自有资金和常规的融资方式外，还充分利用了各地的招商引资诉求，向地方政府直接融资或者由其提供担保进行融资，形成综合性的融资方案如表 10-7 所示。

表 10-7　吉利集团收购沃尔沃的融资方案

融资项目	融资类别	具体内容
交易价款	债权融资	中国建设银行伦敦分行低息贷款 2 亿美元。
	股权融资	黑龙江省大庆市国资委 30 亿元人民币、上海市国资委 10 亿元人民币。
	卖方融资	福特汽车卖方票据 2 亿美元。
后续运营融资	债权融资	中国银行浙江分行与伦敦分行牵头的财团、成都银行、中国国家开发银行（成都）、欧洲投资银行、瑞典银行提供 105 亿元人民币贷款。

（四）面对阻碍，坦诚沟通

2009 年 8 月，沃尔沃的工会联系中华全国总工会，希望中华全国总工会能够制止吉利集团对沃尔沃汽车的收购。

随后，李书福带领团队前往瑞典和比利时，先后拜访沃尔沃的工会领袖和相关政府部门以及沃尔沃位于比利时根特市的工厂，沟通非常顺利；之后，沃尔沃多名高管及工会成员前往吉利集团实地考察，对吉利集团态度有了大幅改观。

随后几个月，李书福与沃尔沃的工会代表团往来不断，双方持续进行坦诚交流。2010 年 3 月，吉利集团与沃尔沃的工会终于顺利达成协议。

（五）并购整合，求同存异

收购后，吉利集团能够顺利完成对沃尔沃的并购整合，两个战略至关重要。

1. 将中国作为沃尔沃的"第二本土市场"

收购完成后，李书福提出要将中国作为沃尔沃的"第二本土市场"来建设和发展的战略设想。李书福认为吉利集团并购沃尔沃以后，首先要做的是"要在中国进行本土化"，并进一步提出了要"巩固和加强沃尔沃在欧美传统市场的地位，开拓和发展包括中国在内的新兴国家市场"独特的战略构想。

"第二本土市场"战略构想的提出，打消了沃尔沃对制造向中国转移的顾虑，并给予沃尔沃巨大的市场想象空间。

2. 对沃尔沃的管理实行"放虎归山"

在管理方面，李书福提出要"放虎归山、充分授权、探索发展、深度协调"——一方面，尊重沃尔沃原有的管理、技术创新能力及其全球运营；另一方面，不断探索实现双方深度协同的方式，在联合采购、联合开发、资金、物流、基础设施及人才培养方面展开协同，逐步从财务、生产制造到技术实现全方位融合。具体来说，吉利集团收购沃尔沃之后，仅委派了两名成员进入沃尔沃的董事会，沃尔沃管理层不受吉利集团的直接影响，并拥有相应的财务和非财务授权。

吉利集团对于沃尔沃的管理，体现了灵活性与创新性，充分调动了沃尔沃原有管理团队和员工的积极性，释放发展的动力。

在这种情况下，并购完成后的第二年，沃尔沃即实现扭亏为盈，而吉利集团则首次进入《财富》"世界500强"。

之后，吉利集团和沃尔沃的协同效应也产生聚变。双方在研发、采购、动力总成、制造等领域强化合作，取得了丰硕的成果，为双方的持续健康发展打下了坚实基础，并成为行业协同发展的典范。

根据公开信息，2023年度，沃尔沃销售汽车超过70.8万辆，营业收入达到3 993亿瑞典克朗（1瑞典克朗约合0.7元人民币），同比增长21%，基础营业利润达到256亿瑞典克朗，同比增长43%。同期，吉利集团合并报表营业收入达到4 981亿元，营业利润达到144亿元，根据英国品牌调研机构Brand Finance公布的《2023汽车行业报告》，吉利集团名列全球第九。

吉利集团收购沃尔沃的简要时间脉络总结如表10-8所示。

表10-8　吉利集团收购沃尔沃的简要时间脉络

序号	时间	事件
1	2017年开始	吉利集团开始接触福特汽车探讨收购沃尔沃事宜。
2	2019年1月	李书福前往福特汽车总部。
3	2019年3月	吉利集团与福特汽车达成收购沃尔沃的初步协议。
4	2010年3月	吉利集团与沃尔沃工会达成协议。
5	2010年3月	吉利集团与福特汽车签署最终收购协议。
6	2010年6—7月	交易先后获得美国与欧盟监管机构批准。
7	2010年7月	交易获得中国商务部批准。
8	2010年8月	吉利集团完成对沃尔沃的收购。

上述案例中，吉利集团选择合适的并购时机、运用恰当的方式完成了并购，并采取合理的策略实现了双方的完美整合与协同。

吉利集团当年收购沃尔沃被许多人"嗤之以鼻"，最终却成为中国企业海外并购最成功的案例之一，并被收录进哈佛商学院的案例库。

吉利集团收购沃尔沃的成功为许多大型并购，特别是大型的跨境并购提供了良好的借鉴。中国企业想要做大做强，对外并购可以说是必经之路，而学习吉利集团收购沃尔沃的成功要领可以帮助我们少走许多弯路。

结　语

历时近一年时间，这本关于并购重组的书终于跟大家见面了。

动笔之初，笔者的初衷是想分享上市公司重大资产重组相关内容。但在实际写作过程中，"内容完备性"逐渐成为主导，以至于本书内容被不断扩充。

国内资本市场长期处于"重IPO而轻重组"的发展状态，2024年上半年以来的经济增长压力与IPO上市全面从严监管，为国内并购重组市场的快速发展提供了良好的契机。

但一方面，如何利用好并购重组实现自身的战略目标，切实把并购重组的契机转化为商机值得各方认真思考——当下最好的标的资产为拟IPO撤材料企业，但这类企业在前期引入投资机构的过程中普遍估值较高，该问题已经严重制约了并购重组的推进，并非简单地实施"差异化定价"就能解决。

另一方面，并购重组操作起来非常复杂，在可能获得高收益的同时也伴随着高风险。参与并购重组的各方都有必要在启动并购重组之前，充分了解并购重组的操作逻辑与技巧，并在此基础上进行审慎决策与筹划，进而以最小的代价、最短的时间、最合理的方式完成并购重组。

为了能够系统展示并购重组相关知识，本书在写作过程中一直力求全面，想尽量涵盖并购重组有关重要法规要求与实务技巧、成功经验与失败教训、操作要领与实践心得等，并收集了大量案例以方便读者进行理解。

因为并购重组的内容过于庞杂，而笔者的水平又实在有限，所以纰漏难免，只能期待将来有机会再做补充与完善。

最后，感谢各界朋友一直的大力支持。祝愿各界朋友能够合理地利用并购重组做大做强，成功地实现既定的战略目标。

附　录

附录 A　术语表

序号	术语	含义
1	企业	以盈利为目的而组织起来，通过从事经营活动提供商品或服务的经济实体或组织，包括公司、全民所有制企业、集体所有制企业、合伙企业、个人独资企业等。"公司"是"企业"的主流存在形式，本书中"企业"主要是指公司，而未专门对两者进行区分。
2	公司	按照《公司法》设立的有限责任公司与股份有限公司。其中，有限责任公司名称中标明有限责任公司或者有限公司字样，由一个以上五十个以下的股东出资设立，每个股东以其所认缴的出资额为限对公司承担有限责任，公司以其全部资产对公司债务承担全部责任；股份有限公司名称中标明股份有限公司或者股份公司字样，由一人以上二百人以下作为发起人出资设立，股东以其认购的股份为限对公司承担责任，公司以其全部资产对公司债务承担全部责任。
3	法人资格	具有民事权利能力和民事行为能力，依法独立享有民事权利和承担民事义务的资格。
4	IPO	Initial Public Offering（首次公开发行股票）的缩写，是企业实现上市的最主要方式。
5	IPO撤材料	拟 IPO 企业提交上市申请后，因为各种原因而撤回上市申请（终止审查）。
6	公众公司	向不特定对象公开转让股票，或向特定对象发行或转让股票使股东人数超过 200 人的股份有限公司。公众公司包括上市公司与非上市公众公司。

序号	术语	含义
7	上市公司	股票在证券交易所上市交易的股份有限公司。境内证券交易所包括上交所（上海证券交易所）、深交所（深圳证券交易所）和北交所（北京证券交易所）。
8	主板	上交所与深交所成立之初设立的板块，股票代码分别以"60"和"00"开头。主板突出"大盘蓝筹"特色，重点支持业务模式成熟、经营业绩稳定、规模较大、具有行业代表性的优质企业。
9	创业板	深交所 2009 年开板的板块，股票代码以"30"开头。创业板适应发展更多依靠创新、创造、创意的大趋势，主要服务成长型创新创业企业，支持传统产业与新技术、新产业、新业态、新模式深度融合。
10	科创板	上交所 2019 年开板的板块，股票代码以"68"开头。科创板面向世界科技前沿、面向经济主战场、面向国家重大需求，优先支持符合国家战略，拥有关键核心技术，科技创新能力突出，主要依靠核心技术开展生产经营，具有稳定的商业模式，市场认可度高，社会形象良好，具有较强成长性的企业。
11	北交所	2021 年在北京新设立的证券交易所。新三板挂牌企业向不特定合格投资者公开发行股票后进入北交所挂牌交易，成为北交所上市公司，该过程也被俗称为"转板上市"。
12	非上市公众公司	有下列情形之一且其股票未在证券交易所上市交易的股份有限公司：（1）股票向特定对象发行或者转让导致股东累计超过 200 人；（2）股票公开转让。实践中，非上市公众公司的主体为新三板挂牌企业。
13	新三板	全称为"全国中小企业股份转让系统"，是全国性证券交易场所。三板市场起源于 2001 年的代办股份系统，称为"老三板"；2006 年年初，中关村科技园区公司进入代办股份系统进行股份报价与转让，称为"新三板"；2013 年年底，新三板扩容至全国。
14	新三板挂牌企业	在全国中小企业股份转让系统挂牌并公开转让股票的股份有限公司。新三板挂牌企业为公众公司而非上市公司，理论上应称之为"挂牌"而非"上市"。
15	全国股转公司	全称为"全国中小企业股份转让系统有限责任公司"，新三板运营机构，为新三板市场提供场所和设施，组织新三板市场的具体运营，监督和管理新三板市场。
16	A 股	人民币普通股票，是由中国境内注册公司发行，在境内上市，以人民币标明面值，供境内机构、组织或个人（2013 年 4 月 1 日起，境内港澳台居民可开立 A 股账户）以人民币认购和交易的普通股股票；截至本书成稿之日，国内资本市场有 5 000 余只 A 股股票。

序号	术语	含义
17	B股	人民币特种股票，是以人民币标明面值，以外币认购和买卖，在上交所（股票代码以"90"开头）和深交所（股票代码以"20"开头）上市交易的外资股；截至本书成稿之日，国内资本市场有80余只B股股票。
18	PE	Private Equity（私募股权投资基金）的缩写，以非公开方式向特定投资者募集资金，并将主要资金投资于未上市公司股权、上市公司非公开发行股票等的基金。
19	破产清算	企业宣告破产并由清算组对其财产进行清算、评估和处理、分配的过程。
20	破产重整	在法院受理企业破产申请后、宣告破产前，相关主体可以向法院申请重整，从而对企业进行业务重组和债务调整，以帮助企业摆脱财务困境、恢复营业能力。
21	并购整合	收购方接管标的企业并对其文化、人员、机构、资产、财务、业务进行调整以实现双方协调一致的过程。
22	保壳	存在退市风险的上市公司，通过财务或非财务处理手段以继续满足上市条件，避免退市的行为。
23	投资银行	从事上市辅导、证券发行与承销、并购重组、股权结构设计、股权激励、股权融资等业务的金融机构。
24	控制权	某项资产或资源的支配权；企业控制权则指能够实际支配企业行为的权利。
25	实际控制人	通过投资关系、协议或者其他安排，能够实际支配企业行为的自然人、法人或者其他组织。
26	质押	债务人或者第三人将其动产或权利移交债权人占有，将该动产或权利作为债权担保的法律行为。
27	债券	政府、企业、银行等债务人为筹集资金，按照法定程序发行并向债权人承诺于指定日期还本付息的有价证券。
28	分立	企业将部分或全部资产分离给新设企业，企业原股东换取新设企业股权的行为。分立后原企业存续为"存续分立"或"派生分立"，分立后原企业注销为"新设分立"。
29	注销	企业发生破产清算、被吸收合并、法定营业期限届满不续或内部决议解散等情形后，申请终止法人资格的行为。
30	委托管理	简称"托管"，一方通过授权将标的资产部分或全部管理职权交给另一方执行的行为。

续表

序号	术语	含义
31	表决权委托	股东以书面方式授权，在事实上授予他人就该股东所持股份进行表决的行为。
32	要约收购	收购人向被收购公司股东发出收购其所持有的股份的公告，待被收购公司股东确认后实施收购的行为。其中，向被收购公司所有股东发出收购其所持有的全部股份或者部分股份的要约分别称为"全面要约"与"部分要约"。
33	间接收购	收购人通过股权收购或投资关系、协议、其他安排等方式，获取标的公司母公司或控股股东的控制权，从而间接控制标的公司的收购行为。
34	收购报告书/详式权益变动报告书	收购人收购公众公司达到一定比例，依法披露的核心文件。主要内容包括收购人介绍、收购决定及收购目的、收购方式、资金来源、后续计划、对公众公司的影响等。
35	财务顾问报告/核查意见	法定收购顾问按照法规要求对收购报告书/详式权益变动报告书相关内容进行核查，并出具的合规性报告或意见。
36	重组报告书	公众公司进行重大资产重组，依法披露的核心文件。主要内容包括交易概况、交易各方、交易标的及评估或估值、交易主要合同、交易的合规性分析、管理层讨论与分析、财务会计信息、同业竞争和关联交易、风险因素等。实践中，由于重大资产重组主要体现为资产收购，所以"重组报告书"主要以"购买资产报告书"的形式出现。
37	重组预案	重组报告书的简化版。公众公司进行重大资产重组，可以先披露重组预案，待条件成熟后再披露重组报告书。
38	独立财务顾问报告	独立财务顾问按照法规要求对重组报告书相关内容进行核查并出具的合规性报告。
39	反馈问题	并购重组过程中，相关监管机构对信息披露文件或者申报文件进行审核并提出的问询。
40	分拆上市	上市公司将部分业务或资产，以其直接或间接控制的子公司的形式，在境内或境外证券市场首次公开发行股票并上市或者实现重组上市的行为。
41	股改	股份制改造，有限责任公司或者其他非公司制企业转变为股份有限公司的过程。
42	资产证券化	实体资产向证券资产的转换，即实体资产实现上市的过程。
43	套现	公司原股东通过转让公司股权获得现金的行为。
44	资产周转率	公司营业收入与资产总额之比。
45	毛利率	公司毛利（营业收入减营业成本）与营业收入之比。

序号	术语	含义
46	净资产收益率	公司净利润与净资产之比。
47	费用率	公司相关费用（管理费用、销售费用、财务费用等）与营业收入之比。
48	商务费用	企业为了获取销售收入而向第三方支付的相关费用。
49	庞氏骗局	利用新投资者的钱来向老投资者支付利息和短期回报，以制造赚钱的假象，进而骗取更多投资的金融诈骗行为。
50	商业计划书	公司为了实现融资或其他目的而编制的全面展示公司状况与未来发展潜力的书面材料。
51	竞业禁止	用人单位通过协议约定禁止劳动者在用人单位任职期间或者离职后一段时间内从事（包括任职、经营、投资等）与用人单位存在竞争的业务。
52	兜底	并购重组参与方通过协议条款、承诺函等形式向其他方保证无条件解决问题、承担责任、履行义务的行为。
53	转贷	无真实业务支持情况下，企业通过供应商等取得银行贷款或为客户提供银行贷款资金走账通道。
54	业绩包装	标的企业通过精心地策划、安排与呈现，使其经营业绩与其他财务指标更具吸引力。
55	留存收益	企业从历年实现的利润中提取或形成的留存于企业的内部积累，包括盈余公积和未分配利润。
56	历史沿革	企业设立以来经过的各种增资、减资、股权转让、改制等历史情况。
57	股份锁定期或限售期	部分股东持有的股份不可以交易流通的特定期限。
58	募投管退	私募股权基金从募集资金、投资项目、投后管理到退出项目的四个阶段。
59	折现率	将未来有限期预期收益折算成现值的比率。
60	自由现金流量	经营活动产生的现金流量扣除资本性支出后的净额。
61	权益现金流量	自由现金流量扣除债权现金流量（偿还有息负债本金与支付利息）后的净额。
62	波特五力	迈克尔·波特提出的产业吸引力分析模型，行业中五种力量决定竞争规模和程度，即进入壁垒、替代品威胁、买方议价能力、卖方议价能力以及现存竞争者之间的竞争。
63	SWOT	基于内外部竞争环境和竞争条件下的态势分析，包括内部优势、劣势及外部的机会和威胁。
64	80/20 管理原则	80% 的产出来自 20% 的投入，基于"重要的少数与琐碎的多数"原理，需要按事情的重要程度编排行事优先次序。

续表

序号	术语	含义
65	法约尔跳板原则	在一定条件下，允许跨越权力线而直接进行的横向沟通，可以克服由于统一指挥而产生的信息传递延误；两者无法协调，再报告上级，由上级协调（越级上报）。
66	OEC 管理	全方位优化管理法，是海尔集团创造的企业管理法。
67	人单合一	海尔集团创始人张瑞敏提出并命名的一种商业模式，其核心思想是每个员工都应直接面对用户，创造用户价值，并在为用户创造价值中实现自己的价值分享。
68	宽带薪酬	在组织内用少数跨度较大的工资范围来代替原有数量较多的工资级别的跨度范围，取消原来狭窄的工资级别带来的工作间明显的等级差别，同时将每一个薪酬级别所对应的薪酬浮动范围拉大的薪酬管理系统。
	T 型战略	是结合聚焦专业与多元化经营的战略布局——横线代表平台或横向发展，竖线代表深入行业或纵向发展。
	买壳	收购公众公司。
71	倒壳	收购方收购公众公司之后，不进行实际经营，而（溢价）将其转让的行为。
72	规避借壳	通过设计交易方案，将实际的借壳上市调整为名义上的非借壳上市，从而避免借壳上市的严格审核。
73	竞价交易	投资者通过交易系统申报买入或者卖出股票，系统以"价格优先、时间优先"的原则撮合成交的交易形式。
74	资料脱敏	对某些敏感信息通过脱敏规则进行数据的变形，实现敏感隐私数据的可靠保护。
75	可辨认无形资产	可以单独对外出租、出售、交换而无须同时处置在同一获利活动中的其他资产的无形资产，包括专利权、非专利技术、商标权、著作权、土地使用权等。

附录 B　参考法规

《中华人民共和国公司法》

《中华人民共和国证券法》

《中华人民共和国刑法》

《中华人民共和国反垄断法》

《中华人民共和国企业国有资产法》

《中华人民共和国外商投资法》

《国务院关于经营者集中申报标准的规定》

《经营者集中审查规定》

《横向经营者集中审查指引（征求意见稿）》

《企业国有资产监督管理暂行条例》

《企业国有产权转让管理暂行办法》

《中央企业投资监督管理暂行办法》

《关于企业国有产权转让有关事项的通知》

《企业国有产权向管理层转让暂行规定》

《国有企业清产核资办法》

《国有企业清产核资经济鉴证工作规则》

《企业国有资产评估管理暂行办法》

《关于加强企业国有资产评估管理工作有关问题的通知》

《中华人民共和国外商投资法实施条例》

《鼓励外商投资产业目录》

《外商投资准入特别管理措施（负面清单）》

《关于外国投资者并购境内企业的规定》

《外国投资者对上市公司战略投资管理办法》

《关于境内居民企业通过特殊目的公司境外投融资及返程投资外汇管理有关问题的通知》

《关于企业国有产权转让有关事项的通知》

《关于建立外国投资者并购境内企业安全审查制度的须知》

《实施外国投资者并购境内企业安全审查制度的规定》

《外商投资安全审查办法》

《关于个人非货币性资产投资有关个人所得税政策的通知》

《关于非货币性资产投资企业所得税政策问题的通知》

《关于企业重组业务企业所得税处理若干问题的通知》

《关于促进企业重组有关企业所得税处理问题的通知》

《关于继续实施企业改制重组有关土地增值税政策的公告》

《关于继续执行企业、事业单位改制重组有关契税政策的公告》

《上市公司收购管理办法》

《公开发行证券的公司信息披露内容与格式准则第 15 号——权益变动报告书》

《公开发行证券的公司信息披露内容与格式准则第 16 号——上市公司收购报告书》

《公开发行证券的公司信息披露内容与格式准则第 17 号——要约收购报告书》

《上市公司重大资产重组管理办法》

《监管规则适用指引——上市类第 1 号》

《公开发行证券的公司信息披露内容与格式准则第 26 号——上市公司重大资产重组》

《〈上市公司重大资产重组管理办法〉第十四条、第四十四条的适用意见——证券期货法律适用意见第 12 号》

《〈上市公司重大资产重组管理办法〉第二十九条、第四十五条的适用意见——证券期货法律适用意见第 15 号》

《上海证券交易所上市公司重大资产重组审核规则》

《深圳证券交易所上市公司重大资产重组审核规则》

《北京证券交易所上市公司重大资产重组审核规则》

《上市公司分拆规则（试行）》

《非上市公众公司收购管理办法》

《非上市公众公司信息披露内容与格式准则第 5 号——权益变动报告书、收购报告书、要约收购报告书》

《全国中小企业股份转让系统股票交易规则》

《全国中小企业股份转让系统挂牌公司股份特定事项协议转让细则》

《非上市公众公司重大资产重组管理办法》

《非上市公众公司信息披露内容与格式准则第 6 号——重大资产重组报告书》

《全国中小企业股份转让系统上市公众公司重大资产重组业务细则》

《全国中小企业股份转让系统并购重组业务规则适用指引第 1 号——重大资产重组》